O FLAGELO
DA ECONOMIA
DE PRIVILÉGIOS:
BRASIL, 1947-2020
Crescimento, crise fiscal e estagnação

Fernando de Holanda Barbosa

O FLAGELO DA ECONOMIA DE PRIVILÉGIOS: BRASIL, 1947-2020

Crescimento, crise fiscal e estagnação

Copyright © 2021 Fernando de Holanda Barbosa

FGV EDITORA
Rua Jornalista Orlando Dantas, 9
22231-010 | Rio de Janeiro, RJ | Brasil
Tel.: (21) 3799-4427
editora@fgv.br | pedidoseditora@fgv.br
www.fgv.br/editora

Impresso no Brasil | *Printed in Brazil*

Todos os direitos reservados. A reprodução não autorizada desta publicação, no todo ou em parte, constitui violação do copyright (Lei nº 9.610/98).

Os conceitos emitidos neste livro são de inteira responsabilidade do autor.

1ª edição: 2021; 1ª reimpressão: 2023.

Preparação de originais: Sandra Frank
Editoração eletrônica: Abreu's System
Revisão: Adriana Alves | Fatima Caroni
Capa: Estúdio 513

Dados Internacionais de Catalogação na Publicação (CIP)
Ficha catalográfica elaborada pela Biblioteca Mario Henrique Simonsen/FGV

Barbosa, Fernando de Holanda
  O flagelo da economia de privilégios : Brasil, 1947-2020 : crescimento, crise fiscal e estagnação / Fernando de Holanda Barbosa. – Rio de Janeiro : FGV Editora, 2021.
  228 p.

  Inclui bibliografia.
  ISBN: 978-65-5652-094-0

  1. Crise econômica – Brasil -1947-2020. 2. Brasil – Política e governo – Aspectos econômicos. 3. Desenvolvimento econômico. 4. Inflação. 5. Política econômica. I. Fundação Getulio Vargas. II. Título.

                                              CDD – 338.540981

Elaborada por Rafaela Ramos de Moraes – CRB-7/6625

Sumário

Prefácio 9

Agradecimentos 15

Parte I. Crescimento, crise fiscal e estagnação

1. **Crescimento, crise fiscal e estagnação: cultura e instituições** 21
   Introdução 21
   Cultura e instituições 23
   Fragmentação no sistema político e fragilidade das coalizões 24
   Conflito social: consumo *versus* poupança 26
   A economia brasileira: um país sem futuro? 29

2. **Crescimento, crise e transição: 1947-2007** 33
   Substituição de importações e crescimento liderado
      pelo investimento: 1947-1979 34
   Crise e transição: 1979-2004 36
   Crescimento, economia aberta e regulação do Estado: 2004-2007 41

3. **Planos de estabilização** 42
   Inflação crônica, hiperinflação e estabilização 42
   Paeg: 3/1964 a 12/1967 46
   Planos heterodoxos 50
   Plano Real: 2/1994 a 6/1999 61
   Conclusão 66

4. **Ascensão e queda do PT** 68
   Primeira fase: economia social de mercado 68
   Segunda fase: neopopulismo 69
   A economia da ex-presidente Dilma: a foto e o filme 71

    A política fiscal do PT 72
    A política monetária do PT 74
    O Programa Bolsa Família 76
    Conclusão 78

5. A grande recessão brasileira: 2014-2016 79
    Introdução 79
    O choque da nova matriz econômica (NME) 80
    O choque do risco-país: o jogo de Ponzi da Dilma 82
    O choque monetário 84
    Choques externos 85
    O choque da Lava Jato 87
    Efeitos na economia 88
    O fim da grande recessão 89
    A narrativa da grande recessão: um resumo 91

6. Inter-relações das crises econômica e política brasileiras: 2011-2018 92
    Introdução 92
    Política econômica do PT 93
    Corrupção nos governos do PT 98
    O *impeachment* da ex-presidente Dilma 99
    A eleição presidencial de 2018 102

7. A política econômica do governo Bolsonaro: 2019-2020 105
    Introdução 105
    Política econômica: diagnóstico e tratamento 106
    Crise fiscal 107
    Estagnação 111
    O choque da pandemia 113
    A economia de privilégios 119
    Conclusão: muito barulho por nada 122

8. O Brasil pode repetir o milagre econômico? 125
    Introdução 125
    A experiência asiática 126
    A experiência brasileira 129
    Novo milagre: condições necessárias 130
    Política econômica: restrições e recomendações 132
    Conclusão 134
    Apêndice: decomposição do crescimento 135

Parte II. Correr atrás *versus* ficar para trás: cultura e instituições

9. A cultura do subdesenvolvimento 151
   A partilha e o loteamento do Estado 151
   O Brasil precisa de 37 ministérios? 154
   A hiperinflação da violência 156
   Vale quase tudo 157
   O feitiço dos instrumentos 159
   Direitos e privilégios 160
   O imbróglio dos *royalties* do petróleo 161
   Petrobras: o balanço da Lava Jato 163
   A lista de Fachin 164
   Discurso *versus* prática no Brasil 166
   Teoria da conspiração 168
   Lições políticas da crise financeira 169

10. Crescimento e instituições 172
    Por que as nações fracassam? 172
    Populismo e neopopulismo 174
    Desta vez é diferente? 176
    O predador econômico 177
    Jogar a toalha ou protestar 178
    Tango e samba: dançamos juntos na estagnação 180
    A síndrome do prêmio Nobel 182

11. O Banco Central na berlinda 184
    Cinquenta anos do Banco Central do Brasil 184
    Metas de inflação 188
    Ciência e arte na política monetária 190
    "Mistério" da taxa de juros real 192
    Lucro dos bancos 194
    O *spread* bancário: a proposta da Febraban 196
    Reservas internacionais: seguro ou desperdício? 197

12. Verdades e mentiras 203
    Banco central do caudilho 203
    Tragédia grega 205
    Ganância: empresários *versus* políticos 208
    O programa de *leasing* do PT 209

A verdade das mentiras na campanha presidencial.. 210
Dilemas falsos e verdadeiros do crescimento econômico.................................... 212
Austeridade *versus* crescimento.. 213
Previdência Social... 215

Epílogo 219

Referências.. 225

Prefácio

Este livro analisa o fenômeno recorrente de crescimento, crise fiscal e estagnação no Brasil, observado na nossa história econômica e documentado para o período que começa em meados do século passado. Essa análise usa um arcabouço teórico que tem dois pilares: os modelos da teoria econômica convencional e os fundamentos das escolhas sociais, a cultura e as instituições. A hipótese para explicar esse fenômeno é a de que a cultura e as instituições de nosso país produzem um jogo não cooperativo entre os diversos grupos da sociedade que resulta em crise fiscal e estagnação. A solução de cada crise produz um período de crescimento. Todavia, essa solução é transitória, porque o jogo continua até chegar ao mesmo desfecho, isto é, uma nova crise fiscal seguida por estagnação. Essa experiência mostra uma sociedade na qual os erros são repetidos ao longo do tempo. O jogo não cooperativo é ineficiente do ponto de vista social e não há mecanismo que mude o comportamento dos diversos atores nesse conflito de interesses.

A hipótese supõe que a sociedade brasileira pode ser dividida em três grupos que disputam o controle do poder político: (1) neoprogressista, (2) neopopulista e (3) oportunista. O grupo neoprogressista é formado por aqueles que defendem a economia social de mercado e têm como objetivo transformar o Brasil num país do Primeiro Mundo, combinando bem-estar material com justiça social.[1] O grupo neopopulista é formado por aqueles que se inspiram na teoria marxista e têm um projeto de permanecer no poder por tempo indefinido. O terceiro grupo é formado por oportunistas da economia de privilégios. O privilégio é definido pela apropriação de recursos públicos para fins privados, por meios legais, sem que haja contrapartida

---

[1] O prefixo "neo" foi adicionado ao termo "progressista" para diferenciá-lo do sentido usualmente dado a essa palavra pelos adeptos de partidos de inspiração marxista. Depois do fracasso do império soviético, os defensores do modelo comunista deveriam ser denominados "obscurantistas". O grupo neoprogressista abrange partidos tanto de esquerda (social-democratas, trabalhistas etc.) quanto de direita (conservadores, liberais etc.). Eles têm em comum o apoio aos alicerces da economia social de mercado, mas divergem no tamanho do Estado e na intervenção do mesmo no funcionamento dos mercados.

de trabalho que justifique o valor extraído. Em outras palavras, a economia de privilégios consiste na atividade de criar mecanismos para viver como rentista do Estado.

O jogo desses três grupos pelo controle político produz coalizões nas quais a economia de privilégios está quase sempre presente. Quando o neoprogressista é dominante na coalizão, o resultado é uma fase de reformas que produz elevado crescimento econômico. Quando o neopopulista é dominante, há uma redução na taxa de crescimento econômico, em razão da queda da taxa de investimento e da alocação ineficiente de recursos. Em ambas as coalizões a economia de privilégios está presente, com aumento dos gastos públicos que gera déficit financiado por moeda e/ou dívida pública. O investimento do Estado em infraestrutura diminui e parte da poupança privada é usada para financiar o déficit público. O resultado é uma crise fiscal com estagnação, produzindo o flagelo da economia de privilégios.

Os países que deram certo, que fazem parte do clube dos ricos, adotam um sistema que o ex-primeiro-ministro alemão Konrad Adenauer batizou de "economia social de mercado". Nesse sistema, o Estado cuida da justiça social, e o mercado trata da eficiência econômica. A combinação dos mesmos não se dá em proporções fixas, rígidas, mas varia de acordo com a história de cada país. Essas instituições não são antagônicas, ou competitivas, mas cooperam na construção do bem-estar social, cada uma desempenhando suas funções, segundo mecanismos desenhados de acordo com as tradições e a cultura de cada país. A Europa Ocidental, os países escandinavos, os Estados Unidos, o Canadá, a Nova Zelândia, a Austrália, o Japão, a Coreia do Sul, Cingapura, Taiwan e Hong Kong são economias sociais de mercado. A China, depois da revolução promovida por Deng Xiaoping, com a mudança para uma economia de mercado, em pouco tempo fará parte desse clube, a despeito de ser dirigida por uma ditadura capitaneada por um suposto partido comunista.

Nos países que adotaram o socialismo real, e na América Latina do neopopulismo, nivela-se por baixo a qualidade de vida, destrói-se a economia de mercado e faz-se a distribuição equitativa da pobreza, exceto para as classes dirigentes, que vivem num mundo à parte. A mola mestra das inovações tecnológicas, o empresário, deixa de existir. O Estado burocrático toma conta de tudo. A única inovação tecnológica da antiga União Soviética, usada pelo mundo afora, é o fuzil AK-47, inventado por Kalashnikov. Fora de armas e equipamentos bélicos, há muito pouco o que contar das inovações tecnológicas do império soviético que mudaram o bem-estar do mundo.

Não faz sentido que um país como o Brasil tente reinventar a roda, ou queira seguir modelos como o cubano ou o venezuelano, ou neles inspirados, como o neopopulismo latino-americano, que comprovadamente fracassaram e não têm conserto, a não ser transformando-se numa economia social de mercado, como está fazendo a China.

A cultura brasileira com raízes no patrimonialismo ibérico e na colonização portuguesa, desde as capitanias hereditárias até o confisco de propriedades na chegada de dom João VI ao Brasil, criou um comportamento do cidadão que acredita ter direito a tudo e obrigação de nada. A obtenção de privilégios do Estado tornou-se uma atividade comum, embora ela seja disfarçada e camuflada de diferentes modos. Uma vez obtido o privilégio, ele se torna direito adquirido. A economia de privilégios faz parte do ordenamento jurídico brasileiro. Até agora, não conseguiram torná-la cláusula pétrea, aquela cláusula que não pode ser objeto de emenda constitucional.

As economias subdesenvolvidas, como é o caso do Brasil, dos países latino-americanos, africanos e boa parte do mundo asiático, têm como principal característica o fato de terem uma estrutura dual. Aqui, tomo por empréstimo a ideia básica de Arthur Lewis, que ganhou o prêmio Nobel de Economia de 1979, com seu modelo de excedente de mão de obra. Numa economia dual, existe excesso de mão de obra, não absorvida pelo mercado de trabalho, como se pode constatar nas grandes cidades, como São Paulo, Buenos Aires, México, Nairóbi, Adis Abeba, Cairo, Jacarta e Bangcoc, para citar algumas das mais conhecidas. A segunda característica desse dualismo é a inexistência de uma infraestrutura (habitação, água potável, saneamento básico, transportes públicos, escolas, hospitais e creches) que atenda à população com um padrão mínimo de qualidade.

O processo de desenvolvimento econômico consiste na transformação de um país dual num país com regras universais, no qual cada cidadão participa do jogo com as mesmas condições. A população marginalizada é incorporada na economia moderna, criando empregos e construindo uma infraestrutura que atenda a todos. A variável crucial para essa transformação é a taxa de investimento, pois um bom emprego custa caro e a construção da infraestrutura não é barata. Os países asiáticos que deixaram a economia subdesenvolvida e se transformaram numa economia social de mercado, num período máximo de duas gerações, tiveram uma elevada taxa de investimento. Existem outras variáveis importantes, como o sistema educacional e os mecanismos que incentivam o progresso tecnológico.

Alguns ensaios reproduzidos neste livro foram publicados na revista *Conjuntura Econômica*. Selecionei aqueles que abrangem temas que tratam da cultura e das instituições brasileiras. Alguns desses ensaios foram editados para a publicação neste livro. No final de cada um, menciona-se a data em que foram escritos. Todavia, o conteúdo dos mesmos não foi alterado. O leitor identificará a existência de algumas repetições. Embora tenha procurado organizar os ensaios de acordo com temas afins, cada um pode ser lido independentemente dos demais.

Este livro está organizado em duas partes. A primeira analisa o passado e o futuro da economia brasileira, com oito capítulos. A segunda analisa tópicos ligados ao tema correr atrás *versus* ficar para trás no crescimento econômico, com foco na cultura e nas instituições do Brasil. Essa parte é formada por quatro capítulos, do 9 ao 12.

O primeiro capítulo apresenta um arcabouço que permite uma interpretação do fenômeno recorrente de crescimento, crise fiscal e estagnação observado na economia brasileira. No segundo, a análise começa na segunda metade da década de 1940, cobrindo o período auge do modelo de substituição de importações, o milagre econômico brasileiro do final da década de 1960 e da de 1970, a crise da década perdida, os anos 1980, o final da hiperinflação com o Plano Real em 1994 e a opção pela economia social de mercado no segundo mandato do ex-presidente Fernando Henrique Cardoso e no primeiro mandato do ex-presidente Luiz Inácio Lula da Silva. Na época em que escrevi aquele artigo, julguei que o Brasil iria seguir o modelo da economia social de mercado, em virtude de o PT ter aderido ao mesmo. Ledo engano.

O terceiro capítulo expõe as principais características dos vários planos de estabilização implantados no Brasil. O quarto capítulo analisa a ascensão e a queda do PT, com a guinada da economia social de mercado para o neopopulismo latino-americano. O quinto capítulo trata da grande recessão brasileira de 2014-2016, uma crise produzida por erros na condução da política econômica, a partir de meados do segundo mandato do ex-presidente Lula e no primeiro mandato da ex-presidente Dilma.

O sexto capítulo analisa as inter-relações das crises econômica e política da segunda década deste século e a eleição presidencial de 2018. No início de 2019, uma versão deste livro estava pronta para ser submetida à publicação. Isso, todavia, não ocorreu. No final de 2020, decidi escrever o sétimo capítulo, que analisa a política econômica do governo Bolsonaro nos dois primeiros anos de seu mandato. O futuro é tratado no oitavo capítulo, num ensaio que trata de responder à seguinte pergunta: o que o Brasil tem de fazer para repetir o milagre econômico dos anos 1970?

O nono capítulo apresenta várias características que configuram a cultura do subdesenvolvimento brasileiro, como a apropriação do Estado e de suas empresas por grupos de interesse, a falta de ética e de princípios morais na condução da coisa pública, os privilégios travestidos de direitos, a falência do Estado na proteção do indivíduo, com a hiperviolência que domina nosso país, a distância entre o discurso e a prática na vida cotidiana, a popularidade da teoria da conspiração que mistura ignorância com o mundo mágico e as lições políticas da crise financeira de 2007-2008.

O décimo capítulo discute várias questões relacionadas ao crescimento econômico e às instituições. Nesses ensaios, aproveito ideias de livros e artigos de sucesso

(Acemoglu e Robinson, 2012; Hirschman, 1970; Kiguel, 2015; Krueger, 1974; Piketty, 2014; Reinhart e Rogoff, 2009; Tirole, 2017) para uma compreensão melhor dos problemas do nosso país. Contudo, esses ensaios não são artigos de revisões daqueles trabalhos.

O capítulo 11 coloca o Banco Central do Brasil na berlinda, analisando 50 anos de sua história, o programa de metas de inflação, a arte e a ciência da política monetária. Este capítulo oferece uma hipótese para explicar a elevada taxa de juros no mercado interbancário, dedica dois ensaios para analisar o *spread* de juros bancários escorchantes e avalia se a política de reservas internacionais é um seguro ou um desperdício de dinheiro público.

O capítulo 12 trata de tópicos nos quais procuro identificar verdades e mentiras na análise de temas econômicos. A ganância dos empresários pelo dinheiro é diferente da ganância dos políticos pelo poder? Existe uma escolha entre austeridade e crescimento econômico? Quais são os verdadeiros dilemas dos quais o crescimento econômico não pode escapar?

O epílogo contém um resumo da hipótese apresentada neste livro para explicar o fenômeno do flagelo da economia de privilégios no Brasil, a crise fiscal e a estagnação. Explicita a necessidade de um pacto para acabar com o jogo que produz o fenômeno do flagelo. Esse pacto estabeleceria o princípio de regras universais para que haja igualdade no tratamento de qualquer cidadão. O epílogo sugere, também, alguns instrumentos que deveriam ser usados para que a sociedade não seja refém de privilégios, eliminando distorções causadas pelo jogo não cooperativo.

Agradecimentos

Agradeço os comentários de André Arruda Villela, José Júlio Senna, Luiz Antônio de Lima Júnior e Renê de Oliveira Garcia Júnior a uma versão preliminar deste livro, que me ajudaram na correção de alguns erros, sejam técnicos, factuais ou de interpretação. Os erros remanescentes são de minha inteira responsabilidade. Agradeço aos meus filhos Aninha e Dico. Aninha pelos comentários a uma versão preliminar deste texto e Dico por sua coautoria no capítulo 7 e pela troca de opiniões que me levou a escrever o capítulo 6. Agradeço, também, às minhas ex-alunas Evelyn Monteiro Pereira Nunes e Rafaela Magalhães Nogueira pela coautoria do sétimo ensaio do capítulo 11. Sou grato a Maria Gabriela Gonçalves Gontijo pelo excelente trabalho na verificação e organização das informações usadas neste livro.

PARTE I. CRESCIMENTO, CRISE FISCAL E ESTAGNAÇÃO

Quando olhei a terra ardendo
Qual fogueira de São João
Eu perguntei a Deus do céu, ai
Por que tamanha judiação
("Asa Branca", Luiz Gonzaga e Humberto Teixeira).

A primeira parte contém oito capítulos. O capítulo 1 apresenta a hipótese de que a cultura brasileira seja uma possível explicação para o fenômeno recorrente de crescimento, crise fiscal e estagnação que tem sido uma marca registrada em nossa história.

O capítulo 2 analisa a economia brasileira no período 1947-2007. Esse período abrange: (1) o auge do processo de substituição de importações; (2) a crise do início da década de 1960 que produziu o regime militar; (3) o milagre econômico da década de 1970; (4) a redemocratização, com os militares transferindo para os civis um país tão quebrado quanto tinham recebido em 1964; (5) a década perdida, com a hiperinflação, produzida por uma crise fiscal que seria resolvida apenas em 1998, no final do primeiro mandato do governo FHC.

O capítulo 3 trata dos planos de estabilização implementados no Brasil que tinham como escopo combater a inflação e colocar a economia em pleno emprego. Esses planos, em geral, são classificados em heterodoxos e ortodoxos. Essa classificação não é adequada por não incluir aqueles planos que atacam simultaneamente os mecanismos de impulso e de propagação que fazem parte de qualquer processo de inflação crônica. A classificação sugerida neste capítulo tem três tipos de planos de estabilização: (1) ortodoxo, (2) heterodoxo e (3) neo-ortodoxo.

O capítulo 4 apresenta uma análise da ascensão e queda do governo do PT. Esse governo teve duas fases: (1) economia social de mercado e (2) neopopulismo. A primeira foi exitosa, mas a segunda terminou produzindo a grande recessão e a estagnação da economia brasileira.

O capítulo 5 analisa a grande recessão de 2014-2016. Esse ensaio procura identificar os choques que a provocaram. Entre estes, destacam-se três: (1) choque de política econômica da nova matriz econômica, (2) choque da dívida interna em virtude do jogo de Ponzi da Dilma e (3) choque monetário para trazer a taxa de inflação, que tinha ultrapassado um dígito, de volta para a meta de inflação.

O capítulo 6 analisa as inter-relações das crises econômica e política da segunda década deste século que culminaram com: (1) o *impeachment* da ex-presidente

Dilma, (2) a prisão do ex-presidente Lula e (3) a eleição do presidente Bolsonaro em 2018.

O capítulo 7 não somente analisa a política econômica do governo Bolsonaro nos dois primeiros anos do mandato, mas também contém uma previsão, com a informação disponível no primeiro trimestre de 2021, de que no final do mandato a economia brasileira continuará estagnada.

O capítulo 8 tenta responder à seguinte pergunta: o Brasil pode repetir o milagre econômico? Esse milagre ocorreu no final da década de 1960 e na de 1970, quando o Brasil era um verdadeiro tigre asiático. O capítulo analisa a experiência dos países asiáticos — Japão, Coreia do Sul, Taiwan, Hong Kong, Cingapura e China — e do Brasil. Ele contém recomendações de política econômica para que a pergunta tenha uma resposta positiva.

1. Crescimento, crise fiscal e estagnação: cultura e instituições

Introdução

Este capítulo apresenta uma hipótese para explicar o fenômeno recorrente de crescimento, crise fiscal e estagnação na economia brasileira nos últimos 70 anos analisados neste livro. Nesse período, o Brasil teve três grandes crises fiscais: (1) 1960-1964, (2) 1980-1994 e (3) 2014-?. Essas crises produziram estagnação e, em seguida, reformas para colocar no eixo as finanças públicas. O fenômeno recorrente tem as seguintes etapas: crescimento econômico, crise fiscal, estagnação e reformas. Começa, então, um novo ciclo de crescimento, crise fiscal, estagnação e reformas. Por que a sociedade brasileira tem esse fenômeno recorrente?

A cultura brasileira produz a economia de privilégios, na qual diferentes agentes, trabalhadores e empresários, procuram apropriar-se de recursos públicos, seja de modo legal ou não. A economia de privilégios cria instituições que geram crise fiscal nos municípios, estados e União, reduzindo o investimento público e utilizando poupança privada para financiar o déficit público. A consequência dessa ação predadora é a estagnação econômica.

Cabe aqui definir estagnação econômica. Existem dois tipos desse fenômeno. A estagnação absoluta ocorre quando o país anda para trás e a renda *per capita* diminui. A estagnação relativa existe quando o país fica para trás, isto é, o crescimento da renda *per capita* é menor do que o crescimento da renda *per capita* mundial, que pode ser medida, por exemplo, pela renda *per capita* norte-americana.

Como sair da crise fiscal e da estagnação? As reformas têm de restabelecer a saúde das finanças públicas acabando com privilégios — mas nem todos, porque muitos são travestidos de direitos adquiridos e outros encontram resistência de grupos bem organizados politicamente. A segunda tarefa das reformas seria restabelecer a capacidade de crescimento do produto potencial aumentando a taxa de investimento da economia e, em particular, do setor público na infraestrutura.

Na crise de 1960-1964, o Programa de Ação Econômica do Governo (Paeg) do governo Castello Branco tratou da crise fiscal com aumento da carga tributária, reformas da previdência, tributária e do sistema financeiro. Na questão do crescimento, aumentou a poupança com mecanismos de poupança compulsória.

A pior crise fiscal brasileira ocorreu na década de 1980 e somente terminou com o Plano Real. Nessa crise, tivemos de tudo: calote na dívida externa, hiperinflação, estagnação e um bom número de planos de estabilização heterodoxos, que atacavam os sintomas e não a causa da hiperinflação — a crise fiscal. O Plano Real começou em 1994 e terminou em 1999 com a introdução do regime de metas de inflação. Como ocorreu com o Paeg, houve aumento da carga tributária, substituindo-se o imposto inflacionário por outros impostos menos regressivos. O governo FHC procurou, com a Lei de Responsabilidade Fiscal, impedir o assalto aos cofres públicos pela economia de privilégios. Esta ignorou os dispositivos legais e mostrou que a lei é incapaz de derrotar a cultura de Macunaíma.

A grande vitória do Plano Real foi sepultar o regime de inflação crônica. O que aconteceu com Macunaíma, que permitiu que isso acontecesse? A população pobre, que não participa da economia de privilégios, descobriu uma arma poderosa para enfrentar a inflação: o voto para presidente da República.

A crise fiscal iniciada em 2014, ainda sem data para terminar, não está sendo financiada por emissão de moeda, como as outras, mas sim com o aumento em bola de neve da dívida pública, num processo que terá de ser revertido no futuro próximo. Até agora (primeiro trimestre de 2021), a crise foi empurrada com a barriga. Mas nada garante que esse processo chegue incólume ao próximo governo em 2023.

O crescimento da renda *per capita* brasileira desde a década de 1980 até 2018 tem sido, em média, de 0,6% ao ano (a.a.). Um crescimento pífio para um país que já cresceu com taxas próximas a 5% a.a. no período 1950-1980. A Constituição de 1988 produziu um sistema político corrupto, uma economia que anda na velocidade de tartaruga e estimulou a economia de privilégios, que definiremos mais adiante.

Este capítulo tem como objetivo contribuir para a compreensão deste fenômeno recorrente. Ele está organizado do seguinte modo. A segunda seção apresenta uma hipótese tentativa para explicar o fenômeno recorrente de crescimento, crise fiscal e estagnação observado na economia brasileira. A terceira seção trata da fragmentação no sistema político e da fragilidade das coalizões, que operacionaliza a barganha da economia de privilégios. A quarta seção analisa o conflito social da escolha entre consumo e poupança que penaliza o crescimento econômico. A quinta seção discute as opções do nosso cardápio: (1) desejamos ser um país rico com justiça social, como os países que fazem parte do clube dos ricos, adotando o modelo de economia social de mercado ou (2) preferimos outras opções que nos levam a um beco sem saída, como é o caso do neopopulismo da esquerda marxista, ou a economia de privilégios dos oportunistas que vivem da caça à renda (*rent seeking*) do Estado.

Cultura e instituições

As causas fundamentais da riqueza das nações, de acordo com Acemoglu e Robinson (2012), são quatro: (1) sorte; (2) geografia; (3) cultura; (4) instituições. A sorte é obra do acaso e não requer explicação. A geografia foi determinada pela natureza e não pode ser mudada. A cultura é definida pelos valores, preferências e crenças dos indivíduos; ela é transferida de geração para geração. As instituições são as regras do jogo, formais ou não, que determinam os incentivos para as atividades econômicas, políticas e sociais.

A hipótese de que as instituições são uma das causas fundamentais do crescimento econômico pode ser testada com três experimentos: (1) Coreia do Sul e Coreia do Norte, (2) Alemanha Ocidental e Alemanha Oriental e (3) China de Mao Tsé-Tung e China de Deng Xiaoping. Em cada um desses três casos, a geografia e a cultura são, praticamente, as mesmas. A diferença no desempenho deve-se às instituições.

Os direitos de propriedade e os incentivos para investimento em capital físico, capital humano e inovações tecnológicas são primordiais para o crescimento econômico. A inexistência desses direitos e incentivos explica o fracasso do socialismo real da antiga União Soviética, da China de Mao e de tantos outros países do mundo comunista.

A renda *per capita* do Brasil em 1960 era 50% maior do que a da Coreia do Sul. Em 2000, a renda *per capita* coreana foi o dobro da brasileira. Nessa comparação, as instituições e a cultura são diferentes. Por que o Brasil ficou para trás?

Weber (1930) sugeriu a hipótese de que a cultura teria sido uma das causas fundamentais do crescimento econômico norte-americano. Segundo ele, a ética protestante seria a principal causa desse sucesso. Morishima (1982), inspirado por Weber, atribuiu à ética de Confúcio o sucesso do crescimento econômico japonês. O *cowboy* seria um símbolo da ética norte-americana, e o samurai representaria a ética de Confúcio.

A hipótese-tentativa para explicar o atraso brasileiro admite que os valores e preferências da nossa sociedade — isto é, a cultura — produzem um jogo não cooperativo entre diferentes grupos que resulta em crise fiscal e estagnação.[2] No Brasil, o patrimonialismo ibérico originou a economia de privilégios, na qual o cidadão tem direito a tudo, obrigação de nada e tenta extrair do Estado renda sem a contrapartida do valor correspondente em serviços prestados — em inglês, essa

---

[2] Przeworski (1990) apresenta uma resenha de modelos que tratam da relação do Estado com a economia no regime capitalista. Um desses enfoques supõe um jogo entre diferentes grupos, cujo resultado influencia a alocação de recursos da economia.

atividade é denominada *rent seeking* (Tullock, 1967; Krueger, 1974; Posner, 1975). Uma vez obtido o privilégio, este passa a ser direito adquirido. Macunaíma (Andrade, 1928), o herói sem caráter, seria o símbolo brasileiro. Diferentemente dos casos norte-americano e japonês, a cultura de Macunaíma explicaria o fracasso econômico brasileiro com suas crises fiscais sucessivas.[3]

Fragmentação no sistema político e fragilidade das coalizões

As instituições resultam de escolhas sociais, num processo de interação de diversos grupos, cada um procurando defender seus interesses.[4] O ambiente no qual essas escolhas são feitas depende das ideias econômicas, políticas e sociais que prevalecem na sociedade. A construção das instituições, isto é, das regras do jogo, sejam formais ou informais, depende da concepção do jogo embutida nessas ideias.

Numa visão marxista, a propriedade privada dos meios de produção é a origem das injustiças sociais. Nesta mesma concepção, o trabalhador e o empresário estão sempre em posições antagônicas, pois têm interesses divergentes.

Na visão liberal de Nozick (1974), o Estado deve ser mínimo, atendo-se a suas funções típicas, como a segurança, a justiça e os bens públicos. O mercado deve se ocupar da alocação dos recursos da sociedade sem intervenção do Estado.

Numa visão da economia social do mercado, o Estado e o mercado são duas instituições importantes, não havendo uma combinação ótima entre as mesmas. Elas não são substitutas, mas sim complementares. Na verdade, são dois instrumentos para alcançar o bem-estar social. O desenho de mecanismos de incentivos é fundamental para o bom funcionamento dos mesmos.

As inovações tecnológicas dos empresários aumentam seus lucros, mas também produzem aumento da produtividade dos trabalhadores e, portanto, dos salários. No mundo das inovações tecnológicas, os empresários e os trabalhadores são sócios, e não inimigos, como na versão marxista.

Imagine-se uma sociedade na qual existam, além das três concepções que acabamos de mencionar, outras ideias de como organizar as regras do jogo. Essa dispersão de ideias pode ser descrita pelo conceito de entropia, que na estatística é

---

[3] A cultura brasileira tem sido analisada por um bom número de autores. Veja, por exemplo, Freyre (1933), Holanda (1936), Faoro (1958), Lambert (1959), Damatta (1979), Barbosa (1992) e Senna (1995).
[4] A escolha social tem sido objeto de pesquisas que tentam explicar por que as sociedades tomam determinados rumos quando existem várias opções que poderiam ser selecionadas. Um exemplo dessa literatura é Acemoglu e Robinson (2006), que analisam a escolha entre ditadura e democracia.

uma medida de variabilidade.[5] Quanto maior a entropia, maior a dispersão de ideias e mais difícil a construção de regras do jogo que sejam aceitas por todos os grupos.

Gráfico 1
Entropia do sistema político brasileiro

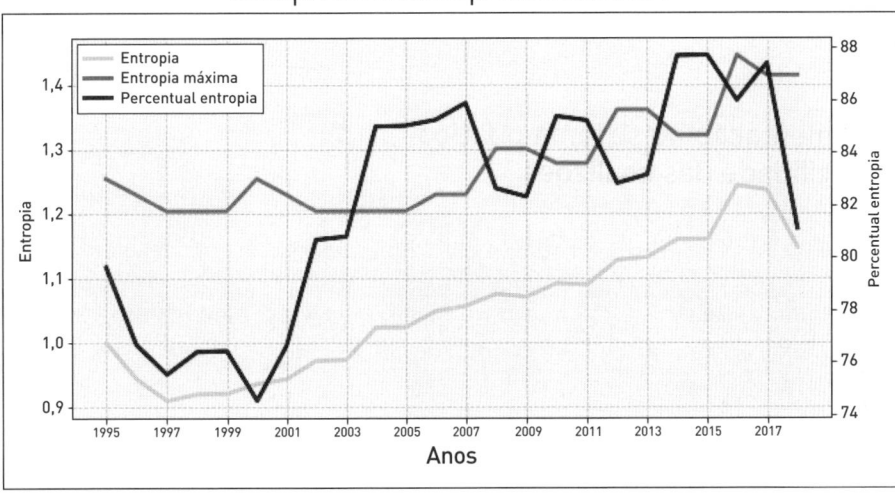

Fonte: Câmara dos Deputados.

O sistema político brasileiro é bastante fragmentado e demonstrou, ao longo da nossa história, que as coalizões políticas são frágeis. Elas são mantidas pelo loteamento de cargos públicos, tanto no governo quanto nas empresas estatais, produzindo ineficiência e corrupção. Os partidos políticos são, em geral, instrumentos operacionais da economia de privilégios.

O gráfico 1 mostra a evolução da entropia do sistema político brasileiro de 1995 até 2017, tomando-se a participação anual de cada partido no Congresso. A entropia e a entropia máxima crescem ao longo desse período. A entropia relativa diminui de 1995 até 2000, e a partir desse ano cresce até 2004, quando permanece oscilando num patamar elevado. Essa estatística mostra a elevada dispersão de ideias, que torna difícil a coalizão política em bases programáticas e que alimenta a economia de privilégios.

---

[5] A entropia é definida por $H = \sum_{i=1}^{n} p_i \log \frac{1}{p_i}$, p_i é a probabilidade do iésimo evento, e $\sum_{i=1}^{n} p_i = 1$. A entropia é máxima quando $p_i = \frac{1}{n}$. O valor máximo da mesma é $H = \log n$. A entropia é mínima quando $p_i = 1, p_j = 0, j \neq i$. O valor mínimo da entropia é igual a zero: $H = 0$. Logo, a entropia está compreendida entre zero e n: $0 \leq H \leq \log n$.

A implosão da economia de privilégios demandaria uma reforma profunda do sistema político brasileiro para impedir a criação excessiva de partidos que, em geral, não têm bases programáticas, mas sim o objetivo de se apropriar de uma fatia tão grande quanto possível do bolo. Nessa disputa, a soma das fatias desejadas pelos partidos é maior do que o bolo. A crise fiscal é o resultado desse jogo não cooperativo.

Conflito social: consumo *versus* poupança

Há 30 anos escrevi um artigo sobre as origens e consequências da inflação na América Latina (esse artigo está reproduzido em Barbosa, 2017a). Na década de 1980, o Brasil, e outros países da região, estavam sofrendo de uma doença grave: a hiperinflação. Alguns economistas inspirados pela teoria marxista argumentavam que a inflação resultaria de um conflito de classes entre os trabalhadores e os capitalistas. A implicação dessa visão é que não existiriam países com taxas de inflação estáveis. Os fatos, sempre os fatos, rejeitam a teoria marxista.

No meu artigo, argumentava que o grande conflito na América Latina envolve todas as classes sociais na briga pelos recursos públicos. Quem se beneficia dos gastos públicos acha que é pouco e, em geral, está insatisfeito. Quem paga acha que é muito e se sente explorado. Como resolver tal conflito? No passado, na época da inflação crônica, quem pagava a diferença da conta que não fechava era o imposto inflacionário, que incidia sobre a população mais pobre do país. Nosso país sempre primou pela injustiça social. Não é à toa que vivemos num país dual, com trabalhadores formais e informais, escolas privadas para a classe média e escolas públicas para os pobres, previdência do setor público e previdência dos demais trabalhadores, moradias com IPTU e habitações sem IPTU (as favelas), trabalhadores do setor público que ganham mais do que aqueles do setor privado, mesmo não tendo o risco do desemprego. Não é surpresa que a disputa por um emprego público seja tão acirrada, medida pelo número de candidatos por vaga.

A Lei de Responsabilidade Fiscal seria um instrumento para colocar um pouco de ordem nesse conflito pelos recursos públicos. De repente, em pouco tempo, a ex-presidente Dilma conseguiu desorganizar as contas públicas de tal modo que seu conserto não poderá ser feito num prazo curto. A Lei de Responsabilidade Fiscal não impediu o rompimento da barragem, e é preciso fazer sua reengenharia.

O pobre, como antigamente, não está pagando diretamente a conta, porque o governo federal dispõe de outro caminho, o endividamento público, transferindo o ônus para as novas gerações. Todavia, esse caminho não é sustentável no longo prazo, pois a dívida pública crescente se torna impagável. O risco-país, no início do governo do presidente Temer, diminuiu em virtude do anúncio da estratégia gradualista para a solução da crise fiscal. Depois, com o fracasso dessa estratégia, o risco-país aumentou. Entretanto, ainda não há um problema de solvência da dívida pública do governo federal.

Na avaliação da estratégia gradualista da política fiscal do governo Temer cabe uma pergunta: será que um tratamento de choque não teria sido um caminho com custo social mais baixo do que a opção gradualista? Alguns analistas argumentam que o presidente Temer não teria condições políticas de reverter todas as medidas de política fiscal, como as desonerações das folhas de salários da ex-presidente Dilma que levaram ao déficit primário. Se aceitássemos esse argumento, teríamos de concluir que a aprovação da reforma da Previdência seria muito mais difícil, e qualquer pretexto seria um impedimento para sua aprovação, como aconteceu.

Qual o veredicto da experiência histórica do nosso país em crises semelhantes no passado? Na década de 1980, empurramos com a barriga a questão fiscal (na época, essa estratégia era denominada, em inglês, *muddling through*) e perdemos a década. No Plano Real, o presidente FHC deixou o ajuste fiscal para o final do primeiro mandato, desperdiçando mais uma oportunidade de voltarmos rapidamente para a rota do crescimento sustentado. A política gradualista implica o crescimento da relação dívida/PIB. No futuro, se houver necessidade de usar a política fiscal contracíclica, estaremos com um cobertor curto, incapaz de cobrir os pés. É verdade que não é uma tarefa simples aumentar a carga tributária de 2% a 3% do PIB num país com um conflito social tão exacerbado nas finanças públicas.

A Constituição de 1988 é considerada por muitos uma constituição cidadã, mas ela também é a constituição dos privilégios. No art. 99, ela estabelece que "ao Poder Judiciário é assegurada autonomia administrativa e financeira". Numa organização, seja econômica ou não, existem dois tipos de atores: o agente e o principal. O principal corresponde ao "dono" e o agente ao "trabalhador". O prefeito, o governador, o presidente da República, os vereadores, os deputados, os senadores são agentes do povo. Os juízes também são agentes do povo.

Não faz sentido que os agentes tenham autonomia para estabelecer as condições de trabalho. Compete ao povo, por seus representantes, estabelecer não somente os salários, mas, também, a carga horária do trabalho. Caso contrário, os agentes vão trabalhar pouco e ganhar muito. Não é surpresa, portanto, que os juízes defendam com unhas e dentes os penduricalhos que eles mesmos criaram.[6]

---

[6] Os juízes federais têm direito a auxílio-moradia mesmo que tenham imóvel próprio; se forem casados com outro juiz, cada um tem direito a um auxílio, uma forma de burlar o teto do salário, baseado na lei.

Tabela 1
Poupança do governo: 2000-2015 (% PIB)

Ano	Poupança do governo	Ano	Poupança do governo
2000	-2,8	2008	0,0
2001	-4,1	2009	-1,3
2002	-3,8	2010	0,2
2003	-2,9	2011	0,3
2004	-0,8	2012	0,6
2005	-0,7	2013	-0,5
2006	-2,1	2014	-2,8
2007	-2,2	2015	-5,6

Fonte: IBGE.

A tabela 1 mostra o resultado do conflito social: a poupança do governo, no período 2000-2015, foi negativa em quase todos os anos. A sociedade brasileira optou por consumir ao invés de poupar, e preferiu sacrificar o crescimento econômico, como será analisado na seção seguinte.

O governo Temer adotou uma estratégia gradualista para enfrentar a crise fiscal brasileira, centrada na redução dos gastos. Nessa estratégia, a reforma da Previdência era o instrumento fundamental. Infelizmente, o presidente Temer teve seu encontro fatídico com Joesley Batista, nos subterrâneos do palácio presidencial. Desde aquele encontro, seu capital político desidratou, e no mês de fevereiro de 2018 o projeto de emenda constitucional da Previdência foi engavetado. Esse episódio caiu do céu para os privilegiados, que defendiam o *status quo* e eram contra a reforma da Previdência.[7] O enterro dos privilégios ficou adiado sem data marcada. E a crise

---

[7] A Previdência Social brasileira tem privilégios para senhor nenhum botar defeito. Vamos dar um único exemplo sem citar o nome, para não "fulanizar" a discussão, tampouco parecer que haja coloração e/ou preferência política. Um ex-senador trabalhou por 13 anos e se aposentou, em 2018, com uma pensão de R$ 12.500. Para se ter ideia do problema, vamos fazer algumas contas de forma aproximada. Qual o patrimônio pessoal que ele deveria ter para obter mensalmente esse rendimento? A resposta depende da taxa de juros mensal. Suponhamos que a taxa de juros real mensal seja de 0,5%, que corresponde aproximadamente a uma taxa anual de 6%. Os títulos do Tesouro denominados NTN-B, que são indexados à inflação, medida pelo IPCA, rendem menos do que 6% a.a. É fácil verificar que um patrimônio financeiro de R$ 2.500.000 renderia R$ 12.500, a uma taxa de 0,5%. Admitindo-se que o ex-senador tenha contribuído para a Previdência com R$ 500 mil ao longo dos 13 anos, ele recebeu um presente da sociedade no valor de R$ 2 milhões. Quem pagará esse presente em suaves prestações mensais de R$ 12.500? O contribuinte brasileiro. Conclusão: injustiça social e privilégios andam de mãos dadas na imprevidência social brasileira.

fiscal, como ficou? A estratégia gradualista de corte de gastos fracassou. Restava a alternativa de combater o déficit fiscal aumentando os impostos. Porém, esta alternativa encontra forte oposição das classes média e rica, que argumentam estar pagando impostos demais. O governo Temer não teve condições políticas de levá-la adiante. O governo Bolsonaro adotou a estratégia Temer e fracassou.

A economia brasileira: um país sem futuro?

A economia brasileira na primeira década deste século começou uma recuperação depois da década perdida de 1980, quando a renda *per capita* diminuiu, e da última década do século passado, que teve um crescimento pífio de 0,9% a.a. do PIB *per capita*, como mostra a tabela 2. A recuperação foi, na verdade, o bônus do final da hiperinflação com o Plano Real. Esse plano teve duas fases. Na primeira, em 1994, foi feita a reforma monetária, com a introdução do real, com o mecanismo engenhoso da URV, que atacou o componente inercial da inflação. A segunda fase foi o ajuste fiscal no final do primeiro mandato do presidente Fernando Henrique Cardoso e a mudança da política monetária com a crise cambial do início de 1999. A adoção do regime de metas de inflação, em meados de 1999, terminou o ciclo da estabilização e permitiria que o país crescesse a uma taxa média de 4% a.a., com uma breve interrupção na crise de energia de 2001.

Tabela 2
Crescimento do PIB brasileiro (*per capita*)

Década	Taxa de crescimento (% médio a.a.)
1950-1960	4,2
1960-1970	3,1
1970-1980	5,8
1980-1990	-0,6
1990-2000	0,9
2000-2010	2,4
2007-2017	0,6

Fonte: IBGE.

O primeiro mandato do ex-presidente Lula beneficiou-se do bônus da estabilização e do aumento dos preços das *commodities*. Portanto, o crescimento da primeira década deste século teve uma média de 2,4% a.a., menor do que ocorreu nas décadas de 1950, 1960 e 1970, mas bem melhor do que tinha ocorrido nas décadas de 1980 e 1990. Parecia que o pesadelo brasileiro tinha acabado. Mas não, o novo experimento de política econômica, a nova matriz, levou a economia brasileira ao crescimento medíocre, no período 2007-2017, de 0,6% a.a., produzindo uma crise fiscal e estagnação.

Para compreender a tragédia do crescimento econômico brasileiro das três últimas décadas, vamos usar uma fórmula bastante simples da matemática financeira. Imagine que você tenha um valor y_0 aplicado a uma taxa de juros igual a r num período igual a T anos. Logo, o valor y_T será igual a $y_0 (1+r)^T$. Suponha que você deseje saber por quanto tempo terá de aplicar seu dinheiro para dobrar o capital ($y_T = 2\, y_0$). Aplicando-se o logaritmo natural a ambos os lados da expressão anterior, obtém-se a resposta: $T = 69/r$, onde r agora está em porcentagem — para obter esta fórmula usei a aproximação $\log(1+r) \cong r$.

O crescimento médio da renda *per capita* brasileira desde 1980 tem sido aproximadamente igual a 0,6% a.a. Dividindo-se 69 por 0,6, obtém-se 115 (arredondado). Isso significa dizer que a renda *per capita* do Brasil será duplicada apenas daqui a 115 anos. Uma verdadeira tragédia: do jeito que está, o Brasil não tem futuro. O que fazer para que o Brasil volte a ter o crescimento econômico das décadas de 1950, 1960 e 1970?

O mundo desenvolvido — Estados Unidos, Canadá, Europa Ocidental, Japão, Cingapura, Taiwan, Hong Kong, Austrália e Nova Zelândia — construiu instituições que permitiram ao mesmo alcançar um elevado grau de bem-estar. A entropia das ideias nesse mundo é baixa e as instituições são fortes. A China, de Deng Xiaoping, optou pela economia de mercado e está numa trajetória que lhe permitiu até agora alcançar o nível de renda média. Se continuar nessa mesma trilha, estará no clube dos países ricos em duas décadas.

Na América Latina, seja no Brasil ou nos países de língua espanhola, desde o México até a Argentina, o valor elevado da entropia das ideias impede a construção de instituições que produzam crescimento econômico sustentado que nos leve ao clube dos ricos. Os modelos de sociedade que essas ideias contemplam são três: (1) socialismo cubano, (2) a economia de privilégios e (3) economia social de mercado.

O socialismo cubano elimina a iniciativa individual, divide a renda de modo equitativo, tornando todo mundo pobre, e destrói toda a possibilidade de progresso econômico pela falta de mecanismos de incentivos e punições na alocação dos recursos da economia. A crise política brasileira, com o fracasso da política econômica do PT, um partido de formação marxista, simpatizante do socialismo cubano e da experiência bolivariana da Venezuela, é uma oportunidade para descartar a opção do socialismo cubano, o neopopulismo latino-americano, intitulado por

Hugo Chávez "socialismo bolivariano". Por trás dessa ideologia estão os mesmos vícios de sempre: (1) indisciplina macroeconômica, com taxa de câmbio, taxa de juros, déficit público e balanço de pagamentos em desequilíbrio; (2) desrespeito ao funcionamento do sistema de preços, com controles de preços que não refletem os custos de oportunidade, e subsídios generosos para as classes média e rica que deles não precisam; (3) inexistência de estratégia de crescimento econômico, com a economia andando para trás na sua posição relativa mundial; (4) a exploração do pobre como fonte de poder, e em troca a perpetuação da pobreza, para manter-se no poder.

A economia de privilégios consiste na manutenção do *status quo* de uma sociedade caracterizada por elevado grau de *rent seeking*, com a obtenção de mecanismos para ganhar dinheiro fácil, sem nenhuma contribuição para o processo produtivo, seja por trabalhadores, dos setores privado e público, ou por empresários, produzindo um elevado grau de injustiça social.[8] A economia de privilégios envolve uma aliança de grupos bem diversos na sociedade brasileira: funcionários do setor público, dos três poderes, trabalhadores do setor privado e sindicalistas que não desejam mudança na legislação trabalhista, empresários que não querem concorrência mas desejam crédito subsidiado do setor público.

Esses grupos são bem representados no Congresso e impedem qualquer mudança que permita ao setor público ter poupança para financiar a infraestrutura, que acabaria com a dualidade em nosso país. A coalizão política na economia de privilégios aumenta o consumo e reduz a poupança. O desafio político é como mudar esse equilíbrio político, fazendo com que os diversos grupos que apoiam a economia de privilégios convertam-se à economia social de mercado. Novamente, a atual crise econômica e política é uma grande oportunidade para convencer esses grupos de que no longo prazo, num período de 10 anos, os retornos compensariam os custos que pagariam pela retirada dos privilégios.

A economia social de mercado existe com diferentes combinações de mercado e Estado, desde os modelos escandinavo, francês, inglês, norte-americano até os modelos asiáticos que mostraram como um país pode se tornar rico em duas gerações. A sociedade brasileira poderia ter como fonte de inspiração a estratégia econômica dos países asiáticos (Japão, Coreia do Sul, Taiwan, Cingapura, Hong Kong e recentemente a China), que tinham como objetivo alcançar, ou mesmo

---

[8] O capitalismo de compadrio (tradução livre de *crony capitalism*) é um sistema no qual os empresários usam relações pessoais para a obtenção no governo de crédito subsidiado, isenções fiscais e outros benefícios para seus negócios. Este é um sistema usado em muitos países asiáticos (Kang, 2002). A economia de privilégios abrange o capitalismo de compadrio como caso particular, porque ele não se restringe aos empresários, mas inclui trabalhadores e outros grupos de interesse.

ultrapassar, os países ricos. Essa estratégia requer a adoção de uma política econômica que contemple, pelo menos, cinco pontos: (1) disciplina macroeconômica: taxa de juros para atingir o centro da meta de inflação, câmbio flexível e não o sistema administrado atual, e execução de metas fiscais de modo transparente; (2) não interferência no sistema de preços, a não ser pelas agências reguladoras; (3) respeito ao direito de propriedade com regras estáveis, criando um ambiente de negócios propício ao investimento e à criação do emprego; (4) eficiência do Estado na segurança pública, educação, saúde, previdência, e tributação com regras universais sem exceções e privilégios; (5) estratégia de crescimento econômico liderada pelo investimento, com aumento da taxa de poupança doméstica e da taxa de investimento do governo na infraestrutura.[9]

---

[9] Os instrumentos de política para o crescimento podem afetar o nível de renda e/ou a taxa de crescimento da renda. Alguns pontos sugeridos atuam apenas no nível, como é o caso da segurança pública. Recursos privados são atualmente usados na segurança e poderiam ser realocados de modo mais eficiente, aumentando, portanto, a renda *per capita*.

2. Crescimento, crise e transição: 1947-2007

A história da economia brasileira nos anos 1947-2007 pode ser dividida em três períodos com características bem distintas. O primeiro, de 1947 até 1979, é a época de crescimento econômico do modelo de substituição de importações, com o produto interno bruto (PIB) crescendo a uma taxa média de 7,4% e a uma taxa de inflação de 28,5% a.a. O segundo período, de 1979 até 2004, é caracterizado pela crise fiscal do Estado e pela transição para um novo modelo de crescimento. Esse segundo período tem duas fases. Na primeira, de 1979 até 1994, a inflação entrou numa trajetória de hiperinflação com taxa média de 460,3% a.a. O PIB cresceu a uma taxa anual média de 2,4%. Na segunda fase, o Plano Real debelou a hiperinflação e a taxa de inflação média foi de 16,1% a.a. Todavia, a economia cresceu apenas a uma taxa anual de 2,5%.

Tabela 3
Brasil: crescimento e inflação (1947-2007)

Período	Taxas anuais (%)	
	Crescimento do PIB	Inflação
1947-1979	7,4	28,5
1979-1994	2,4	460,3
1994-2004	2,6	16,1
2004-2007	4,3	4,2

Fontes: Bacen e Ipeadata.

O terceiro período, que teve início em 2004, é um novo período de crescimento sustentado, uma obra inacabada, com linhas mestras já bem definidas, mas com contornos que serão desenhados ao longo do caminho. Entre 2004 e 2007, o PIB cresceu a uma taxa anual média de 4,3% e a taxa de inflação foi de 4,2% a.a.

Substituição de importações e crescimento liderado pelo investimento: 1947-1979

O modelo de substituição de importações caracterizou a economia brasileira dos anos 1920 até o final da década de 1970. Esse modelo não surgiu como iniciativa do governo, mas foi uma reação aos choques externos que afetavam uma economia primária exportadora dependente do café. Na dinâmica desse processo, o governo tornou-se um agente importante, criando mecanismos de intervenção direta e instrumentos de política econômica que permitiram o crescimento sustentado da economia brasileira durante mais de meio século.

O modelo de substituição de importações tinha dois pilares. O primeiro, fundamento do próprio modelo, baseava-se num sistema de preços dos bens comercializáveis da economia que não correspondia ao vetor de preços externos. Barreiras tarifárias e não tarifárias isolavam os preços domésticos dos preços externos, garantindo-se ao produtor doméstico um mercado cativo sem a concorrência externa. O segundo pilar era formado pelo tripé empresas estatais, empresas multinacionais e empresas privadas domésticas, que dividiam entre si os vários setores da economia. As empresas estatais tomavam conta da infraestrutura, as empresas multinacionais dedicavam-se aos setores de ponta e as empresas privadas domésticas cuidavam dos setores tradicionais.

O modelo de substituição de importações teve uma grande crise no início dos anos 1960. A proposta do presidente JK de fazer "cinquenta anos em cinco" acelerou o processo de industrialização do país com a execução do Programa de Metas. Todavia, as finanças públicas foram mal administradas. O financiamento do déficit público foi feito com emissão de moeda e empréstimos externos. Não havia títulos da dívida pública para financiar o déficit público de modo não inflacionário. No início dos anos 1960, a inflação aumentou e o país não conseguiu honrar os compromissos externos. Ademais, o sistema financeiro era bastante rudimentar, não tinha instrumentos de crédito para financiar os bens duráveis e automóveis produzidos no país, tampouco havia crédito imobiliário. O Brasil não tinha um banco central, pois o Banco do Brasil, um banco comercial, era também um banco central.

O Plano de Ação Econômica do Governo (Paeg) Castello Branco, no período 1964-1967, além de um programa de estabilização para combater a inflação, foi um programa de reformas abrangente, que criou as bases para a retomada do crescimento econômico do modelo de substituição de importações até o final da década de 1970. Na verdade, o chamado "milagre econômico" brasileiro foi a época em que se colheram os frutos das sementes plantadas pelo Paeg. A grande oportunidade perdida pelo Paeg foi não ter feito uma reforma na educação de primeiro e segundo graus no país. A preocupação dos economistas naquela época era com a acumulação de capital físico, uma variável crucial do modelo Harrod-Domar, a base teórica dos modelos de crescimento econômico, tanto do Paeg da dupla Campos-Simonsen quanto do Plano Trienal, um plano de estabilização do governo Goulart, elaborado por Celso Furtado. A experiência dos países asiáticos, que tiveram êxito em crescer com justiça social, mostra que a educação é um ingrediente fundamental no processo de desenvolvimento econômico. No Brasil, a educação sempre foi tratada com descaso, a despeito da existência de evidência empírica, produzida por um bom número de economistas, desde o início da década de 1970, de que a taxa de retorno do investimento em educação é maior do que a taxa de retorno do investimento em capital físico.

As principais reformas do Paeg foram: (1) reforma tributária, (2) reforma previdenciária e (3) reforma bancária e financeira. A reforma tributária criou um sistema moderno de impostos, acabando com os impostos em cascata e substituindo-os por impostos sobre o valor adicionado, o ICM de competência estadual e o IPI de competência federal. O Brasil foi um dos primeiros países no mundo a usar esse tipo de imposto, que hoje em dia é usado pela maioria dos países. Impostos anacrônicos, como o imposto do selo, foram abolidos; os impostos de importação e exportação passaram para a esfera federal. A reforma da Previdência acabou com os vários institutos de previdência de categorias profissionais (IAPI, industriários; IAPC, comerciários; IAPTEC, estivadores e trabalhadores no transporte de cargas; IAPB, bancários etc.) e fundiu-os num único instituto de previdência, o Instituto Nacional de Previdência Social (INPS). O antigo sistema dos IAPs deveria ter seguido um sistema de capitalização. Todavia, com o passar dos anos, foi se transformando num sistema de repartição simples, no qual a contribuição dos trabalhadores em atividade financia a Previdência Social. O sistema de repartição simples continua sendo o sistema usado no Brasil.

A reforma bancária criou o Banco Central do Brasil (Bacen), um banco central independente com diretoria com mandatos fixos. A antiga Superintendência da Moeda e do Crédito (Sumoc) deu lugar ao Conselho Monetário Nacional, com nove membros: o ministro da Fazenda, que o presidia, o presidente do Banco do Brasil, o diretor da Carteira de Comércio Exterior do Banco do Brasil (Cacex) e seis membros com mandatos fixos, dos quais quatro eram os diretores do Banco Central. A reforma do sistema financeiro teve como objetivo segmentar o mercado financeiro, com a especialização das empresas — os bancos comerciais cuidando do crédito de curto prazo, os bancos de investimento dedicando-se ao crédito de longo prazo, as empresas de financiamento operando no ramo de crédito ao consumidor e as empresas de crédito imobiliário no financiamento imobiliário.

Foi criado também o Banco Nacional de Habitação (BNH), que, entre outras funções, administrava o Fundo de Garantia do Tempo de Serviço (FGTS). Os recursos do BNH destinavam-se ao financiamento imobiliário ou a obras de infraestrutura urbana.

O FGTS era não somente um mecanismo de poupança forçada, mas também resolveu um problema que existia nas relações entre o capital e o trabalho. O trabalhador, quando atingia 10 anos numa empresa, adquiria estabilidade. Na prática, esse mecanismo não funcionava, porque a empresa demitia o trabalhador antes que ele atingisse os 10 anos. Acabou-se com esse dispositivo legal, e o trabalhador passou a ter um fundo com uma contribuição mensal de 8% do salário, que poderia ser sacado quando ele fosse demitido ou debaixo de certas condições, como o financiamento da casa própria.

O governo Costa e Silva optou por manter a taxa de inflação em dois dígitos e introduziu a política de minidesvalorização cambial, uma política de administração cambial que desvalorizava a moeda nacional pela diferença entre as taxas de inflação doméstica e externa. Tal política era um avanço com relação à política de câmbio fixo que desestimulava as exportações e incentivava as importações. Todavia, tinha como escopo fixar a taxa de câmbio real da economia, uma variável real que não deveria ser controlada pelo Banco Central, pois este não controla, no longo prazo, variáveis reais, e sim variáveis nominais. Quando ocorre um choque real, como foi o caso do choque do petróleo em 1973, a taxa de câmbio deveria ter sido desvalorizada acima do valor indicado por essa regra. Tal não ocorreu. O governo do presidente Geisel preferiu introduzir controles quantitativos adicionais nas importações e financiar o II PND, endividando-se externamente. No curto prazo, a opção pelo endividamento era mais vantajosa para a economia brasileira. No longo prazo, a dívida externa tornava o país vulnerável à taxa de juros externa. Quando o cenário internacional mudou no final da década de 1970 e a taxa de juros externa aumentou de forma acentuada, o país quebrou. A crise da dívida externa do início da década de 1980 somente foi resolvida com o Plano Brady na primeira metade da década seguinte.

Crise e transição: 1979-2004

No período 1979-2004, a economia brasileira teve um processo de crise e transição do modelo de substituição de importações para o modelo da economia aberta. No modelo da economia aberta, os preços domésticos dos bens comercializáveis não estão isolados dos preços externos por barreiras não tarifárias, tampouco existe proibição para importação de bens similares aos produzidos no país. Nesse novo modelo, o Estado terá um papel importante, mas sua natureza será completamente diferente do papel do Estado no modelo de substituição de importações. A escolha de 1979 como início do período de crise e transição deve-se a duas razões. Em primeiro lugar, o processo de substituição de importações tinha chegado ao seu final depois do II Plano Nacional de Desenvolvimento (II PND) do governo Geisel. Em segundo lugar, no governo Figueiredo começam os erros de política econômica que serão a marca registrada dos próximos 15 anos. No dia 10 de dezembro de 1979, foi anunciado o primeiro pacote de medidas de política econômica, que produziu um crescimento econômico transitório seguido pela primeira recessão no país depois da Segunda Guerra Mundial.

A transição entre esses dois modelos teve como fato marcante a crise fiscal do Estado. Essa crise fiscal teve duas consequências: hiperinflação e redução da taxa de crescimento do produto potencial da economia. A hiperinflação ocorreu porque o financiamento de parte do déficit público era feito por emissão de moeda. A redução da taxa de crescimento do produto potencial da economia brasileira ocorreu, em parte, em virtude da queda da taxa de poupança, pois a poupança do Estado tornou-se negativa. Ademais, vários impostos que eram diretamente ligados a investimentos na infraestrutura passaram a financiar gastos correntes. A hiperinflação também contribuiu para a queda da taxa de crescimento do produto potencial da economia, pois nesse fenômeno a moeda deixa de ser neutra e passa a ter efeitos reais na alocação de recursos.

A sociedade brasileira, e em particular os economistas, não reconheceu as causas da crise — que tinha duas vertentes, uma conjuntural (a hiperinflação) e outra estrutural (a dinâmica do crescimento econômico) — e reagiu aplicando terapias erradas, com os vários planos heterodoxos que tiveram como elo comum o fracasso. Os políticos agravaram o problema aprovando a Constituição de 1988, que implicava aumento dos gastos do governo sem a contrapartida de aumento de receita, agravando a questão fiscal, contribuindo para tornar mais difícil um problema que já era grave. A Constituição de 1988 foi também um choque de oferta negativo, pois impediu ou tornou difícil o trabalho dos empresários, como aconteceu, por exemplo, no caso da mineração. Na década de 1990, perceberam-se os erros cometidos com a Constituição de 1988 e começou-se um processo de reformas constitucionais que ainda não acabou.

No final da década de 1980 e começo da década seguinte, no governo Collor, tiveram início as grandes mudanças que vão caracterizar o novo modelo de crescimento: (1) abertura da conta comercial do balanço de pagamentos, (2) reforma do Estado, com início da privatização das empresas estatais, e (3) abertura da conta de capital do balanço de pagamentos e securitização da dívida externa, com o Plano Brady. A abertura da conta comercial foi decorrente da ineficiência do processo de substituição de importações, e não uma opção ideológica. A reforma do Estado com a privatização das empresas estatais foi consequência da crise fiscal e também não foi uma opção ideológica. O Estado simplesmente não tinha recursos para fazer aporte de capital para as empresas estatais. A abertura da conta de capital talvez tenha sido feita de modo precipitado, pois não ocorreu de modo estruturado, mas sim como resultado da criação de vários mecanismos que permitiram o fluxo de capitais para aplicação em vários tipos de ativos no mercado de capitais no Brasil e da retirada de proibições que impediam aplicações de brasileiros no exterior. A abertura da conta de capital e a securitização da dívida externa em 1994, com o Plano Brady, fizeram com que a taxa de juros real da economia dependesse de dois fatores: (1) a taxa de juros real internacional e (2) o risco-país.

O Plano Real, diferentemente dos demais planos de estabilização, explicitou a questão fiscal e, inicialmente, criou alguns mecanismos para um período de transição do governo Itamar Franco para o novo governo a ser comandado pelo presidente Fernando Henrique Cardoso, quando o ataque à questão fiscal seria realizado. No início, o Plano Real mudou o regime monetário, mas não o regime fiscal. Muitos analistas afirmam que o Plano Real usou, até a crise cambial de 1999, a âncora cambial, mas, na verdade, observando-se o comportamento do Banco Central do Brasil durante esse período, ele interveio tanto no mercado de câmbio quanto no mercado de reservas bancárias, fixando desde o início uma taxa de juros extremamente elevada. A taxa de juros foi usada tanto na crise mexicana quanto na crise asiática, para defender a taxa de câmbio. O resultado dessas políticas foi uma taxa de juros real média de 22,5% a.a. no primeiro mandato do presidente FHC.

No primeiro ano do primeiro mandato do presidente FHC o déficit público aumentou, pois o superávit primário tornou-se negativo. O presidente FHC e sua equipe econômica construíram um elevado grau de reputação e de confiança da população no início do Plano Real porque não usaram nenhum tipo de mecanismo que quebrasse contratos ou que surpreendesse a população, como nos planos heterodoxos. Com essa confiança e reputação, o governo FHC foi capaz de financiar o déficit público emitindo títulos da dívida pública, tanto no mercado doméstico quanto no mercado internacional. A dívida pública teve um aumento substancial, praticamente dobrando num período de quatro anos, numa trajetória explosiva que seria insustentável no longo prazo. Não somente o tamanho da dívida, mas também sua composição, indexada à taxa de juros do mercado de reservas bancárias (a taxa Selic) ou indexada ao câmbio, representavam um problema, que depois o presidente Lula denominou "herança maldita".

No final do primeiro mandato, o presidente FHC foi obrigado a introduzir uma política fiscal austera, com um superávit primário que sinalizasse aos detentores da dívida pública o compromisso do governo em pagá-la. A política cambial do primeiro mandato também se mostrou insustentável, e o governo, em janeiro de 1999, foi obrigado a flutuar o câmbio, adotando o regime de câmbio flexível. O regime de metas de inflação foi então introduzido para tornar o Banco Central responsável pela taxa de inflação no longo prazo, um objetivo que, de maneira explícita ou implícita, tinha sido adotado pelos bancos centrais do mundo desenvolvido a partir dos anos 1990. Copiou-se, portanto, o modelo da Nova Zelândia de metas de inflação, inspirando-se nos mecanismos usados pelo Banco Central da Inglaterra, que adotara o sistema de metas de inflação em meados da década de 1990. O tripé da política macroeconômica brasileira, composto por superávit primário, câmbio flexível e metas de inflação, não foi uma decisão planejada do governo do presidente FHC, mas sim uma consequência dos erros de política econômica cometidos pelo próprio governo.

A despeito dos erros de política econômica cometidos no primeiro mandato do presidente FHC, cabe ressaltar alguns avanços importantes: (1) a negociação das dívidas públicas estaduais e sua consolidação pelo governo federal; (2) a privatização dos bancos estaduais que sacavam a descoberto do Banco Central, emitindo moeda e funcionando, na prática, como se fossem bancos centrais; (3) a Lei de Responsabilidade Fiscal, que procura impedir a desorganização das finanças públicas; (4) a criação de um arcabouço legal para a regulação de vários setores da economia; (5) o saneamento do sistema financeiro, tanto o público (Banco do Brasil e Caixa Econômica Federal) quanto o do setor privado, com o Programa de Estímulo à Reestruturação e ao Fortalecimento do Sistema Financeiro Nacional (Proer).

Depois da crise cambial de 1999, a política monetária fez uma aterrissagem suave até estabelecer o novo regime de metas de inflação em meados daquele ano. O Brasil estava, então, em condições de entrar num período de crescimento sustentado, com uma taxa de crescimento do produto real de 1% ao trimestre. Isso aconteceu em 2000. Todavia, no primeiro semestre de 2001 ocorreu uma crise de energia, em grande parte devida à incompetência administrativa do governo, que provocou um choque violento na economia e destruiu a possibilidade de o presidente FHC fazer seu sucessor. A estabilização acabou com a inflação, mas produziu uma superdívida pública. A política fiscal do próximo governo tornaria a dívida pública sustentável ou partiria para um calote? Nessas circunstâncias, a estabilização era uma obra inacabada.

Em 2002, a economia brasileira foi submetida a um novo choque, o choque político da eleição bastante provável do candidato Lula à presidência da República.

Historicamente, o PT sempre defendia políticas que não resistiam a qualquer tipo de análise de consistência técnica do ponto de vista econômico. O PT defendia plebiscitos para decidir o pagamento das dívidas públicas, interna e externa, afirmava que antes de exportar era preciso matar a fome do povo, e acreditava que o voluntarismo era suficiente para resolver os problemas da economia.

Com essa perspectiva, era natural que, em vez de comprar reais, os investidores começassem a vendê-los. A consequência foi uma rápida depreciação do real e o aumento do risco-país. O aumento do risco-país provocou o aumento da taxa de juros real. A dívida pública, que era praticamente indexada ao câmbio e à taxa de juros, aumentou. O choque político transformou-se em choque fiscal. A herança maldita do PT converteu-se, na prática, num problema sério, com a ameaça da volta da inflação. A taxa de inflação, em termos anuais, já ultrapassava um dígito. Com um cenário incerto quanto à postura do governo do PT com relação à política monetária, leia-se fixação da taxa de juros pelo Banco Central, a expectativa de inflação aumentou, e um fenômeno que seria transitório ameaçava tornar-se permanente.

O governo do presidente Lula começou, então, com duas decisões estratégicas a serem tomadas. Em primeiro lugar, a dívida deveria ou não ser reestruturada? Em segundo lugar, o Banco Central deveria usar ou não a taxa de juros para trazer a inflação de volta para uma taxa anual de um dígito? A primeira opção foi usada pela Argentina e provocou uma depressão naquele país, atingindo as classes menos privilegiadas. É possível que a experiência argentina tenha convencido o presidente Lula de que, do ponto de vista do trabalhador e das classes de renda mais baixa, a melhor opção seria pagar a dívida. Esse diagnóstico implicava uma política de superávits primários para tornar a dívida pública sustentável. A segunda decisão, de trazer de volta a taxa de inflação para o patamar de um dígito, era um imperativo político, pois o combate à inflação levara Lula a ser derrotado três vezes no passado. Certamente, pensando na reeleição, era melhor seguir Maquiavel e fazer o mal de uma única vez. O presidente Lula optou por combater a inflação elevando a taxa de juros. Essa política, num país com a dívida pública indexada à taxa de juros do Banco Central e sendo em grande parte rolada no curto prazo, tinha implicação fiscal, pois aumentava ainda mais o déficit público. Logo, para segui-la era necessário aumentar o superávit primário. O governo do presidente Lula teve início, portanto, com uma combinação de políticas, monetária e fiscal, ortodoxa e recessiva. A teoria econômica é incapaz de precisar as defasagens envolvidas nas políticas, mas sabe-se de outras experiências em que, num prazo entre um e dois anos, a economia começa a se recuperar e aproximar-se da trajetória de crescimento do produto potencial. Esse fato ocorreu à época no Brasil. A política macroeconômica responsável criou um ambiente para que a economia brasileira crescesse, nos próximos anos, a uma taxa de 1% ao trimestre.

Cabe ainda ressaltar que no governo Lula houve uma mudança da composição da dívida pública, tornando a economia brasileira menos vulnerável aos choques externos. A dívida pública indexada em dólares praticamente desapareceu. Tal fato não ocorreu com a dívida pública indexada à taxa de juros fixada pelo Banco Central do Brasil, mas sua proporção na dívida total declinou. Esses fatos são importantes porque não permitem que um choque externo que afeta o câmbio transmita-se imediatamente para as contas públicas, e que uma mudança de política monetária afete instantaneamente o déficit público.

Crescimento, economia aberta e regulação do Estado: 2004-2007

A transição do modelo de substituição de importações para o modelo da economia aberta foi praticamente completada no segundo ano do primeiro mandato do presidente Lula, com a adesão do PT aos principais pontos que caracterizam o novo modelo de crescimento da economia brasileira que substituiu o antigo e exitoso modelo de substituição de importações. A transição foi longa, pois levou praticamente uma geração (quase 25 anos), e seu custo elevado, se medido em termos de crescimento do produto. Mas é importante reconhecer que não há mais divergência entre os principais partidos políticos do país quanto ao "modelo". Isto é, um consenso se estabeleceu quanto aos principais pontos em que se assenta essa nova plataforma de crescimento. Isso não significa dizer que exista consenso de como operar os parâmetros desse novo modelo e de como resolver os vários problemas com que se defronta o nosso país.

A agenda dos próximos anos, com os problemas da economia brasileira que demandam solução, é bastante extensa. Três questões dessa agenda devem ser enfatizadas. Elas são: (1) o que fazer para aumentar a taxa de crescimento do produto potencial, (2) como tornar o Estado mais eficiente na provisão de serviços de educação, saúde, segurança pública e justiça e (3) como proceder a uma reforma urbana que ataque os problemas sociais derivados de um processo de urbanização caótico e que levou à favelização do país. A solução dos problemas dessa agenda permitirá que o crescimento econômico se faça com justiça social, para que se comece a pagar a dívida social construída ao longo de nossa história (30/10/2007). P.S.: Infelizmente minha previsão de que o PT tinha aderido ao modelo da economia social de mercado estava errada, como será visto no capítulo 5.

3. Planos de estabilização

Este capítulo analisa os planos de estabilização da economia brasileira desde 1964: Paeg, Cruzado, Bresser, Verão, Collor e Real. Para que esses planos sejam mais bem compreendidos, o capítulo apresenta inicialmente uma resenha sucinta, sem equações, dos modelos de inflação crônica e de hiperinflação, que permitem, inclusive, que se classifiquem os diversos planos de estabilização de acordo com os instrumentos usados pelos mesmos.

Inflação crônica, hiperinflação e estabilização

A inflação crônica é o fenômeno caracterizado por inflação alta num longo período. Apesar de descrever o fenômeno, essa definição não fornece um critério empírico para identificar episódios do mesmo. Uma taxa de inflação de 10% a.a. é, em geral, usada como o limiar da inflação crônica. Esta definição provavelmente foi inspirada pela definição de hiperinflação de Cagan. Segundo esse autor, a hiperinflação começa no mês em que o nível de preços aumenta pelo menos 50% e termina no mês em que a inflação atinge uma taxa menor do que 50% e permanece abaixo desse patamar por um período de pelo menos um ano. Esse foi o critério adotado por Cagan no seu trabalho clássico sobre as hiperinflações em vários países europeus entre a Primeira e a Segunda Guerras Mundiais do século XX. Não existe justificativa teórica para que estes limites identifiquem tanto a inflação crônica quanto a hiperinflação.

Usaremos o tipo de mecanismo de impulso para identificar a inflação crônica e a hiperinflação. A inflação crônica resulta de um regime de política econômica no qual a emissão de moeda financia o déficit público de modo permanente. Nesse ambiente, não existe uma âncora nominal. O banco central não controla a taxa de câmbio, ou a quantidade de moeda, ou a taxa de juros nominal. O déficit fiscal financiado pela emissão de moeda é o mecanismo de impulso tanto da inflação crônica quanto da hiperinflação.

Nos países com inflação crônica existem mecanismos de indexação, baseados na inflação passada, para reajuste de preços e salários, produzindo o que se convencionou denominar "inflação inercial". A indexação surge como uma resposta dos agentes econômicos a um ambiente de inflação permanente. A inflação inercial é um mecanismo de propagação, mas não é a origem do processo inflacionário. Nas inflações crônicas, os intervalos de reajustes de preços e salários diminuem quando a taxa de inflação aumenta. A mudança do período médio de indexação defasada pode provocar mudanças importantes na dinâmica da inflação, embora ela não afete o equilíbrio do modelo. A dinâmica desse tipo de economia pode ser bastante instável quando ocorrem mudanças dos parâmetros ou quando choques atingem a economia. Adicionalmente, deve-se mencionar o fato de que a inflação inercial produz um elevado custo social para frear o processo inflacionário.

Hiperinflação é uma patologia que ocorre quando o preço da moeda, o inverso do nível de preços, isto é, o poder de compra da moeda, converge para zero num intervalo de tempo finito. Por que as pessoas querem se livrar da moeda? Uma possibilidade é uma bolha em virtude de uma profecia que se autorrealiza: todo mundo acredita que amanhã a moeda não valerá nada. Logo, as pessoas se livram da moeda hoje. A segunda razão para que a moeda perca totalmente seu valor num intervalo finito de tempo é uma crise fiscal financiada pela emissão de moeda.

Num regime monetário-fiscal no qual o banco central financia o déficit público, podemos pensar que seu principal negócio é o aluguel da moeda que ele próprio emite, como uma empresa que aluga automóveis. Suponha que o Banco Central seja proprietário da moeda, como a empresa que aluga automóveis é dona dos seus automóveis. A renda do banco central é proveniente do aluguel da moeda para a sociedade. O aluguel cobrado por ele é igual ao valor dos serviços proporcionados pela moeda, que é igual ao produto da taxa de juros nominal pela quantidade real de moeda. O Banco Central usa parte dessa receita como fonte de recursos para o governo pagar o déficit público. O resíduo é seu fluxo de caixa. O valor da moeda, como o de qualquer outro ativo, é o valor presente desses fluxos de caixa, descontados pela taxa de juros real da economia. Esse regime de política econômica funciona enquanto a receita de aluguel da moeda do banco central for maior do que o déficit público, isto é, enquanto o fluxo de caixa do Banco Central for positivo. Quando esse fluxo de caixa se torna negativo, a hiperinflação ocorre porque o regime de política monetária torna-se insustentável (Barbosa, 2017a). O valor presente do fluxo de caixa é a restrição intertemporal do governo num regime monetário-fiscal que financia o governo emitindo moeda. A hiperinflação é, então, definida a partir do mês no qual a restrição intertemporal deixa de ser sustentável, dada a política monetária vigente, e termina no mês em que a restrição intertemporal do governo seja satisfeita.

Como já vimos, uma forma conveniente de analisar a inflação, como também outras variáveis econômicas, de um ponto de vista teórico, é usar os mecanismos de impulso e de propagação (Slutsky, 1937). Esse arcabouço permite uma classificação dos diferentes programas de estabilização: (1) ortodoxo, (2) heterodoxo e (3) neo--ortodoxo. Num programa ortodoxo, ataca-se o mecanismo de impulso que produz o patamar da taxa de inflação, usando-se as políticas monetária e fiscal. Num programa heterodoxo, o plano se preocupa única e exclusivamente com o mecanismo de propagação, isto é, com o componente inercial da taxa de inflação, usando-se políticas de renda, como controle de preços e salários, ou mesmo o congelamento de preços e salários. Num programa de estabilização neo-ortodoxo, o plano leva em conta tanto o mecanismo de impulso quanto o mecanismo de propagação. Na verdade, um programa de estabilização neo-ortodoxo é uma combinação dos enfoques ortodoxo e heterodoxo de combate à inflação.

O programa heterodoxo é incapaz de acabar com a inflação porque ele não ataca as raízes do problema. Um enfoque bastante útil para compreender a inflação é analisá-la como um imposto sobre a moeda. O imposto inflacionário é uma fonte de receita do governo. Para diminuir o imposto inflacionário existem quatro alternativas: (1) aumentar outros impostos; (2) reduzir despesas; (3) tomar emprestado emitindo títulos públicos; (4) uma combinação das três alternativas anteriores. Portanto, para diminuir o patamar da taxa de inflação, seja na inflação crônica ou na hiperinflação, é necessário o uso da política fiscal.

Alguns programas de estabilização tiveram sucesso em reduzir a taxa de inflação de um patamar elevado para um patamar baixo (Paeg em 1964-1967 e Israel em 1985). Esse tipo de estabilização reduz o patamar da inflação sem mudar o regime de política econômica. Outro tipo de estabilização muda o regime de política econômica e leva a economia para um patamar da inflação, a.a., de um dígito.

O regime de política econômica é definido como as regras do jogo, abrangendo objetivos e instrumentos de política econômica. Os finais das hiperinflações aconteceram com uma mudança do regime de política econômica. Existe uma controvérsia com respeito a essa mudança de regime. Sargent (1982) defende a hipótese de que as hiperinflações acabam com uma mudança dos regimes de política monetária e fiscal. Dornbusch (1987) não concorda com Sargent. Ele afirma que as hiperinflações acabam com uma mudança no regime monetário, e que a mudança no regime fiscal ocorre apenas depois da estabilização no nível de preços. Essas duas hipóteses podem ser testadas analisando-se os finais das hiperinflações.

Num programa de estabilização que acaba com o imposto inflacionário, o banco central tem de escolher uma âncora nominal para fixar o nível de preços da economia. Ele dispõe de três alternativas: (1) taxa de câmbio fixa, (2) controle da quantidade de moeda e (3) controle da taxa nominal de juros, como no programa de metas de inflação. Os dois primeiros tipos de âncora foram praticamente abandonados. O câmbio fixo porque requer uma disciplina macroeconômica a que nenhum país deseja obedecer. O controle da quantidade de moeda mostrou-se, na prática, incapaz de produzir os resultados desejados. O programa de metas de inflação tem sido um grande sucesso depois de sua introdução pelo Banco Central da Nova Zelândia.

Este ensaio apresenta os programas de estabilização implementados no Brasil num período de quase quatro décadas: da década de 1960 até a de 1990. Antes do Plano Real, a inflação fazia parte do cotidiano da vida dos brasileiros. Alguns analistas afirmavam que a inflação fazia parte da nossa cultura, como o futebol, o carnaval, o samba e o feijão com arroz. No começo da década de 1960, o Brasil teve, ao mesmo tempo, estagnação e inflação. A taxa anual de inflação chegou a 90% em 1964. O modelo de substituição de importações não estava funcionando de modo adequado e precisava ser consertado. O Paeg, de 1964, teve sucesso em reduzir a taxa de inflação para um patamar de 20% a.a. em 1967. No período 1967-1973, a taxa de inflação permaneceu nesse patamar. Em 1974, a taxa de inflação dobrou e permaneceu no patamar de 40% a.a. até 1979. Alguns analistas argumentam que esse aumento da taxa de inflação foi devido ao choque dos preços do petróleo em 1973. Tal hipótese não resiste a uma análise cuidadosa dos fatos, porque não houve repasse do aumento do preço do petróleo para seus derivados, a não ser no caso da gasolina. A origem da duplicação da taxa de inflação em 1974 foi a expansão da base monetária em 50% naquele ano, o último ano de Delfim Netto como ministro da Fazenda do governo Garrastazu Médici.

No final da década de 1970, o modelo de substituição de importações tinha chegado ao fim, pois as possibilidades de produção doméstica para bens e serviços importados tinham se esgotado. A economia brasileira sofria duas crises: uma estrutural e outra conjuntural. A taxa de inflação aumentou para o patamar de 100% a.a. em 1979, 1980, 1981 e 1982. As finanças públicas estavam completamente desorganizadas, e a dívida externa era impagável. Em 1983, a taxa de inflação começou a subir sem chegar a um novo patamar de equilíbrio. O Brasil passou a ter a doença aguda da inflação crônica, a hiperinflação. Em 1986, a taxa de inflação diminuiu transitoriamente em virtude do congelamento de preços do Plano Cruzado. Nos três anos seguintes — 1987, 1988 e 1989 —, a inflação aumentou, chegando a uma taxa anual de 2.000% em 1989. Em 1990, a taxa de inflação não aumentou em virtude do Plano Collor, mas ficou próxima de 1.600%. A hiperinflação brasileira foi um processo longo e somente chegou ao seu fim com o Plano Real, que começou em 1994.

Este ensaio analisa seis planos de estabilização. O primeiro é o Paeg, um plano de estabilização neo-ortodoxo. Em seguida, analisam-se quatro planos heterodoxos, os planos Cruzado, Bresser, Verão e Collor, implementados durante a década de 1980, a década perdida. Todos os planos heterodoxos fracassaram no combate à inflação. Por último, analisa-se o Plano Real, um plano neo-ortodoxo, que teve sucesso em acabar com a hiperinflação brasileira.

O plano Paeg começou como um plano ortodoxo, mas na sua implementação descobriu-se a dificuldade em reduzir a taxa de inflação devido a seu componente inercial. A utilização da política monetária para vencer a inflação levaria a um custo social bastante elevado. Simonsen, que era o principal formulador do Paeg, inventou uma fórmula de indexação com um componente prospectivo para o reajuste dos salários, reduzindo o componente retrospectivo de tal sorte que o salário real médio do trabalhador fosse preservado. Esse mecanismo de indexação, com diferentes formatos, tornou-se uma ferramenta padrão em todos os planos de estabilização que vieram depois do Paeg. Portanto, o Paeg abandonou a ortodoxia e tornou-se o primeiro plano neo-ortodoxo ao descobrir os problemas criados pelo componente inercial no combate à inflação.

Paeg: 3/1964 a 12/1967

Roberto de Oliveira Campos, como ministro do Planejamento e Coordenação Geral, e Octávio Gouvêa de Bulhões, como ministro da Fazenda, foram os responsáveis pela política econômica do governo Castello Branco (1964-1967), o primeiro presidente do regime militar. Mário Henrique Simonsen, um consultor informal do governo, elaborou o Paeg, o programa de ação econômica do governo. Esse plano é bastante parecido com o Plano Trienal de Celso Furtado, preparado para o governo João Goulart em 1962. Ambos os planos pretendiam combater a inflação usando uma combinação de políticas monetária e fiscal, e usavam o modelo Harrod Domar como o arcabouço teórico para a formulação da política de crescimento econômico.

O Paeg não era apenas um plano de estabilização. A falta de disciplina macroeconômica do governo Juscelino Kubitschek (1956-1960) produziu estagnação e aumento da taxa de inflação no início da década de 1960. O Paeg tinha dois objetivos principais: (1) estabilização e (2) retomada do crescimento econômico.

A política fiscal do Paeg foi feita em duas etapas. Na primeira (1965-1966), aumentaram-se as alíquotas do imposto de consumo, expandiu-se a base do imposto de renda, ampliou-se a retenção de impostos na fonte e indexou-se o imposto ao momento em que seu fato gerador ocorre. Essa indexação eliminou o efeito Tanzi, isto é, a perda do valor real do imposto que ocorre quando há inflação e existe uma defasagem entre o fato gerador e a arrecadação do mesmo. Essa indexação do imposto também foi colocada em prática pelos estados e municípios, acabando praticamente com o efeito Tanzi na experiência inflacionária brasileira analisada neste ensaio. A inflação também afeta o orçamento do governo via despesas do governo (Barbosa, 1987). A inflação não antecipada diminui as despesas em termos reais. Portanto, se a estabilização não é completamente esperada, as despesas do governo, em termos reais, aumentam, agravando o déficit fiscal.

A segunda etapa da política fiscal do Paeg consistiu numa reforma fiscal que entrou em vigor em 1967. A reforma extinguiu impostos ineficientes, como o imposto de vendas e consignações, um imposto em cascata, e introduziu o imposto sobre o valor adicionado. Como havia necessidade de criar receita tributária no sistema federativo, para a União e para os governos estaduais, criou-se o imposto sobre produtos industrializados (IPI) para o governo federal e o imposto sobre circulação de mercadorias (ICM) para os governos estaduais. O imposto de renda foi destinado ao governo federal, e o imposto sobre a propriedade territorial e urbana (IPTU) ficou com os municípios. O governo federal ficou responsável pelos impostos de importação e exportação.

O Paeg implementou duas outras reformas: (1) seguridade social e (2) financeira e bancária. A reforma da seguridade social extinguiu várias instituições de seguridade e estabeleceu apenas uma: o Instituto Nacional da Seguridade Social (INSS). A Lei da Usura, que estabelecia um teto de 12% a.a. para a taxa de juros nominal, impedia o desenvolvimento do setor financeiro. A primeira medida para reformar o sistema financeiro foi revogar esse dispositivo legal. A segunda medida da reforma financeira foi estabelecer um arcabouço legal para as instituições desse setor.

A reforma bancária adotou o modelo norte-americano de mercado segmentado, com bancos comerciais, bancos de investimento, empresas de crédito e financiamento, empresas de crédito imobiliário e distribuidoras de valores mobiliários. Somente os bancos comerciais poderiam ter depósitos à vista; as outras instituições poderiam receber diferentes tipos de depósitos a prazo. A integração de grandes instituições financeiras aconteceu ao longo do tempo, porque elas operavam em todos os segmentos do mercado. Em 1988, o Conselho Monetário Nacional permitiu o funcionamento dos bancos universais, reconhecendo a realidade do mercado financeiro, deixando a segmentação de lado.

A reforma bancária também criou o Banco Central do Brasil, um banco central independente, como o Fed, o Banco Central norte-americano. Entretanto, diferentemente da estrutura organizacional norte-americana, foi criado um conselho, o Conselho Monetário Nacional (CMN), que seria responsável pela formulação das políticas monetária e creditícia. Esse conselho era presidido pelo ministro da Fazenda. Mas o Poder Executivo tinha apenas três votos num total de nove. Seis membros tinham mandato fixo, dos quais quatro eram os diretores do Banco Central do Brasil, sendo um deles o presidente do banco. A racionalidade para essa organização era a necessidade de coordenação das políticas monetária e fiscal.

Com o objetivo de desenvolver o mercado de crédito imobiliário, as empresas desse segmento poderiam receber depósitos a prazo com cláusula de correção monetária. Para financiar o déficit público, o governo federal podia emitir títulos públicos com cláusula de correção monetária, as Obrigações Reajustáveis do Tesouro Nacional (ORTNs), com a mesma indexação dos depósitos de poupança.

No modelo Harrod Domar, a taxa de crescimento econômico depende de três parâmetros: (1) a taxa de poupança, (2) a relação capital/produto e (3) a taxa de depreciação. As duas últimas dependem da tecnologia. O Paeg aumentou a taxa de poupança da economia usando o instrumento da poupança forçada. Até 1966, o trabalhador adquiria estabilidade no emprego depois de completar 10 anos trabalhando na mesma empresa, porque o custo de demiti-lo tornava-se bastante elevado. Na prática, ele era demitido antes de completar 10 anos. O Paeg mudou essa lei e criou o Fundo de Garantia do Tempo de Serviço (FGTS), com a contribuição de 8% do salário pago pelo empregador. Os trabalhadores poderiam sacar desse fundo em caso de desemprego involuntário, isto é, quando despedido pelo empregador, ou então debaixo de algumas condições, para a compra da casa própria. Os recursos desse fundo seriam aplicados no financiamento de infraestrutura e em habitações. O segundo mecanismo de poupança forçada criado pelo Paeg foi a vinculação de três impostos para investimento. O imposto sobre combustíveis para a construção de estradas, o imposto sobre energia elétrica para o financiamento do setor elétrico e o imposto sobre telecomunicações para financiar o investimento nesse setor. Esses impostos não poderiam ser utilizados para os gastos em consumo.

O Paeg pretendia ser um plano ortodoxo usando somente as políticas monetária e fiscal no combate à inflação. Todavia, a administração econômica do governo constatou em pouco tempo que a inflação era persistente e não estava reagindo, da maneira esperada, à terapia que estava sendo aplicada. O governo consultou Simonsen para analisar o que estava acontecendo. Ele descobriu o mecanismo de realimentação inflacionária, isto é, a inflação inercial, como hoje em dia é conhecida nos livros-texto de macroeconomia. A literatura sobre inflação, naquela época, não tratava da inflação inercial. A realimentação da inflação existe porque preços e salários são reajustados com base na inflação passada. Esse é um fato observado em qualquer economia de mercado, embora até hoje não se tenha um modelo teórico adequado para explicar esse fenômeno.

Gráfico 2
Paeg

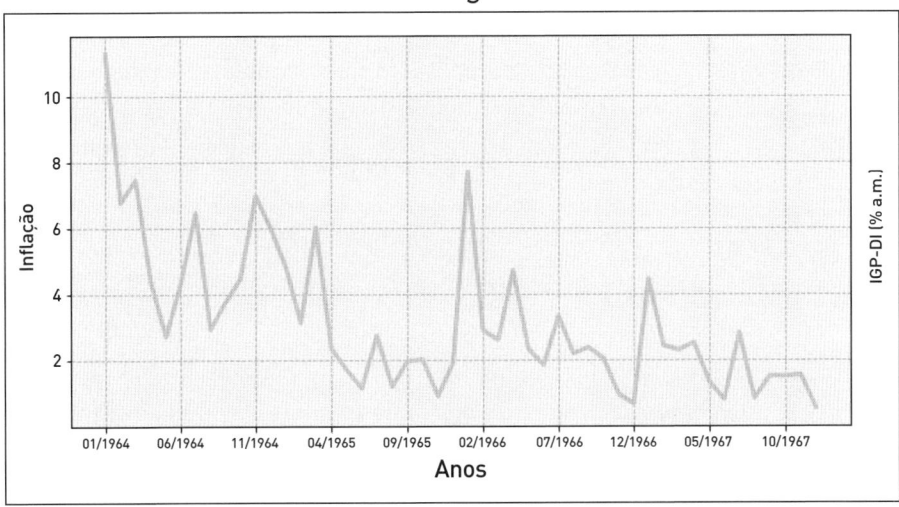

Fonte: FGV.

Para cortar essa ligação entre o passado e o presente, é necessário mudar o mecanismo de indexação por um instrumento compulsório e legal ou provocar uma recessão tão grande que obrigue empresas e trabalhadores a deixarem o passado de lado na fixação de preços e salários. No Paeg, uma lei tornou mandatório o reajuste dos salários com base numa fórmula que combinava a inflação passada e a inflação esperada, de sorte a preservar o salário real médio do trabalhador. No início, a inflação esperada foi subestimada e ocorreu uma queda do salário real. Depois, o governo reconheceu o problema, e a fórmula foi corrigida para levar em conta a discrepância entre a taxa esperada e a taxa efetivamente realizada. Com a nova fórmula de reajuste dos salários, a inflação diminuiu sem provocar recessão. O Paeg teve sucesso em trazer o patamar da taxa de inflação para menos de 2% ao mês no final de 1967, como mostra o gráfico 2. Essa taxa era bastante inferior às taxas observadas no primeiro trimestre de 1964.

Em retrospecto, pode-se afirmar que o Paeg cometeu pelo menos dois erros. O primeiro foi permitir ao Banco do Brasil continuar emitindo moeda como se fosse um banco central, usando o dispositivo da conta-movimento que ele tinha no Bacen. Esse arranjo originou o orçamento monetário, que consistia na consolidação das contas do Banco do Brasil e do Bacen. O Brasil passou a ter dois orçamentos: o fiscal e o monetário. O primeiro aprovado pelo Congresso e o segundo sob a tutela do CMN. Esse arranjo institucional produziu déficits quase fiscais e falta de transparência nas contas públicas brasileiras. A conta-movimento somente seria extinta na segunda metade da década de 1980.

O segundo erro do Paeg ocorreu na estratégia de crescimento econômico. A teoria de crescimento econômico na década de 1960 não incluía o capital humano nos seus modelos, como exemplifica o modelo Harrod Domar usado no programa. Portanto, o Paeg não incluiu a educação nas reformas que mudaram as instituições brasileiras na década de 1960.

Planos heterodoxos

O Brasil teve quatro planos heterodoxos de estabilização: Cruzado, Bresser, Verão e Collor — nessa ordem. A teoria econômica não é uma ciência experimental, no sentido de que seus modelos possam ser testados em laboratórios. Existem duas maneiras de testar os modelos em economia. Uma delas usa técnicas estatísticas, que se denomina "econometria". A outra possibilidade para testar os modelos econômicos é baseada em experimentos de política econômica. Analisamos, a seguir, os experimentos dos planos heterodoxos, nos quais o povo brasileiro serviu de cobaia.

Plano Cruzado: 2/1986 a 12/1986

A hipótese usada na formulação do Plano Cruzado era de que a inflação brasileira seria 100% inercial.[10] A origem da inflação era ela própria, num mecanismo de catraca, em virtude da indexação. Portanto, a estratégia do plano consistia em: (1) impedir que a catraca continuasse funcionando, quebrando a ligação do passado com o presente, e (2) proibir qualquer tipo de indexação em períodos curtos, menores do que um ano.

O Plano Cruzado criou uma nova moeda. O cruzado substituiu o cruzeiro, cortando três zeros. Todos os preços foram congelados por um período indeterminado. A economia foi desindexada e mecanismos de indexação foram proibidos em períodos curtos. O cruzado acabou com a Obrigação Reajustável do Tesouro Nacional (ORTN), criada pelo Paeg. No seu lugar, foi criada a Obrigação do Tesouro Nacional (OTN), cujo preço não mudaria durante um ano.

Salários, aluguéis, mensalidades escolares e prestações da casa própria foram convertidos de cruzeiros em cruzados usando-se o valor real médio dos últimos seis

---

[10] Ver Lopes (1986). Quando existir um livro com artigos do autor, a referência citada não será o artigo original, mas o livro.

meses. O salário mínimo teve um abono de 8% acima do seu valor médio. O cruzado introduziu um gatilho para o reajuste de salários: os salários seriam reajustados toda vez que a taxa de inflação alcançasse 20%.

A "tablita", um mecanismo importado dos planos de estabilização em países da América Latina, convertia os valores contratuais para evitar transferências de rendas entre os credores e os devedores. A taxa de câmbio foi fixada em 13,80 cruzados por dólar, mas o Banco Central poderia mudá-la a seu bel-prazer.

No primeiro momento, o cruzado foi um grande sucesso. A taxa de inflação ficou abaixo de 1% ao mês, de março até julho de 1986. Entretanto, a sociedade brasileira não esperava que a inflação permanecesse tão baixa no futuro próximo. Esse comportamento era revelado pela demanda elevada na compra de bens e serviços, com o aquecimento na economia, provocando escassez. Em virtude do controle de preços, gargalos em vários setores passaram a ser um fato corriqueiro. O congelamento de preços tornou-se insustentável. Numa economia aberta, a maneira usual de resolver esse tipo de problema consiste no aumento das importações e na redução das exportações. O resultado foi o agravamento do problema do balanço de pagamentos. No final de 1986, não havia mais reservas internacionais e o país estava pronto para deixar de honrar seus compromissos internacionais, com o calote da dívida externa.

A política monetária conduzida no pressuposto de uma inflação esperada igual a zero foi bastante expansionista. O Bacen injetava moeda na economia de uma maneira inconsistente com o objetivo de uma inflação zero. A sociedade brasileira livrava-se dessa moeda comprando bens e serviços. A única maneira de interromper esse processo seria o Bacen aumentar a taxa de juros. Todavia, este se defrontou com um problema para implementar esse aumento da taxa de juros: a maioria das instituições financeiras estava bastante alavancada em títulos públicos. Quando o Bacen aumentasse a taxa de juros, os preços dos títulos públicos cairiam, e as instituições financeiras quebrariam. Para solucionar esse problema, o Bacen criou um novo título, conhecido atualmente pelo nome de Letras Financeiras do Tesouro (LFTs), indexado diariamente à taxa de juros do mercado interbancário, conhecida pelo nome de taxa Selic. A duração desse título é zero, o que significa dizer que seu preço não varia com a taxa de juros.

Cabe salientar que esse título evitou a dolarização da economia brasileira, uma praga que acometeu outros países da América Latina, como foi o caso da Argentina. Esse título servia de lastro para a moeda indexada, com indexação diária, emitida pelos bancos durante a hiperinflação. A moeda tem três funções: unidade de conta, meio de pagamento e reserva de valor. Na experiência brasileira, a moeda doméstica servia de meio de pagamento e a moeda indexada era a reserva de valor. As pessoas que tinham acesso ao sistema financeiro usavam a moeda indexada porque ela as protegia contra a perda de valor provocada pela inflação. Quem não tinha acesso ao sistema financeiro, a população pobre, a maioria no país, tinha como único mecanismo de proteção da inflação a compra de bens e serviços, tão logo recebessem seus salários, para estocá-los. A substituição da moeda doméstica na sua função de unidade de conta dependia do valor do bem e do tipo de negócio. Por exemplo, as grandes cadeias de supermercados tinham sua própria unidade de contas em códigos de barra que eram convertidos em moeda doméstica nos caixas. Para grandes negócios, como a compra e venda de imóveis e de empresas, a unidade de conta era o dólar norte-americano.

Antes da criação do Bacen, em 1964, o Banco do Brasil, um banco comercial do governo federal, desempenhava as funções de banco central. O Banco do Brasil foi criado em 1808 quando a Coroa Portuguesa se transferiu para o Brasil fugindo de Napoleão. Ele era uma cópia do Banco da Inglaterra, naquela época tanto um banco comercial quanto um banco central. O Banco da Inglaterra transformou-se ao longo do tempo num banco central. O Banco do Brasil não mudou e tinha um poderoso *lobby* que defendia o *status quo*. Quando o Bacen começou a funcionar em 1965, foi feito um acordo entre as duas instituições e criada uma conta especial, a conta-movimento, que permitia ao Banco do Brasil sacar recursos do Bacen. Na verdade, como se diz na linguagem popular, o Banco do Brasil não queria largar o osso. No Plano Cruzado, este privilégio do Banco do Brasil acabou. O Bacen tornou-se o Banco Central brasileiro, e o Banco do Brasil, apenas um banco comercial.

No final de 1986, o governo Sarney lançou um novo pacote econômico, denominado Cruzado II. Esse pacote aumentou impostos indiretos, reajustou tarifas de serviços públicos e os preços de combustíveis. O pacote não resolvia a crise fiscal impedindo a emissão de moeda para financiar o déficit público. Já era tarde para mudar o curso dos eventos. A taxa de inflação em janeiro de 1987 estava próxima de 10%. O Plano Cruzado provocou apenas um aumento temporário do produto da economia, medido pelo índice de produção industrial, como mostrado no gráfico 3.

No último trimestre de 1986, quando as reservas internacionais acabaram, o Bacen deixou de pagar a dívida externa. No primeiro trimestre de 1987, o ministro da Fazenda renunciou e o reino mágico do choque heterodoxo do Plano Cruzado chegou ao fim — diferentemente de um filme de Hollywood, sem final feliz. O veredicto dos fatos não deixa dúvida. Como mostra o gráfico 3, os fatos rejeitaram a hipótese de que a inflação brasileira seria puramente inercial. A taxa de inflação retomou sua trajetória de hiperinflação que existia antes do Plano Cruzado. O povo brasileiro estava pronto para servir de cobaia novamente.

Gráfico 3
Plano Cruzado

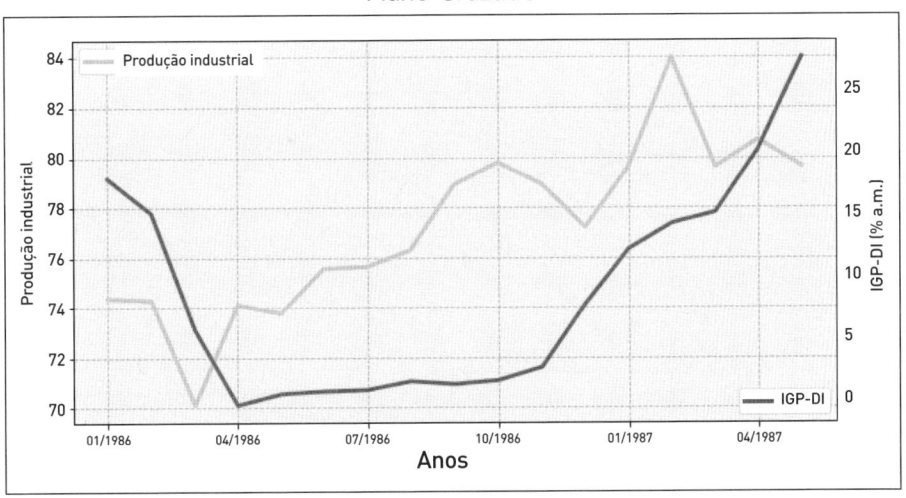

Fontes: IBGE e FGV.

Plano Bresser: 6/1987 a 12/1987

Em maio de 1987, Bresser-Pereira foi nomeado ministro da Fazenda no lugar de Dilson Funaro, que foi ministro durante o Plano Cruzado. Em junho de 1987, Bresser lançou seu plano de estabilização. Esse plano tinha três etapas. A primeira congelava preços e salários por um período de três meses.

Na segunda etapa, depois do período de congelamento, preços e salários seriam reajustados mensalmente para evitar o problema da escassez de bens e serviços que ocorreu no Plano Cruzado. Não havia gatilho salarial, como no Plano Cruzado. Um novo índice, a Unidade de Referência de Preços (URP), corrigiria os salários. Esse índice era uma média geométrica dos índices de preços ao consumidor dos três últimos meses. Ele estabelecia um limite para o reajuste de preços.

Em setembro, a taxa de inflação estava aumentando, como mostra o gráfico 4. A economia voltava a sua trajetória de hiperinflação. O nível de atividade, medido pelo índice de produção industrial, diminuiu durante os primeiros meses do plano. No terceiro trimestre de 1987, a produção industrial começava a aumentar, atingindo o patamar mais elevado no primeiro trimestre de 1988.

Gráfico 4
Plano Bresser

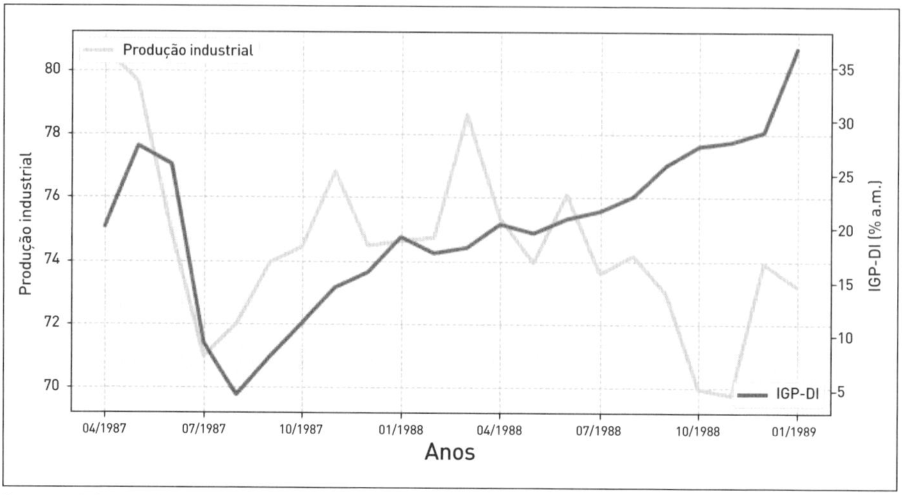

Fontes: IBGE e FGV.

O Plano Bresser não pretendia ser apenas um plano heterodoxo. Tinha intenção de usar as políticas monetária e fiscal no controle da demanda agregada. Portanto, na terceira etapa, a ser implementada em 1988, o Plano Bresser atacaria o problema do déficit público. No final de 1987, Bresser apresentou uma série de medidas para reduzir o déficit, mas o governo as rejeitou. A única opção para ele seria apresentar sua carta de demissão, encerrando-se mais um episódio de um plano heterodoxo de estabilização.

Plano Verão: 1/1989 a 12/1989

Maílson da Nóbrega, vice-ministro de Bresser-Pereira, foi nomeado o novo ministro da Fazenda. Sua estratégia foi adotar uma política de "feijão com arroz", o prato básico da alimentação brasileira. Ela seria simples e eficiente, sem nenhuma sofisticação. O objetivo consistia em estabilizar a taxa de inflação em 15% ao mês e reduzir o déficit público. Um programa gradualista de combate à hiperinflação estava fadado ao insucesso. Foi o que aconteceu. No mês de dezembro de 1988, a inflação atingia a marca de 29%. A patologia da hiperinflação necessita um tratamento de choque.

Em janeiro de 1989, no verão brasileiro, um novo plano de estabilização aplicou um tratamento de choque na economia brasileira. O plano, por motivos óbvios, foi denominado Plano Verão. O plano usou o tratamento heterodoxo padrão, com congelamento de preços e desindexação da economia. Os preços foram congelados por um período indeterminado, com a intenção de que esse congelamento não durasse mais que 90 dias. Tal preocupação refletia o aprendizado com o Plano Cruzado, que provocou escassez e gargalos na produção de bens, cujos preços estavam completamente fora de equilíbrio. A desindexação proibiu a cláusula de correção monetária em contratos com prazos inferiores a 90 dias.

O Plano Verão cortou três zeros da moeda e denominou-a "cruzado novo". Depois de uma desvalorização de 17%, em 15 de janeiro, a taxa de câmbio foi fixada em um cruzado por dólar.

Como tinha acontecido com o Plano Cruzado, a tablita converteu os valores dos contratos levando em conta a inflação entre primeiro de janeiro e 15 de janeiro de 1989. O fator de conversão por dia admitia uma taxa de inflação mensal de 13,56%. O Plano Verão extinguiu a OTN e criou no seu lugar o Bônus do Tesouro Nacional (BTN).

O valor médio das OTNs, durante o período de janeiro a dezembro de 1988, converteu os salários em cruzados novos. Esses valores foram calculados para primeiro de fevereiro usando-se a mudança da Unidade de Referência de Preços (URP), que tinha sido de 26,05%.

O Plano Verão pretendia realizar um ajuste fiscal cortando despesas públicas, privatizando empresas estatais e despedindo funcionários públicos. A Lei nº 7.730, aprovada pelo Congresso em 31 de janeiro, autorizava a emissão de títulos da dívida pública apenas para pagar os juros da dívida e para rolar o principal. O déficit primário, por hipótese, seria zero. O Congresso Nacional vetou as medidas fiscais e o Plano Verão teve o mesmo destino dos outros planos heterodoxos, o fracasso.

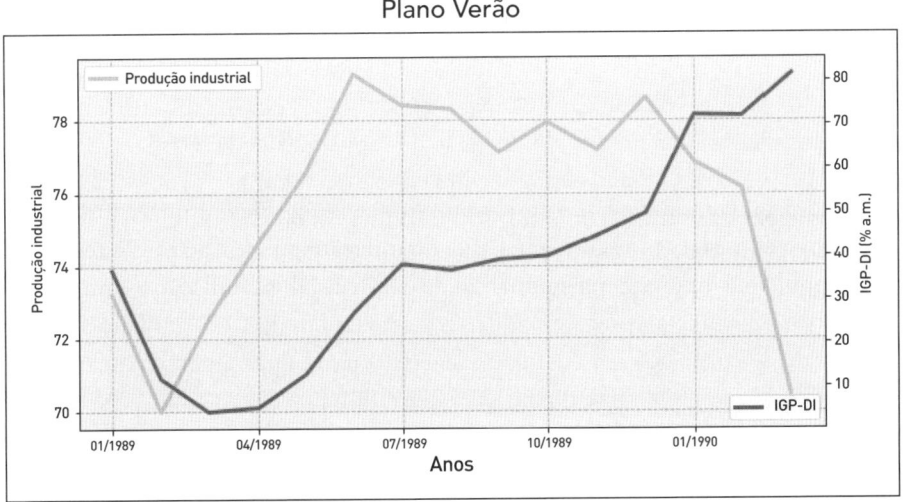

Gráfico 5
Plano Verão

Fontes: IBGE e FGV.

Em julho de 1989, a taxa de inflação retornou ao mesmo patamar de quando o plano começou, como mostra o gráfico 5. A economia brasileira estava de volta à trajetória de hiperinflação. Como no Plano Cruzado, o nível de atividade, medido pelo índice de produção industrial, teve um movimento transitório, aumentando no início do plano e, depois de alguns meses, voltando ao seu nível inicial.

Plano Collor: 3/1990 a 12/1990

O Plano Collor, de março de 1990, como o Paeg, tinha dois objetivos: (1) estabilização e (2) crescimento.[11] O modelo de substituição de importações tinha chegado ao seu final no governo Geisel (1974-1979), com a substituição dos bens de capital e dos insumos básicos. A economia brasileira foi um tigre asiático durante o período 1920-1980, crescendo a uma taxa média de 7% a.a. Entretanto, na década perdida de 1980, a economia estagnou e a inflação acelerou.

A economia brasileira se defrontava com duas crises: uma estrutural e outra conjuntural. Em primeiro lugar, a estratégia de substituição de importações tinha se esgotado, com o mercado doméstico superprotegido da concorrência internacional, com barreiras tarifárias e não tarifárias. Em segundo lugar, as finanças públicas estavam em petição de miséria, com o déficit público financiado com a emissão de moeda, e o país estava em moratória na dívida externa. Não havia recursos para o governo financiar o investimento em infraestrutura, tampouco para aportar capital para as empresas estatais, que abrangiam os setores de aço, telecomunicações, eletricidade, petróleo, minério e financeiro.

O Plano Collor abriu a economia da noite para o dia, num tratamento de choque, argumentando que os interesses contrariados não permitiriam adotar um tratamento gradualista. O Plano Collor iniciou o processo de privatização de empresas estatais, começando pela joia da coroa, a Companhia Siderúrgica Nacional, considerada por muitos brasileiros um símbolo do processo de industrialização, criada no governo Vargas (1930-1945). O Plano Collor levou a cabo uma reforma do Estado, fechando algumas agências estatais, como o Instituto Brasileiro do Café (IBC) e o Instituto do Açúcar e do Álcool (IAA), agências encarregadas da intervenção estatal nesses setores. Também reduziu o número de ministérios para 12, tentando colocar alguma ordem no sistema caótico da administração pública brasileira.

O Plano Collor seguiu a terapia padrão dos planos heterodoxos, criando uma nova moeda, o cruzeiro, congelou preços por um período curto, converteu os salários com base na média do ano anterior e usou a tablita para converter os valores dos

---

[11] O governo denominou-o Plano Brasil Novo, mas esse nome não pegou.

contratos. O plano teve duas inovações. Em primeiro lugar, a taxa de câmbio era flexível, isto é, a âncora nominal era a quantidade de moeda. A segunda inovação foi a reforma monetária, com o confisco parcial de ativos financeiros. Setenta por cento de todos os ativos financeiros incluídos na definição ampla de moeda, no conceito de M4 (papel-moeda + depósitos à vista + poupança + títulos públicos em poder do público + depósitos a prazo + letras de câmbio), com exceção do papel-moeda, foram bloqueados e transformados em depósitos a prazo, com taxa de juros de 6% a.a. mais correção monetária com base no BTN. O bloqueio dos ativos financeiros foi feito por um prazo de 18 meses, não permitindo mercado secundário, e os detentores desses ativos tinham seus valores de volta em 12 prestações mensais.

Uma interpretação para o confisco parcial dos ativos financeiros seria o excesso de liquidez (*monetary overhang*) na economia. Esse fenômeno ocorreu em alguns países europeus depois da Segunda Guerra Mundial, como a Alemanha em 1948, em virtude de déficit público financiado por moeda durante a guerra e da existência de controle de preços na mesma época. Tal excesso de liquidez implicaria que os indivíduos estariam retendo em suas carteiras uma quantidade real de moeda maior do que eles desejariam. Para eliminar esse excesso, ou o banco central reduziria a quantidade nominal de moeda ou os preços deveriam se ajustar removendo os controles de preços. Outra opção seria o aumento da renda real, mas essa opção não seria factível em virtude da limitação física de recursos. Os formuladores da política econômica rejeitavam a opção de aumentar o nível de preços porque tal aumento, no curto prazo, poderia elevar a taxa de inflação esperada e gerar um processo inflacionário.

A economia brasileira tinha excesso de liquidez na época do Plano Collor? A resposta para essa pergunta é "não", a despeito da hiperinflação. O fundamento econômico para essa resposta é o fato de que os mercados financeiros funcionavam sem nenhuma restrição e os preços eram livres para se ajustarem, dependendo das condições de mercado. Portanto, o mercado monetário, na sua definição ampla, estava em equilíbrio, sem nenhuma discrepância entre os valores desejados pelos agentes econômicos e os valores efetivamente carregados pelos mesmos. A conclusão a que se chega é de que o excesso de liquidez não era uma justificativa adequada para o confisco dos ativos financeiros no Plano Collor.

O segundo argumento para justificar o confisco parcial baseia-se no fato de que o confisco tornaria impossível que indivíduos apostassem contra o plano, comprando bens e serviços com a venda de seus ativos financeiros. Segundo esse argumento, os planos heterodoxos fracassaram porque os indivíduos teriam atacado os mesmos comprando bens e serviços e provocando a volta da inflação. Portanto, segundo esse argumento, a melhor estratégia seria deixar os indivíduos sem munição pelo tempo necessário para estabilizar a economia. O calcanhar de aquiles desse argumento é não prestar atenção ao fato de que os indivíduos somente apostam contra o plano de estabilização quando eles acreditam que o mesmo não terá sucesso. Uma maneira simples de medir a credibilidade do plano de estabilização é pela diferença entre a taxa de inflação esperada pelo público e a meta de inflação do plano. O confisco parcial dos ativos financeiros tira o termômetro, não permitindo que se meça a temperatura do paciente. Nesse ambiente, os responsáveis pela política econômica não teriam a informação apropriada para conduzir a política monetária, por exemplo, subir a taxa de juros se o congelamento produzisse um aquecimento da economia.

Um fato estilizado das hiperinflações é a substituição da moeda. O uso de uma moeda estrangeira como meio de trocas é denominado "substituição de moeda", que costuma ser denominada "dolarização", por motivos óbvios porque o dólar tem sido bastante usado em tais situações. Ela pode ocorrer com o dólar ou com outra moeda estrangeira. Na experiência brasileira, houve uma substituição de moeda *sui generis*. Em vez de dolarização, tivemos a moeda indexada, emitida pelos bancos comerciais e lastreada por títulos públicos com cláusula de indexação diária. A conta de depósitos à vista era conectada a um fundo com correção monetária diária. Toda vez que um depósito era feito, ele era automaticamente transferido para o fundo, e toda vez que um saque ocorria na conta de depósito à vista, o fundo transferia o montante necessário para cobrir o referido saque. Essa moeda indexada provocou um aumento do setor bancário, como mostra a tabela 4. O valor adicionado do setor financeiro era de 8% do PIB em 1980. No final da década de 1980, esse valor adicionado tinha chegado a 21%. Em 1995, o ano seguinte ao final da hiperinflação, o setor financeiro voltou ao seu padrão normal, de cerca de 7% do PIB.

Tabela 4
Setor financeiro brasileiro: valor adicionado (% PIB)

Ano	Valor adicionado (%)	Ano	Valor adicionado (%)
1980	08	1988	14
1981	10	1989	21
1982	10	1990	12
1983	12	1991	10
1984	12	1992	12
1985	12	1993	14
1986	08	1994	12
1987	14	1995	07

Fonte: IBGE.

Um terceiro argumento para justificar o confisco dos ativos financeiros, segundo Carvalho (2003), foi a proposta de reforma monetária formulada por Belluzzo e Almeida (1990), num trabalho que tinha circulado em 1989. A ideia básica dessa reforma monetária era acabar com a dualidade do sistema monetário, no qual conviviam a moeda tradicional e a moeda indexada. A origem da hiperinflação brasileira apresentada no trabalho não seria a crise fiscal do Estado, mas o sistema monetário dual. O principal objetivo da reforma monetária seria recuperar os instrumentos tradicionais de política monetária. O confisco dos ativos financeiros seria necessário para controlar a remonetização da economia. Ademais, o confisco parcial de ativos financeiros seria um imposto de capital (em inglês, *capital levy*), aplicado uma única vez, para promover justiça social.

A reforma monetária proposta por Belluzzo e Almeida baseava-se num diagnóstico incorreto da hiperinflação brasileira. A moeda indexada, como outros mecanismos de indexação, não era a origem da patologia. Ela era apenas parte do mecanismo de propagação da hiperinflação.

A teoria da política monetária ótima fornece o quarto argumento para que o Banco Central comece um plano de estabilização reduzindo o estoque de moeda. Com o objetivo de minimizar o custo social da estabilização, num programa cuja âncora nominal seja a moeda, a primeira etapa consiste em reduzir o estoque de moeda. Essa redução aumenta a taxa de juros provocando uma recessão, reduzindo a taxa de inflação. Na segunda etapa, depois que o público mudou sua expectativa da taxa de inflação, o Banco Central começaria a aumentar a quantidade de moeda para remonetizar a economia, em virtude do aumento da quantidade real de moeda que o público deseja reter. A monetização deve ser conduzida com uma taxa de crescimento do estoque de moeda declinante, até que o Banco Central atinja a taxa consistente com a meta da taxa de inflação desejada pelo plano de estabilização.

Para que o Banco Central tenha liberdade de escolher a taxa de crescimento do estoque de moeda, é necessário mudar o regime de política econômica. O Plano Collor tratou do problema fiscal cortando despesas governamentais, eliminou subsídios e aumentou impostos, mas não houve mudança no regime de política econômica porque o ajuste fiscal foi transitório e não permanente. Além do confisco parcial dos ativos financeiros, houve um imposto de 8% sobre esses ativos usando-se o Imposto sobre Operações Financeiras (IOF). O governo pretendia combater a evasão fiscal, mas ocorreu um hiato entre o desejado e o efetivamente obtido. A reforma do Estado não progrediu em virtude da forte oposição dos funcionários públicos.

A Constituição brasileira de 1988, aprovada em outubro daquele ano, é considerada uma constituição cidadã. Ela estabeleceu que é obrigação do Estado prover educação, saúde e um sistema de segurança para todos os cidadãos. Ela não especificou a fonte dos recursos para pagar essas obrigações, que implicava um aumento da carga tributária. A nova Constituição também transferiu impostos federais para os estados e municípios. Na linguagem popular, cobriu dois santos e descobriu o outro. A situação fiscal do governo federal já era péssima antes da nova Constituição. Com ela, ficou pior. Para estabilizar a economia, era necessário acabar com o imposto inflacionário, que correspondia a um valor compreendido entre 3% e 5% do PIB. Depois da aprovação da nova Constituição, a coisa ficou pior, em função das novas obrigações do Estado. Portanto, havia necessidade de grande apoio político para levar a cabo, no curto prazo, a consolidação fiscal necessária para equilibrar as finanças públicas.

Gráfico 6
Plano Collor

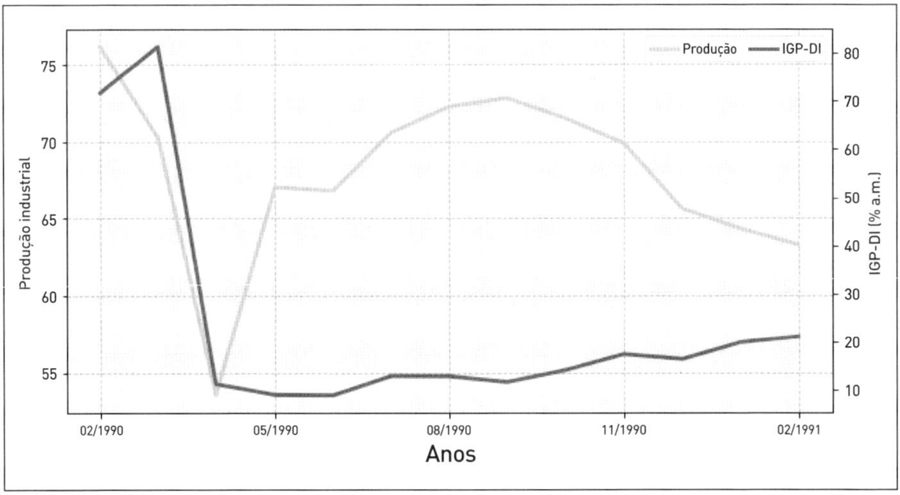

Fontes: IBGE e FGV.

O Plano Collor não mudou o regime de política econômica, e a inflação voltou à sua trajetória de hiperinflação, como mostra o gráfico 6. Como aconteceu com outros planos heterodoxos, ele durou menos de um ano. Quanto ao nível de atividade, houve uma queda do produto real nos primeiros meses depois do seu anúncio. No final do segundo semestre de 1990, a economia já tinha retomado seu nível normal de atividade. No restante do ano, a produção permaneceu no mesmo nível.

Em janeiro de 1991, o governo Collor anunciou um novo plano de estabilização, agora chamado de Collor II, usando o protocolo padrão dos planos heterodoxos: (1) congelamento de preços; (2) conversão de salários e aluguéis; (3) uma tablita para a conversão de contratos; (4) desindexação. Antes de congelar, o governo aumentou os preços do trigo, eletricidade, combustíveis e serviços de telecomunicação. O BTN foi extinto e criou-se a Taxa de Referência (TR) para medir a correção monetária. Foram proibidos os depósitos por um dia (*overnight*) para pessoas físicas e para empresas não financeiras. Foram criados os fundos de aplicações financeiras (FAF). Esse arremedo de plano não durou sequer um trimestre, porque a equipe econômica tinha exaurido completamente sua credibilidade.

O presidente Collor foi eleito por um pequeno partido político e não tinha base de apoio político no Congresso Nacional. Ao longo de seu governo, em virtude do seu próprio estilo, ele construiu uma forte oposição política tanto na esquerda quanto na direita da sociedade brasileira. O setor industrial era contra o governo Collor em virtude da abertura da economia. O setor financeiro não apoiava o governo porque tinha sido afetado pelo confisco parcial dos ativos financeiros. A esquerda de inspiração marxista se opunha ao governo Collor porque ele tinha tocado no monstro sagrado dessa ideologia: a privatização das empresas estatais. Os funcionários públicos detestavam o governo Collor porque foram afetados pela reforma do Estado. A população pobre, que o elegeu, não estava satisfeita com o fiasco do plano de estabilização porque Collor tinha prometido acabar a hiperinflação com um único tiro, que saiu pela culatra. A classe política estava insatisfeita porque o governo Collor não fez a partilha tradicional dos cargos da administração pública e das empresas estatais. O resultado de toda esta insatisfação foi o *impeachment* do presidente Collor, com base na "doação" de um carro popular, um Fiat Elba, pelo responsável financeiro de sua campanha presidencial, conhecido como P. C. Farias.

Plano Real: 2/1994 a 6/1999

O Plano Real foi executado em três etapas: (1) criação da Unidade Real de Valor (URV) e mudança do regime monetário, (2) mudança do regime fiscal e (3) âncora monetária com o regime de metas de inflação. Essa cronologia não foi completamente estabelecida pelos seus formuladores, mas sim pelos fatos que foram ocorrendo ao longo de sua implementação. O Plano Real permitiu testar as hipóteses por trás da controvérsia, entre Dornbusch e Sargent, com relação aos finais das hiperinflações.

Plano Real: 1994-1999

O Plano Real teve início com a Medida Provisória nº 434, de 27 de fevereiro de 1994, que instituiu a URV, transformada posteriormente na Lei nº 8.880, de 27 de maio de 1994. O final do Plano Real ocorreu em junho de 1999 com a introdução do regime de metas de inflação, depois do fracasso do regime de câmbio administrado com a crise cambial de janeiro de 1999. Naquele momento, acabaram as incertezas associadas à política econômica, e a política monetária deixava de ter a obrigação de subir a taxa de juros para defender a taxa de câmbio, como tinha acontecido nas sucessivas crises financeiras durante o primeiro mandato do presidente FHC. O Brasil estava pronto para crescer a uma taxa próxima de 1% ao trimestre, a taxa de crescimento do produto potencial. O Brasil começou a crescer a essa taxa ao longo do ano 2000, processo que foi interrompido com a crise de energia de 2001.

O Plano Real durou pouco mais de cinco anos e, possivelmente por essa razão, causou fadiga na população. Ademais, no momento em que seus benefícios começavam a aparecer veio a crise hídrica, obrigando todo mundo a poupar energia elétrica. Segundo Maquiavel, o mal deve ser feito de uma vez, enquanto o bem deve ser feito a conta-gotas. Os mentores do Plano Real poderiam argumentar que o desmonte da crise fiscal do Estado que leva a uma hiperinflação é uma tarefa hercúlea que não pode ser feita da noite para o dia, de uma única tacada, como recomenda Maquiavel. Para avaliar este tipo de argumento, é importante fazer uma cronologia do Plano Real.

Primeira etapa: a URV e a mudança do regime monetário

A URV foi uma maneira engenhosa de atacar a inércia da inflação, impedindo que o passado determinasse o futuro. A conversão, para a média, dos preços e salários, técnica que tinha sido usada na época do Paeg por Simonsen, foi bem-sucedida, embora alguns preços, como salários do funcionalismo, possam ter ficado acima da média, se computada para um período mais apropriado.

Na controvérsia entre Sargent e Dornbusch, o Plano Real optou pela hipótese de que a estabilização poderia ser feita sem resolver o problema fiscal imediatamente. A mudança do regime monetário com a adoção de um sistema de câmbio administrado provocou uma apreciação não somente da taxa real de câmbio, mas também da taxa nominal. Como no caso da Alemanha, o aumento do salário real produzido pela apreciação da taxa de câmbio trouxe o apoio maciço da população ao novo plano.

Segunda etapa: mudança do regime fiscal

O fato de o Plano Real ter sido feito com anúncio prévio, sem medidas que surpreendessem a população, fez com que o governo do presidente FHC ganhasse sua confiança. O déficit público, que não foi eliminado, passou a ser financiado com títulos da dívida pública. Ademais, surgiram alguns esqueletos, isto é, dívidas existentes que não estavam devidamente contabilizadas, que aumentaram o déficit.[12] A dívida pública cresceu a taxas elevadas por duas razões: (1) taxas de juros reais praticadas para defender a taxa de câmbio tiveram um patamar bastante alto e (2) inexistência de superávit primário nas contas públicas. Qualquer cálculo de sustentabilidade da dívida pública mostrava que ela estava numa trajetória insustentável.

Mudança de regime fiscal não é uma atividade trivial, pois requer capacidade política de definir um novo jogo com todos os grupos da sociedade. É bem provável que a equipe econômica do presidente FHC e ele próprio poderiam argumentar que a tarefa que tinham pela frente requeria uma capacidade de articulação política que não poderia ser feita do dia para a noite.

A postergação do ajuste teve custos não desprezíveis. A hiperinflação foi gerada por uma crise fiscal que exigia o financiamento de parte do déficit público pela emissão de moeda. A outra parte era financiada com títulos da dívida pública. Por outro lado, o país tinha várias empresas estatais, cujo acionista controlador estava quebrado. A melhor opção seria, então, fazer uma troca de dívida por ações (operação de *debt-equity swap*, em inglês), vendendo as empresas estatais e comprando de volta os títulos da dívida pública. Em vez disso, se fez o Plano Jorginho Guinle, nome que homenageia o famoso *playboy* brasileiro que usou seu patrimônio para financiar o consumo ao longo da vida. A venda das estatais serviu, então, para financiar o déficit público.

Tabela 5
Superávit primário, déficit nominal e juros nominais: 1994-2002
(% PIB)

Ano	Superávit primário	Déficit nominal	Juros nominais
1994	5,64	26,97	32,61
1995	0,26	7,28	7,54
1996	-0,10	5,87	5,77
1997	-0,96	6,11	5,15
1998	0,01	7,46	7,47
1999	3,23	5,84	9,06
2000	3,46	3,61	7,08
2001	3,64	3,57	7,21
2002	3,89	4,58	8,47

Fonte: Tesouro Nacional.

---

[12] Logo após o Plano Real, o governo teve de capitalizar o Banco do Brasil, reorganizar a Caixa Econômica Federal e sanear o sistema bancário privado em virtude da insolvência de vários bancos, entre os quais cabe salientar o Bamerindus, o Econômico e o Nacional. Na hiperinflação, houve um inchaço do sistema bancário. Na estabilização, o sistema bancário teve de se adaptar ao novo ambiente, pois o ganho do *float* deixara de existir.

No final de 1998, a política fiscal tomou um novo rumo e o ajuste fiscal para sustentar a nova moeda foi levado a cabo, introduzindo-se o superávit primário como meta da política fiscal. Os dados da tabela 5 indicam que a partir de 1999 o superávit primário ficou acima de 3% do produto interno bruto. O déficit nominal ainda continuou alto, chegando em 2002 a 4,58% do PIB, em virtude de o pagamento dos juros da dívida pública continuar elevado.

O ajuste fiscal do Plano Real, diferentemente do que foi feito no Paeg do governo Castello Branco, não contemplou mecanismos para aumento da taxa de poupança da economia. No Paeg, foram criados impostos vinculados a investimentos nos setores de estradas, eletricidade e telecomunicações, e também foi criado o FGTS, com a contribuição obrigatória dos trabalhadores, para financiar imóveis e a infraestrutura urbana.

Terceira etapa: âncora monetária e o regime de metas de inflação

A experiência mundial com a âncora cambial nos programas de estabilização é que ela produz apreciação cambial e déficit na conta-corrente do balanço de pagamentos. O benefício da âncora cambial no início do programa de estabilização é a coordenação do sistema de preços.

A estratégia mais adequada seria começar o programa de estabilização com um sistema de câmbio administrado para, logo em seguida, depois de alguns meses, adotar o sistema de taxa de câmbio flexível. Entretanto, havia um receio por parte de alguns membros da equipe econômica de que essa transição pudesse levar o Plano Real a fazer água, e a inflação voltar.

Como sempre ocorre nessas ocasiões, o mercado começou a perceber que o sistema de câmbio administrado era inviável e ficou comprado em moeda estrangeira. Dois bancos privados estavam vendidos em dólares, apostando que na hora H seriam capazes de reverter suas posições. Não conseguiram e quebraram. Na ponta vendedora estava o Bacen, que procurava sustentar o preço do dólar. Não conseguiu, e o real passou a ser determinado no mercado com o sistema de flutuação suja, no qual o Banco Central opera no mercado de vez em quando para reduzir a volatilidade e, em casos excepcionais, procura eliminar possíveis bolhas.

A economia política da política monetária no Brasil é um tema que merece um estudo aprofundado, pois vários grupos de interesse querem influenciar a determinação da taxa de juros. Uma saída brilhante para evitar esse problema foi a introdução do regime de metas de inflação, no qual o Bacen fixa a taxa de juros para atingir a meta de inflação. O sistema de metas de inflação foi criado pelo Banco Central da Nova Zelândia e depois copiado por vários bancos centrais do mundo. Seu funcionamento exige independência operacional do Bacen, mas não independência de objetivos. No Brasil, o Conselho Monetário Nacional, presidido pelo ministro da Fazenda, tem a responsabilidade de fixar a meta.

Ao final da terceira etapa, o Plano Real tinha concluído a montagem do tripé da política macroeconômica brasileira: superávit primário, taxa de câmbio flexível e regime de metas de inflação. Esse tripé teve um bom desempenho no restante do mandato do presidente FHC e no primeiro mandato do presidente Lula.

Os finais das hiperinflações: Sargent *versus* Dornbusch

Num artigo clássico sobre os finais das hiperinflações, Sargent (1982) defendeu a hipótese de que a hiperinflação de alguns países europeus, entre os quais a Alemanha, acabou da noite para o dia com a mudança anunciada dos regimes das políticas monetária e fiscal. Os bancos centrais deixaram de financiar o déficit público, ao mesmo tempo que se fez um ajuste fiscal para eliminar ou reduzir o déficit público para níveis sustentáveis.

A mudança anunciada do regime de política econômica atuou sobre as expectativas dos agentes, reduzindo a taxa de inflação esperada. Como se sabe, a curva de Phillips tem dois componentes: um da expectativa de inflação e outro da pressão de mercado, em geral medida pelo hiato do produto. O efeito do anúncio da mudança do regime de política econômica reduziu a taxa de inflação esperada e fez com que as hiperinflações acabassem sem que houvesse necessidade de uma recessão. Pelo contrário, o que aconteceu foi que as economias se recuperaram rapidamente, e o produto da economia, ao invés de diminuir, aumentou.

Dornbusch, um economista que nasceu na Alemanha e que fez sua carreira acadêmica nos Estados Unidos (quando morreu, em 2002, era professor do MIT), pesquisou os dados da hiperinflação da Alemanha e escreveu um artigo (Dornbusch, 1987) discordando da hipótese de Sargent.

Segundo Dornbusch, houve, no caso da Alemanha, uma mudança no regime monetário, com a fixação da taxa de câmbio, taxa de juros real elevada e apreciação cambial. A apreciação cambial produziu um aumento do salário real e esse aumento teve como resultado uma ampla aprovação do plano de estabilização por parte da população. O ajuste fiscal somente teria sido feito depois da estabilização, diferentemente do que afirmou Sargent.

No caso da Alemanha, pode-se argumentar que lá existia o chamado efeito Tanzi, de perda de receita fiscal em virtude da defasagem entre o fato gerador do tributo e o pagamento do mesmo. Quando a taxa de inflação aumenta, o valor real da arrecadação do tributo diminui. No Brasil, esse efeito era muito pequeno porque a maioria dos impostos estava indexada a alguma unidade de conta, que indexava os tributos no momento em que ocorria o fato gerador do mesmo. No Brasil, existia o efeito Tanzi reverso, tratado em Barbosa (1987), segundo o qual as despesas do governo diminuem quando a taxa de inflação aumenta. Logo, na estabilização espera-se que ocorra o contrário, isto é, que as despesas do governo aumentem quando a taxa de inflação diminui.

Dornbusch afirmou que qualquer interpretação da estabilização requer uma análise de vários detalhes da hiperinflação alemã e que *"a simple budget-money--credibility story is not enough, even if in the final analysis stabilization cannot take place without them. They are necessary, but is not apparent that they are also sufficient conditions"*[13] (1987:413).

No Brasil, Gustavo Franco, um dos autores do Plano Real, escreveu uma tese de doutorado na Universidade de Harvard, em 1986, sobre as mesmas hiperinflações da Europa analisadas por Sargent — as hiperinflações da Alemanha, Áustria, Hungria e Polônia —, que ocorreram entre as duas guerras mundiais, defendendo a mesma hipótese de Dornbusch. Não é surpresa, portanto, a opção do Plano Real.[14] Esse plano permitiu um teste empírico das duas hipóteses. A conclusão a que se chegou com esse teste rejeita a hipótese de Sargent, mas não rejeita a hipótese de Dornbusch. Todavia, a experiência brasileira não rejeita a hipótese de que a estabilização permanente requer a solução da crise fiscal, consistente com a teoria da hiperinflação apresentada no início deste ensaio.

Conclusão

O Paeg foi o único plano de estabilização que teve sucesso em reduzir de modo permanente a inflação no período 1960-1990. Esse plano neo-ortodoxo combinou políticas monetária e fiscal com políticas de renda para reduzir o componente inercial da taxa de inflação. A despeito de seu sucesso, o Paeg não mudou o regime de política econômica. O Brasil continuou sendo um país com inflação crônica, emitindo moeda para financiar o déficit público.

O Paeg também teve sucesso em construir as fundações para a retomada do crescimento econômico. Além de introduzir várias reformas, como as da seguridade

---

[13] Em tradução livre: "uma história simples de orçamento-moeda-credibilidade não é bastante, mesmo que na análise final a estabilização não possa acontecer sem as mesmas. Elas são necessárias, mas não é aparente que elas também sejam condições suficientes".

[14] Ver o artigo de Franco (1990) que expõe a hipótese que ele defendeu na sua tese de doutorado.

social, do sistema financeiro, do sistema bancário e a fiscal, o Paeg aumentou a taxa de poupança da economia introduzindo mecanismos de poupança forçada.

Todos os planos heterodoxos — Cruzado, Bresser, Verão e Collor — fracassaram em estabilizar a economia. A taxa de inflação teve apenas uma redução temporária, voltando imediatamente à trajetória de hiperinflação. Com exceção dos planos Bresser e Collor, os planos heterodoxos provocaram um aumento temporário da produção.

Os planos heterodoxos atacaram o componente inercial da taxa de inflação, eliminando-o no curto prazo. Entretanto, a origem do processo inflacionário, o problema fiscal de financiar o déficit público emitindo moeda, não foi resolvida. O imposto inflacionário teria que ser substituído por outro(s) imposto(s) ou por uma redução permanente dos gastos. Tal fato não ocorreu. Cabe ainda salientar que, depois do primeiro experimento, com o Plano Cruzado, a economia retornava à trajetória de hiperinflação em intervalos de tempo cada vez mais curtos.

O Plano Collor, como o Paeg, não foi somente um plano de estabilização. Ele estabeleceu a agenda que foi seguida nos governos FHC. Esta agenda incluía a abertura da economia, a reforma do Estado e a privatização.

O Plano Real começou em 1994 e terminou em 1999. Ele levou um pouco mais de cinco anos para acabar com a hiperinflação brasileira, que tinha começado na década de 1980. A hiperinflação tem como origem uma crise fiscal que destrói as finanças públicas, e extirpá-la requer mudanças nos regimes das políticas monetária e fiscal.

Sargent, analisando as hiperinflações que tinham acontecido na Europa no período compreendido entre as duas guerras, levantou a hipótese de que a mudança nos regimes monetário e fiscal teria ocorrido no início do programa de estabilização. Dornbusch discordou de Sargent e afirmou que, no caso alemão, a mudança no regime monetário precedeu a mudança do regime fiscal.

O Plano Real começou com a mudança do regime monetário em 1994 e a mudança do regime fiscal somente aconteceu em 1998, sendo consistente com a hipótese de Dornbusch para o caso alemão.

O regime monetário de administração da taxa de câmbio de 1994 não foi capaz de sustentar-se, tanto pela apreciação do câmbio, como também pelas doses maciças de taxa de juros que requeria em épocas de crises. No seu lugar foi adotado, em 1999, o regime de metas de inflação, no qual a fixação da taxa de juros tem como objetivo atingir a meta de inflação.

O longo tempo até a estabilização do Plano Real certamente provocou uma fadiga na população brasileira, porque a economia cresceu naquele período abaixo do seu potencial. A crise de energia elétrica de 2001 agravou esta fadiga, levando a população brasileira a eleger o presidente Lula em 2002.

4. Ascensão e queda do PT

O *impeachment* da presidente Dilma, em 31/8/2016, terminou o ciclo, de quase 14 anos, dos governos do PT. Do ponto de vista econômico, os governos do PT têm duas fases. Na primeira, segue uma estratégia de economia social de mercado. Na segunda, com início em meados do segundo mandato do ex-presidente Lula, o PT optou pelo neopopulismo latino-americano. O neopopulismo, segundo Ferreira Gullar (*Folha de S.Paulo*, 26 nov. 2014, p. E12), é o novo populismo de esquerda latino-americano, intitulado por Hugo Chávez "socialismo bolivariano", "um arremedo da opção marxista revolucionária". A diferença entre o velho e o novo populismo é mais uma questão de retórica do que de conteúdo. A principal característica desse modelo é a indisciplina macroeconômica, com a desorganização das finanças públicas. A segunda peculiaridade do neopopulismo é colocar fora do lugar o sistema de preços da economia.

Primeira fase: economia social de mercado

O ex-presidente Lula, no início do seu primeiro mandato, teve de tomar uma decisão estratégica, como fez o ex-primeiro-ministro Felipe González, da Espanha, que optou pela economia social de mercado e abandonou as ideias marxistas do Partido Social Operário, o PT espanhol. Lula jogou fora as antigas propostas do PT e adotou a economia social de mercado, dominante nos países ricos, ocupando não somente o espaço, mas continuando e aperfeiçoando as políticas do ex-presidente FHC.

Palocci, um médico, mostrou-se pragmático e tornou-se um excelente ministro da Fazenda, cercou-se de especialistas usando a teoria econômica tradicional, deixando de lado protocolos não testados que poderiam levar o país a resultados trágicos, como aconteceu na década de 1980 com os planos heterodoxos. As dívidas interna e externa foram honradas e o risco-país despencou, permitindo a queda da taxa de juros. No Bacen, o presidente Henrique Meirelles, ex-banqueiro e deputado federal eleito pelo PSDB em 2002, seguiu a cartilha do programa de metas de inflação, usando a taxa de juros como instrumento para reduzir a inflação.

Quem planta colhe. A tabela 6 mostra o desempenho da economia brasileira no primeiro mandato do ex-presidente Lula (2003-2006). O PIB cresceu 3,5% a.a. e a inflação foi de 6,4% a.a. O ministro Palocci teve de pedir demissão em março de 2006, numa crise política, com origem na invasão da privacidade da conta bancária, na Caixa Econômica, de um caseiro que testemunhara ter visto o ministro frequentando uma casa de supostos lobistas em Brasília.

O ex-presidente Lula, a despeito do Mensalão, foi eleito para um segundo mandato, certamente fruto dos bons ventos que sopravam da economia. A crise financeira de 2007-2008 chegou ao Brasil em 2009. Em vez de um tsunami, chegou como "uma marola", nas palavras do ex-presidente Lula. O governo usou os instrumentos das políticas fiscal e monetária para enfrentar a marola. Em 2010, a economia cresceu 7,5%, quando em 2009 tinha diminuído 0,3%. A tabela 6 mostra que, no segundo mandato do ex-presidente Lula, o Brasil cresceu 4,6% a.a. e a taxa de inflação média foi igual a 5,1% a.a.

Tabela 6
Governos do PT: crescimento do PIB e inflação

Governos	PIB (%)	Inflação IPCA (%)
Lula I	3,5	6,4
Lula II	4,6	5,1
Dilma I	2,3	6,1
Dilma II	-3,4	8,5

Fonte: IBGE.

Segunda fase: neopopulismo

O sucesso do novo ministro da Fazenda, Guido Mantega, em debelar a marola da crise financeira levou-o a alterar os rumos da política econômica já no final do segundo mandato do presidente Lula. No primeiro governo da ex-presidente Dilma, o comando do Bacen foi trocado. No lugar do Henrique Meirelles entrou Alexandre Tombini. O Brasil teve um novo experimento heterodoxo, com o nome pomposo de nova matriz econômica, que substituiu o tripé formado pelo superávit primário, câmbio flexível e metas de inflação. A desoneração das folhas salariais, a injeção maciça de recursos públicos no BNDES, o uso dos bancos oficiais — Banco do

Brasil e Caixa Econômica — como instrumentos de política econômica, a fixação dos preços dos combustíveis abaixo dos preços de mercado, a redução artificial dos preços da energia elétrica eram tudo de errado que nosso país já tinha feito no passado. O Bacen usou do voluntarismo e reduziu na marra, em 2011, a taxa de juros, sem que nenhum fundamento justificasse tal decisão.

O governo do PT deixou de lado sua opção pela economia social de mercado e embarcou no neopopulismo latino-americano. Um dos responsáveis por essa mudança, Nelson Barbosa, na época secretário de Política Econômica, escreveu que, "nos três anos iniciais do governo Lula, a visão neoliberal foi predominante nas ações de política econômica" (Barbosa e Souza, 2010:68). Aqui cabe um parêntese: para os neopopulistas, a economia social de mercado é denominada "neoliberal", uma conotação pejorativa de quem tem uma visão maniqueísta do mundo. A tabela 6 mostra o resultado da nova política "desenvolvimentista". No primeiro governo Dilma, a taxa de crescimento da economia diminuiu para uma média de 2,3% a.a. e a taxa de inflação aumentou para 6,1% a.a.

O tamanho da crise fiscal produzida no primeiro mandato da ex-presidente Dilma foi escondido com contabilidade criativa para não revelar os verdadeiros números das contas públicas. No primeiro ano do segundo governo Dilma o déficit primário tornou-se conhecido, incluindo-se o valor das chamadas pedaladas fiscais, os empréstimos ilegais obtidos da Caixa Econômica e do Banco do Brasil. A consequência da irresponsabilidade na administração da economia foi a maior recessão da economia brasileira desde a década de 1930, que será analisada no próximo capítulo. A tabela 6 mostra o tamanho do desastre: a economia brasileira encolheu cerca de 6,8% no biênio 2015-2016.

O ex-presidente Lula, que usa nos seus discursos imagens simples, esqueceu-se do ditado popular do futebol que recomenda não mexer em time que está ganhando. Não somente mudou a política econômica, mas escalou um novo técnico sem prévia experiência política. Moral da história: em time que está perdendo troca-se de técnico. O *impeachment*, de acordo com a Constituição, ou o golpe, segundo os neopopulistas, não teria acontecido se não tivesse ocorrido a grande recessão de 2014-2016. Os erros de política econômica custaram caro ao PT, mas quem pagou a conta foi o povo brasileiro. O neopopulismo comprovou, mais uma vez, o ditado popular de que o inferno está cheio de boas intenções.

A economia da ex-presidente Dilma: a foto e o filme

A economia brasileira teve um desempenho pífio no primeiro mandato da presidente Dilma. O produto interno bruto cresceu, em média, um pouco acima de 2% a.a. No período Lula, tinha crescido, em média, 4% a.a. A taxa de inflação oscilou em torno de uma média de 6% a.a., enquanto a meta de inflação era de 4,5% a.a. Conclusão: tivemos mais inflação e menos crescimento econômico, ou seja, os desenvolvimentistas de plantão, do primeiro governo Dilma, aceleraram a inflação e frearam o crescimento, contrário ao que propalavam. Para isso, contaram com a complacência do Bacen, que reduziu a taxa de juros numa política voluntarista, contrário ao que recomenda a teoria num programa de metas de inflação.

Tabela 7
Presidente Dilma: 1º mandato (%)

Ano	PIB	IPCA	Taxa de juros	Superávit primário % do PIB	Déficit conta-corrente % do PIB
2011	3,97	6,50	11,00	2,84	2,94
2012	1,92	5,84	7,25	1,92	3,01
2013	3,00	5,91	9,50	1,71	3,08
2014	0,50	6,41	11,75	0,03	4,24

Fontes: IBGE, Bacen e Tesouro Nacional.

A tabela 7 conta um pouco mais do que ocorreu no primeiro mandato da presidente Dilma. O superávit primário, que era de 2,84% do PIB em 2011, tornou-se um superávit de 0,03% em 2014. Isto é, a política fiscal expansionista não produziu os resultados que seus mentores esperavam. O outro lado da moeda da política fiscal expansionista é o déficit gêmeo do balanço de pagamentos: o déficit da conta-corrente do balanço de pagamentos aumentou em todos os anos do período 2011-2014.

A tabela 7 não conta outras mazelas da administração econômica do primeiro mandato da presidente Dilma. O controle dos preços dos produtos derivados do petróleo não somente deu prejuízo à Petrobras, como também quebrou várias empresas que produziam etanol. A política de preços da energia elétrica deixou a Eletrobras (e suas empresas) em petição de miséria. A Taxa de Juros de Longo Prazo (TJLP) implicou uma taxa de juros real negativa, que transformou o BNDES num órgão de administração de um programa de transferência de renda para empresários, agravando as injustiças sociais deste país tão perdulário com os ricos e pouco dadivoso com os pobres.

Acabamos de dar uma sinopse do primeiro capítulo do filme do governo Dilma. A foto seria incapaz de revelar a trama desse filme. O segundo capítulo começou com o segundo mandato e prometeu um novo roteiro. Primeiro, conserta-se tudo de errado que se fez no primeiro mandato. O ministro Joaquim Levy encarregou-se de colocar a casa em ordem, corrigindo a irresponsabilidade fiscal. O Bacen, que tinha deixado de lado o programa de metas de inflação, teve de corrigir a irresponsabilidade monetária. Ambas as correções produziram recessão. Existia saída indolor? A experiência histórica, infelizmente, mostra que não. Afinal de contas, a colheita depende do que se plantou.

A política fiscal do PT

O tamanho do Estado é uma escolha da sociedade. Quando se elege um partido de esquerda a opção é por um Estado maior, e vice-versa quando o partido eleito é de direita. A tabela 8 mostra o tamanho do Estado no Brasil, medido pela carga tributária, no período de quase seis décadas. A carga tributária não é a melhor maneira de medir o tamanho do Estado, porque o governo pode financiar os gastos emitindo moeda e/ou endividando-se. Todavia, a análise da carga tributária permite uma análise preliminar do que ocorreu com o tamanho do Estado.

A tabela 8 mostra que a carga tributária no país cresceu desde o biênio 1954-1955, quando atingia quase 15% do PIB. No período 1965-1967, era praticamente igual a 20% do PIB, aumentando para 25% em 1968-1989. No período 1990-1994, a carga tributária subiu para 26,5% e aumentou para 27,2% em 1995-1998. O ajuste fiscal do final do primeiro mandato do governo FHC elevou a carga tributária para 31,2% do PIB no período 1999-2002 para sustentar a estabilização do Plano Real. Esse aumento substituiu o imposto inflacionário e deixou de lado o endividamento público em bola de neve do primeiro mandato.

O governo Lula aumentou em quase dois pontos percentuais a carga tributária, que ficou próxima a 34% do PIB durante seus dois mandatos. No primeiro mandato do governo Dilma, a carga tributária ficou ligeiramente abaixo da carga no governo Lula. No segundo mandato, a carga tributária do governo Dilma diminuiu para 32,9% do PIB, possivelmente em decorrência da política de desoneração da folha de salários implementada.

Tabela 8
Carga tributária do Brasil (% PIB)

Período	Carga tributária
1954-1955	14,9
1956-1964	16,9
1965-1967	20,1
1968-1989	25,0
1990-1994	26,2
1995-1998	26,8
1999-2002	30,7
2003-2006	33,8
2007-2010	34,2
2011-2014	32,6
2015-2018	32,2

Fonte: Tesouro Nacional.

A Constituição de 1988 criou, para o Estado, várias obrigações que acarretavam aumento da carga tributária. Nos governos do ex-presidente FHC, a carga tributária cresceu de um patamar de 26% para quase 31% do PIB. O ex-presidente Lula aumentou a carga tributária em três pontos percentuais no seu primeiro mandato, atingindo um pouco mais de 34% no segundo mandato. Portanto, o aumento da carga tributária, na margem, do ex-presidente FHC foi maior do que o aumento que ocorreu nos dois mandatos do ex-presidente Lula.

O principal instrumento da política fiscal é o superávit primário, obtido pela diferença entre a receita tributária e as despesas com consumo e com investimentos. Ela exclui a despesa financeira do governo com o serviço da dívida pública. Até 2008, o superávit primário era um pouco acima de 3% do PIB. Na crise financeira de 2007-2009, que provocou uma marola na economia brasileira, o governo usou os instrumentos tradicionais das políticas anticíclicas, reduzindo o superávit primário para quase 2% do produto interno bruto em 2009. Nos dois anos subsequentes, o superávit aumentou e ficou próximo de 3% em 2011. Em 2012, 2013 e 2014, o neopopulismo toma conta da política econômica e o superávit primário vai ladeira abaixo, tornando-se praticamente zero em 2014.

Tabela 9
Superávit primário, juros nominais e necessidades
financeiras do setor público (NFSPs)
(% PIB)

Ano	Primário	Juros nominais	NFSP
2003	3,23	8,41	5,17
2004	3,69	6,56	2,87
2005	3,74	7,28	3,54
2006	3,15	6,72	3,57
2007	3,24	5,98	2,74
2008	3,33	5,33	1,99
2009	1,95	5,14	3,19
2010	2,62	5,03	2,41
2011	2,94	5,41	2,47
2012	2,23	4,54	2,31
2013	1,77	4,83	3,05
2014	-0,59	5,64	6,23

Fonte: Banco Central do Brasil.

A política monetária do PT

A análise da política monetária em qualquer país se baseia na comparação de duas taxas de juros: a taxa de juros real praticada pelo Banco Central e a taxa de juros natural da economia. Essa taxa é aquela que prevaleceria se a taxa de inflação fosse igual à meta de inflação e a economia estivesse em pleno emprego. Numa economia aberta pequena, como a brasileira, a taxa de juros natural tem quatro componentes: (1) a taxa de juros internacional; (2) o prêmio de risco-país; (3) o prêmio de risco cambial; (4) o prêmio LFT, uma letra do Tesouro indexada à taxa Selic.

O gráfico 7, na curva suave, mostra a evolução da taxa natural brasileira desde 2003. A taxa cai até 2013, quando atinge seu menor valor, próximo a 4% a.a. e volta a subir. No final de 2015, estava em torno de 7% a.a. Mostra também, na outra curva, a evolução da taxa real Selic praticada pelo Bacen. A diferença entre as duas taxas reflete a postura da política monetária do Bacen.

No início do governo Lula, enquanto a taxa Selic aumentava, a taxa natural diminuía. A taxa real ultrapassou a taxa natural, a política monetária se manteve contracionista, mas ao longo do tempo ela começou a se aproximar da taxa natural em virtude da queda da taxa de inflação. O Bacen, nesse período, seguiu o protocolo do programa de metas de inflação e entregou à sociedade o que tinha prometido.

Gráfico 7
Evolução da taxa natural brasileira (2003-2015)

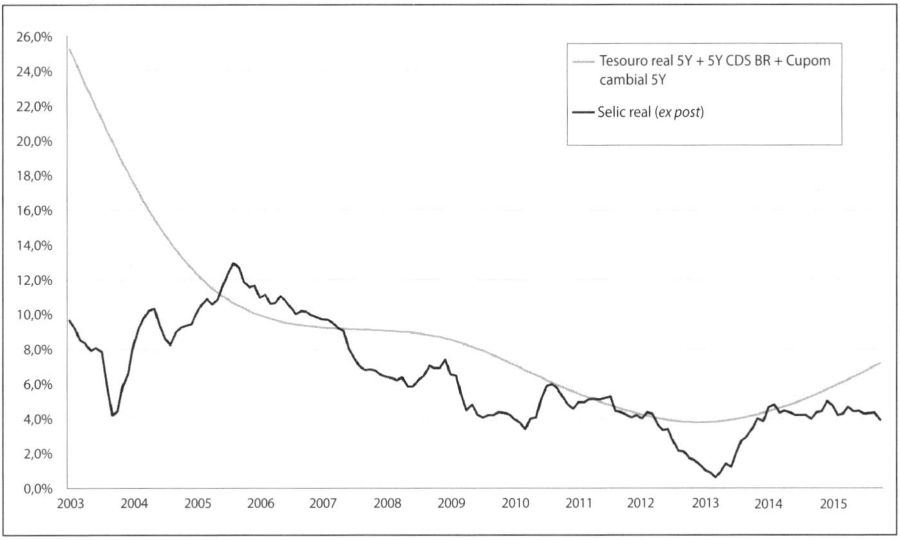

Legend: Tesouro real 5Y + 5Y CDS BR + Cupom cambial 5Y; Selic real (ex post)

Fonte: elaborado pelo autor.

Com a crise financeira de 2007-2008, a famosa marola do presidente Lula, a política monetária do Bacen tornou-se expansionista, com a taxa de juros real abaixo da taxa de juros natural. Em vez de reverter essa política depois da passagem da marola, o Bacen continuou com a política monetária expansionista. Uma possível explicação para esse fato é o que se convencionou denominar, na literatura econômica, "ciclo político", isto é, políticas expansionistas antes da eleição e contracionistas depois da eleição. Esse ciclo ocorreu na eleição presidencial de 2010, quando a presidente Dilma foi eleita. O preço pago por essa postura foi a taxa de inflação aumentar para 5,9% a.a. em 2010, quando em 2009 tinha sido igual a 4,3%.

A partir desse episódio, a política monetária descarrilou e o protocolo do programa de metas de inflação não foi obedecido. Logo depois de 2010, a política deveria ter sido contracionista, mas a taxa real ficou igual à taxa natural por algum tempo. Em 2012 e 2013, a política foi expansionista a despeito de a taxa de inflação nesses dois anos ter sido igual a 5,8% e 5,9%, respectivamente. Em 2014 e 2015, o Bacen continuou a política de manter a taxa real da Selic abaixo da taxa de juros natural da economia.

A conclusão a que se chega com esta análise é de que a política monetária dos governos do PT tem duas fases distintas. Na primeira, que começou em 2003 e terminou em 2009, o Bacen cumpriu o prometido no programa de metas de inflação. Na segunda fase, desde 2010, o Bacen deixou de entregar à sociedade o que havia prometido. Como diz o ditado, não há almoço grátis. O preço pago por esse comportamento foi a perda de credibilidade do Bacen, um ativo essencial para a condução da política monetária. O custo para a sociedade foi conviver com uma inflação mais elevada, um imposto regressivo que incide sobre os mais pobres.

O Programa Bolsa Família

O grande sucesso dos governos do PT é o Programa Bolsa Família (PBF). Esse tipo de programa de transferência condicional de renda tem baixo custo e vai direto para aqueles que necessitam. O PBF foi criado em 2003, resultado da fusão de vários programas, como o Bolsa Escola, o Vale Gás e o Bolsa Alimentação, ampliando sua abrangência. Ele tem como objetivo acabar com a extrema pobreza, isto é, a miséria, estabelecendo critérios de condicionalidade para que esta não se reproduza. A principal condicionalidade é a exigência de que os filhos em idade escolar, até os 17 anos, frequentem a escola.

Os programas de transferência condicional de renda enfrentam dois problemas importantes. O primeiro é impedir o carona, isto é, que pessoas que não se enquadram no perfil do público-alvo se inscrevam no programa e dele sejam beneficiárias. A qualidade do cadastro e seu cruzamento com outros dados é fundamental para impedir os caronas.

O segundo problema desse tipo de programa é que ele pode desestimular o trabalho. Para entender essa possibilidade, considere o caso de uma pessoa que ganhou na loteria da Mega Sena. Dependendo do prêmio, esta pessoa imediatamente deixa de trabalhar. Esse é um caso extremo e resulta de o efeito renda desestimular a participação da pessoa no mercado de trabalho. O efeito renda pode, também, fazer com que a pessoa trabalhe menos, reduzindo o número de horas trabalhadas.

A decisão de trabalhar e a escolha da jornada de trabalho, de qualquer pessoa, depende do salário, da renda de outras fontes (quando elas existem) e das opções existentes para os outros membros da família. O ex-presidente Lula, no seu linguajar habitual, desconsiderou taxativamente tais possibilidades:

> Ainda tem gente que critica o Bolsa Família. [...]. Alguns dizem que é uma esmola, assistencialismo, demagogia e vai por aí. Tem gente tão imbecil, tão ignorante que ainda fala que o Bolsa Família é para deixar as pessoas preguiçosas, porque quem recebe não quer trabalhar [*O Globo*, 1 ago. 2009, p. 8].

A teoria econômica não trata as pessoas como imbecis. Admite que elas têm livre-arbítrio e fazem escolhas levando em conta as opções disponíveis e as restrições com que se defrontam.

Qual é o veredicto dos analistas brasileiros quanto à possibilidade de o Programa Bolsa Família afetar o mercado de trabalho? Cavalcanti et al. (2016:173) concluíram, no trabalho em que analisam os impactos do PBF na renda e na oferta de trabalho das famílias pobres, que "as famílias que participam do PBF, quando comparadas às famílias não beneficiadas: a) podem ter jornada maior, menor ou semelhante dependendo do quantil analisado; b) têm menor renda oriunda do trabalho para todos os quantis da distribuição".

No Brasil, como aconteceu em outras partes do mundo, o Programa Bolsa Família é um sucesso, contribuindo para diminuir a desigualdade da renda. O coeficiente de Gini, que mede a desigualdade, diminuiu de 0,583, em 2003, para 0,543 em 2009. O coeficiente em 2011 foi igual a 0,531 e em 2014 atingiu o valor de 0,527.

Tabela 10
Coeficientes de Gini: países selecionados

País (ano)	Gini
Alemanha (2011)	0,3013
Japão (2008)	0,3211
Reino Unido (2012)	0,3257
Suécia (2012)	0,2732
China (2010)	0,4206
Estados Unidos (2013)	0,4106
Argentina (2013)	0,4228
África do Sul (2011)	0,6338

Fonte: Banco Mundial.

A compreensão do significado desses coeficientes requer alguma referência para avaliar a posição do Brasil comparado com outros países. A tabela 10 traz o coeficiente de Gini de oito países nos anos assinalados. Países como a Alemanha, o Japão, o Reino Unido e a Suécia têm um coeficiente de Gini na vizinhança de 0,300; a Argentina, a China e os Estados Unidos têm um coeficiente um pouco maior do que 0,400; a África do Sul é campeã da desigualdade com um coeficiente igual a 0,6338. O Brasil não fica bem nessa foto. Nesse campeonato, nossa posição somente nos traz vergonha e tristeza. O Bolsa Família sozinho não resolve nosso problema de justiça social, embora tenha contribuído para reduzi-lo.

Conclusão

Simon Kuznets, prêmio Nobel de Economia de 1971, disse uma vez que existiam quatro tipos de países: desenvolvidos, subdesenvolvidos, Japão e Argentina. O Japão foi o primeiro país asiático a fazer parte dos países ricos, com um modelo que foi imitado por Taiwan, Cingapura, Hong Kong, Coreia do Sul e China. A Argentina pertenceu ao clube dos ricos no início do século XX e, desde Perón, na década de 1940, vem descendo a ladeira. Ficou para trás na corrida do crescimento econômico e atualmente faz parte do pelotão dos países de renda média.

A teoria do crescimento econômico teve um grande progresso a partir da segunda metade da década de 1980, o que não significa dizer que se tenha uma receita pronta para ser aplicada em qualquer situação. Mas qualquer livro-texto traz um bom número de ingredientes para obter um bom resultado de crescimento econômico: (1) acumulação de capital humano e de capital físico; (2) absorção de inovações para atingir a fronteira da tecnologia dos países ricos; (3) incentivos apropriados para a realização dos três itens anteriores; (4) construção de instituições que permitam a todos as pessoas igualdade de oportunidades.

As experiências de vários países nos últimos 100 anos mostram de maneira inequívoca o que não se deve fazer. A maior tragédia do século passado foi o experimento do socialismo real da União Soviética, China, Cuba, Coreia do Norte, países do Leste Europeu e do Sudoeste da Ásia. Alguns países da África adotaram o socialismo, como a Tanzânia e a Etiópia, e também se deram mal. O êxito recente da China demonstra que a economia de mercado é uma condição necessária para o crescimento econômico.

O neopopulismo da América Latina, leia-se Argentina, Bolívia, Brasil, Equador e Venezuela, tem criado muitas crises econômicas e nenhum crescimento sustentado. A primeira característica do neopopulismo é a completa irresponsabilidade na política macroeconômica: descontrole nas contas públicas e na inflação, e juros reais negativos para alguns setores privilegiados. Em alguns países existe mercado negro de câmbio e controle de preços. A corrupção é endêmica, minando as instituições, aliada a um discurso hipócrita de justiça social. A queda do PT deve-se a mais um experimento fracassado do neopopulismo latino-americano.

5. A grande recessão brasileira: 2014-2016

Introdução

A grande recessão brasileira começou no segundo trimestre de 2014 e terminou no quarto trimestre de 2016, de acordo com o Comitê de Datação do Ciclo Econômico (Codace) da Fundação Getulio Vargas (FGV). O produto *per capita* caiu cerca de 9% entre 2014 e 2016. A crise resultou de um conjunto de choques de oferta e de demanda. Primeiramente, o conjunto de políticas adotadas a partir de 2011-2012, conhecido como "nova matriz econômica" (NME), reduziu a produtividade da economia brasileira e, com isso, o produto potencial. Esse choque de oferta possui efeitos duradouros devido à alocação de investimentos de longa maturação em setores pouco produtivos.

Os choques de demanda estão divididos em três grupos. O primeiro engloba o esgotamento da NME a partir do final de 2014. O segundo choque foi a crise de sustentabilidade da dívida pública doméstica de 2015. O terceiro foi a correção do populismo tarifário que exigiu uma política monetária contracionista para trazer a inflação para a meta, após a perda de credibilidade do Bacen. A consolidação fiscal tentada no ano de 2015 teve um impacto menor sobre a grande recessão, em virtude de sua pequena magnitude e curta duração.

Uma característica da cultura brasileira é de que as pessoas não assumem a responsabilidade por seus próprios atos, atribuindo as origens dos problemas a fatores externos que não podem ser controlados. O argumento dessas pessoas é atribuir a choques externos as causas da grande recessão. Tal argumento será examinado com fatos e números neste capítulo.

Outro argumento que tem sido usado para explicar a grande recessão é a Operação Lava Jato, a maior operação contra a corrupção na política brasileira, envolvendo as maiores empresas de construção do país. Na análise que será apresentada neste ensaio, a Lavo Jato é apenas um ator coadjuvante na tragédia econômica, embora seja o ator principal na tragédia política.

O choque da nova matriz econômica (NME)

A profundidade da grande recessão é o resultado de um conjunto de choques de oferta e de demanda. Os diversos choques de oferta e de demanda que atingiram a economia brasileira foram ocasionados por erros de política econômica cometidos principalmente no período em que foram adotadas as políticas da "nova matriz econômica" (NME).

A partir de 2011-2012, o governo da ex-presidente Dilma adotou uma nova política econômica denominada NME, com forte intervenção governamental na economia. Ela combinou política monetária de redução da taxa de juros e política fiscal, com dirigismo no investimento, elevação de gastos, concessões de subsídios e intervenção nos preços de produtos derivados do petróleo e da eletricidade.

Um instrumento importante na implementação dos estímulos governamentais foi a expansão do balanço do BNDES. A política visava à constituição e/ou criação de campeões nacionais e à escolha de setores "estratégicos" que receberam fortes subsídios, como a indústria automotiva e a indústria naval, para citar somente dois exemplos. O total de empréstimos do BNDES aumentou em mais de 8% do PIB entre 2009 e 2013, com recursos transferidos do Tesouro Nacional.

A Petrobras foi usada como instrumento importante nessa política de desenvolvimento de setores "estratégicos". A empresa foi responsável por um ambicioso plano de investimento em exploração, produção (pré-sal) e na área de refino. O resultado dessa estratégia foi uma elevação substancial da importância da Petrobras, que chegou a responder por 10% de todo o investimento do país.

Parte da estratégia de ampliar a importância da Petrobras englobou a mudança do marco regulatório do petróleo. Substitui-se o sistema de concessão pelo sistema de partilha das áreas do pré-sal. O objetivo era utilizar o petróleo para estimular a construção de uma indústria petrolífera nacional de máquinas e equipamentos. Nesse sentido, foram estimuladas a criação de empresas e a reestruturação de estaleiros. No entanto, tal política não apresentou os resultados esperados. Diversos estaleiros e a empresa Sete Brasil, criada para fornecer equipamentos para a Petrobras, entraram em crise em 2015.

Essa política utilizou recursos públicos de forma exagerada e ocasionou uma elevação temporária da taxa de investimento doméstica no período. No entanto, a elevação do investimento não veio acompanhada de crescimento econômico, mas sim de redução da produtividade total dos fatores (PTF), reduzindo a capacidade de crescimento da economia.

A tabela 11 mostra a decomposição do crescimento do PIB brasileiro entre 2002 e 2016. No período 2010-2014, houve um aumento da participação do capital no crescimento do PIB, fruto da elevação do investimento. No entanto, houve imediata diminuição do crescimento da PTF, o que reduziu o produto potencial brasileiro.

Tabela 11
Decomposição do crescimento do PIB

	PIB	PTF	Trabalho	Capital
2002-2010	3,9	1,6	1,1	1,2
		41,1	27,9	31,0
2010-2014	2,2	0,5	0,0	1,7
		24,2	0,5	75,3
2014-2016	-3,7	-1,9	-0,7	-1,1
		49,9	19,8	30,3
2010-2016	0,2	-0,3	-0,2	0,7
		-119,8	-107,9	327,7

Fonte: elaborada pelo autor.

Após a crise internacional de 2007-2008, a taxa de crescimento de um conjunto de países latino-americanos caiu em 0,5% a.a. No Brasil, essa queda foi de 2% a.a. Barbosa Filho e Pessôa (2013) avaliam que essa queda adicional de 1,5% ocorrida no Brasil é fruto do conjunto de políticas erroneamente adotadas pelo país. Com base nas estimativas de produtividade apresentadas na tabela 11, a taxa de crescimento do produto potencial da economia brasileira sofreu uma redução para o intervalo entre 1,5% e 2% a.a.

Simultaneamente ao aumento de investimento por parte da Petrobras, houve controle dos preços dos produtos derivados do petróleo. O controle de preços de combustíveis afetou a Petrobras, que vendia gasolina no mercado doméstico a um preço inferior ao do mercado internacional. Essa política resultou em perdas superiores a R$ 50 bilhões, reduzindo de forma substancial o caixa da empresa. O controle de preços, em conjunto com a elevação dos investimentos, aumentou seu endividamento sem o respectivo aumento da produção (cresceu cerca de 25%) e geração de caixa. A relação dívida líquida/caixa subiu de 1 em 2010 para 4,6 em 2015, elevando o custo de captação da empresa em virtude da elevação de seu risco.

A intervenção do setor energético não ocorreu somente na Petrobras, mas também no setor elétrico de forma geral. Os efeitos da forte seca de 2012-2013 foram amplificados por erros da política energética do governo, que reduziu as tarifas de energia em 2013, aumentando o consumo, em pleno período de escassez do principal insumo da matriz energética brasileira: a água.

Para amplificar o problema, o governo deixou sem contrato de fornecimento as empresas geradoras de energia de São Paulo, Minas Gerais e Paraná. Isso obrigou a compra de energia no mercado à vista ao longo da crise, elevando o custo para as empresas distribuidoras. Como estas não puderam repassar o aumento de custos para os consumidores, houve forte descapitalização das mesmas, que tiveram de bancar a diferença entre o preço da energia e seu custo.

O choque do risco-país: o jogo de Ponzi da Dilma

Os livros-texto de macroeconomia dos cursos de pós-graduação impõem uma condição nos modelos intertemporais para que não haja jogo de Ponzi. Tecnicamente, essa condição se exprime através de um limite. Todavia, ela pode ser compreendida por um exemplo bastante simples. Imagine-se que eu decida pedir um empréstimo a alguém, digamos de R$ 100 mil, e ofereça as seguintes condições: pagarei uma taxa de juros de 10% ao mês e, ao final de cada mês, tanto os juros devidos quanto o principal emprestado serão rolados indefinidamente. Não existe colateral, isto é, nenhuma garantia, e tampouco minha mulher e meus filhos serão responsáveis pelas minhas dívidas quando eu morrer. A operação financeira seria na verdade uma doação de quem fez o empréstimo para quem tomou o dinheiro emprestado.

O nome Ponzi deve-se a Carlo Ponzi, um italiano que viveu em Boston, nos Estados Unidos, onde aplicava esse tipo de golpe em diferentes versões. Ele foi preso diversas vezes e depois expulso dos Estados Unidos. Terminou vindo para o Brasil e morreu pobre num hospital de caridade no Rio de Janeiro. Qual a relação entre jogo de Ponzi e a situação das finanças públicas do governo federal no Brasil em 2014, 2015 e 2016?

Em 2014, o governo brasileiro teve um superávit primário praticamente igual a zero, o que significa dizer que o governo não pagou um centavo sequer dos juros devidos e rolou toda a dívida pública federal. Em 2015, não obstante as boas intenções do ministro Joaquim Levy, houve déficit primário. O governo tomou emprestado para pagar os juros, o excesso das despesas sobre as receitas e a rolagem do principal.

O primeiro orçamento enviado pela presidente Dilma ao Congresso Nacional para 2016 contemplava um déficit primário. Para qualquer economista bem treinado em macroeconomia, essa informação permite concluir que o governo da ex-presidente Dilma optou por um jogo de Ponzi. Esse jogo provocou, no primeiro momento, aumento da taxa de juros com o aumento do risco-país. Num segundo momento, se a crise fiscal não for resolvida, ela terminará em crise da dívida pública. Não foi surpresa, portanto, que uma das agências de risco tenha decidido rebaixar a nota dos títulos públicos brasileiros, colocando-os na categoria de títulos tóxicos, de alto risco, considerados *junk bonds* no jargão em inglês.

A ex-presidente Dilma compreendeu o erro que cometeu, voltou atrás e decidiu enviar outro orçamento ao Congresso Nacional com um pequeno superávit primário. Os cortes de despesas foram irrisórios, e o aumento da receita viria com a criação da CPMF, conhecida como imposto sobre cheque, que incide sobre operações financeiras. Esse é um imposto ruim, como tantos outros que existem em nosso país. Entretanto, se tivermos de escolher entre um imposto ruim e um jogo de Ponzi, a melhor opção para o Brasil seria um imposto ruim. Todavia, a CPMF não vingou.

Gráfico 8
Dívida bruta e superávit primário (% a.a.)

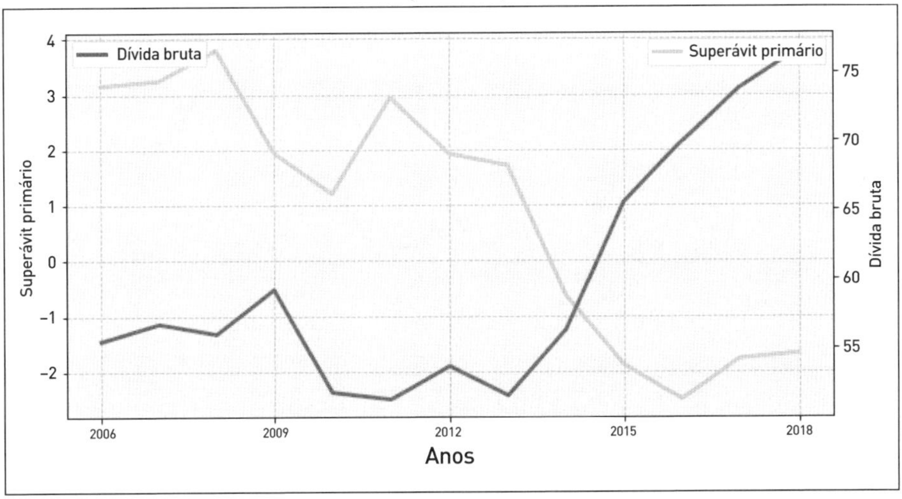

Fontes: IMF e Bacen.

Uma propriedade extremamente importante do sistema de preços da economia é seu conteúdo de informação. Isso não significa dizer que ele sempre reflete os fundamentos da economia. O mercado pode falhar, como foi o caso da bolha imobiliária da crise financeira de 2007-2008. Todavia, naquele momento a taxa de câmbio e o risco-país sinalizavam que o jogo de Ponzi da ex-presidente Dilma não era um evento descartável.

A intervenção governamental e seus estímulos fiscais geraram deterioração das contas públicas. O gráfico 8 mostra a deterioração da dívida bruta ocasionada pela transformação de um superávit primário da ordem de 2% do PIB em um déficit primário superior a 2% desde 2015.

A conjunção de um déficit primário crescente, com uma dívida em trajetória explosiva, elevou de forma substancial o risco-Brasil. De fato, a NME gerou um descolamento do risco-país em relação ao do México e ao Chile, por exemplo, a partir de 2012. Essa elevação do risco-país implicou a elevação da taxa de juros real de equilíbrio doméstico. O descolamento do risco da economia brasileira pode ser visto no gráfico 9. Até meados de 2013, o risco-Brasil seguia de perto os riscos do México e do Chile. No segundo semestre de 2013, o esse risco aumenta relativamente a esses dois países, mostrando o efeito das políticas domésticas. O risco-Brasil aumentou ainda mais com a crise de sustentabilidade da dívida de 2015.

Gráfico 9
Risco-país para Brasil, México e Chile (*credit default* swap: CDS 10 anos)

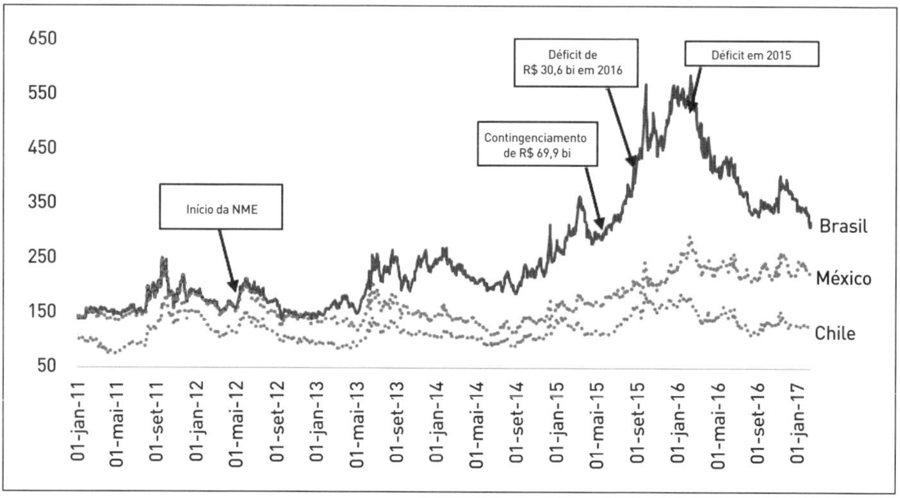

Fonte: Bloomberg.

O choque monetário

O controle de preços foi seguido de liberação dos mesmos a partir de 2015, gerando novo choque negativo sobre a economia devido ao realinhamento de preços. A dispersão e persistência desse choque de oferta fez com que o Bacen elevasse (ver gráfico 10) a taxa de juros para controlar a inflação, que ultrapassou um dígito em termos anuais. A experiência, brasileira e internacional, mostra que, para trazê-la de volta para um dígito, a sociedade tem de pagar um preço alto em termos de recessão.

O protocolo do programa de metas de inflação é bastante simples: a política monetária eleva a taxa de juros quando a inflação aumenta em relação à meta e reduz a taxa Selic em momentos de desaceleração inflacionária, conforme pode-se observar pela evolução da inflação e da taxa Selic ao longo do tempo no gráfico 10.

No entanto, uma das políticas da NME foi a redução da taxa de juros básica da economia em 2012, em momento de aceleração da taxa de inflação (gráfico 10). A mudança na política monetária fez com que a taxa de inflação acelerasse e permanecesse em nível elevado. Essa política reduziu a credibilidade do Bacen, elevando o custo de combate à inflação.

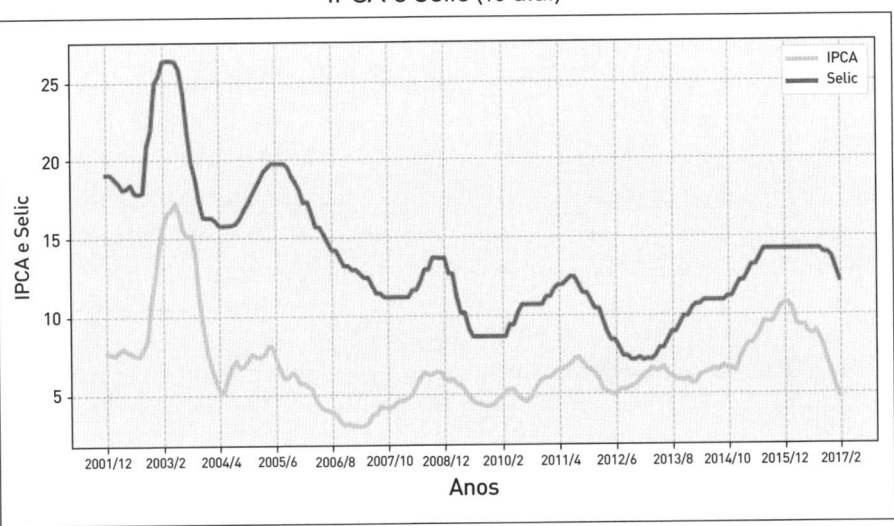

Gráfico 10
IPCA e Selic (% a.a.)

Fontes: IBGE e Bacen.

No segundo semestre de 2013, o Bacen iniciou novo ciclo de política monetária contracionista aumentando a taxa de juros de forma gradual. Na reunião do Comitê de Política Monetária (Copom) de 30 de julho de 2015, a taxa de juros Selic atingiu seu pico de 14,25% a.a. e se manteve nesse nível até a reunião de 30 de novembro de 2016, quando se iniciou o ciclo expansionista da política monetária, com a redução da taxa de juros.

Choques externos

Os três principais tipos de choques externos que podem provocar uma recessão numa economia aberta pequena, como a brasileira, são os seguintes: (1) aumento da taxa de juros externa, (2) redução da renda mundial e (3) redução da relação de trocas, com a queda dos preços dos produtos exportados e aumento dos preços dos produtos importados.

O aumento da taxa de juros externa atua por dois canais. Em primeiro lugar, num país com dívida externa a conta de serviços dos juros da dívida aumenta, reduzindo a renda doméstica. Em segundo lugar, a taxa de juros natural sobe, acarretando aumento da taxa de juros doméstica. A redução da renda mundial diminui as exportações do país, provocando uma contração da produção doméstica. A redução das relações de troca tem duas consequências: diminui a renda doméstica e desincentiva as exportações. Até que ponto os choques externos afetaram a grande recessão brasileira de 2014-2016? Para responder a esta pergunta é necessária uma análise dos dados dessas variáveis.

O gráfico 11 mostra a evolução do índice de *commodities*, dos termos de troca e do câmbio real de janeiro de 2010 até janeiro de 2017. Observe-se que não ocorreu nenhuma redução substancial antes do segundo trimestre de 2014, quando começou a grande recessão brasileira. Houve uma queda do índice de *commodities* e dos termos de troca a partir do segundo trimestre de 2014, contrabalançada pelo aumento da depreciação do câmbio real a partir desse período.

Gráfico 11
Índice de *commodities* (CRB), termos de troca (TT) e câmbio real

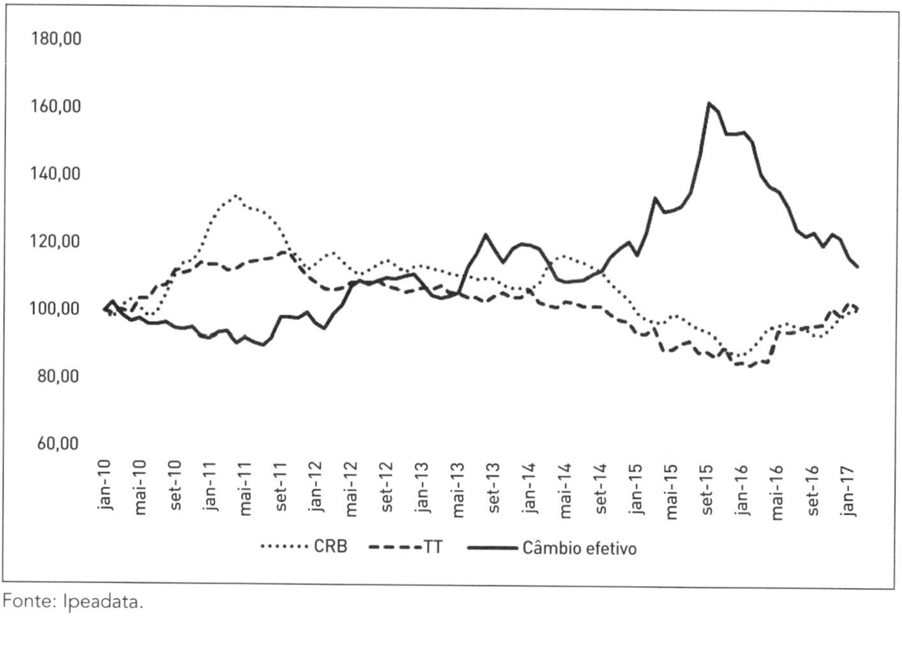

Fonte: Ipeadata.

A crise financeira dos Estados Unidos (2007-2008) produziu o fenômeno da armadilha da liquidez, que levou a taxa de juros das reservas do Fed, o Banco Central norte-americano, ao seu limite inferior de praticamente igual a zero. Desde janeiro de 2009 até novembro de 2015, ela permaneceu nesse patamar. Portanto, nenhum choque da taxa de juros internacional aconteceu durante o governo da ex-presidente Dilma. A conclusão a que se chega, baseada na evidência empírica, é de que a grande recessão brasileira de 2014-2016 não foi causada por choques externos.

O choque da Lava Jato

O escritor cubano Leonardo Padura, em crônica da *Folha de S.Paulo*, mencionou o fato de que Mario Kempes, antigo jogador da seleção argentina, denominou "delinquentes esportivos" os jogadores de futebol que simulam faltas e pênaltis. Padura, criticando esse tipo de comportamento, afirma:

> É lamentável ter de recordar agora que ética, decência e respeito ao próximo são valores universais de comportamento. E que sua violação é um ato antiético ou imoral, indecente, e uma falta de respeito com os outros. Não importa que isso ocorra na arte, na política ou no esporte [26 set. 2015, p. C8].

A Lava Jato, tomando por empréstimo a denominação de Kempes e Padura, é uma história de delinquentes políticos, descoberta por obra do acaso, em março de 2014. O doleiro Alberto Youssef, que estava sendo investigado por lavagem de dinheiro, era proprietário de um automóvel de luxo SUV (*sport utility vehicle*, na sigla em inglês; "veículo utilitário esportivo", em português) Land Rover usado por Paulo Roberto Costa, na época diretor da Petrobras. Esse fato anômalo chamou a atenção dos investigadores. Alberto Youssef era o doleiro de Paulo Roberto Costa na transferência ilegal de recursos da Petrobras para o exterior.

Isso era apenas a ponta do *iceberg*, de um gigantesco esquema de corrupção montado por três partidos políticos: o PP, que indicara Paulo Roberto Costa para a Diretoria de Abastecimento; o PT, que era representado por Renato Duque na Diretoria de Engenharia e Serviços; e o PMDB, que tinha como seu representante Nestor Cerveró na Diretoria Internacional. Os partidos políticos mencionados, na administração dos governos do PT, se transformaram numa das partes interessadas (*stakeholder* no jargão em inglês) da Petrobras, com o objetivo precípuo de abocanhar recursos da mesma para o financiamento de campanhas políticas e para os bolsos de alguns envolvidos nas operações fraudulentas.

Até que ponto a Lava Jato contribuiu para a grande recessão brasileira? Em primeiro lugar, é importante lembrar que a grande recessão começou praticamente ao mesmo tempo que a Lava Jato. Portanto, a origem da grande recessão não tem nada a ver com a Lava Jato. Em segundo lugar, os investimentos da Petrobras foram afetados pelos desmandos das políticas do governo, que reduziram sua receita, com o controle dos preços dos combustíveis, e aumentaram seus custos, com a política de compras de produtos domésticos. O resultado das políticas do governo foi o de reduzir o fluxo de caixa da empresa e aumentar o endividamento da mesma, limitando sua capacidade de investimento.

A Lava Jato afetou as grandes empresas brasileiras de construção envolvidas nesse escândalo. Numa lista que não é exaustiva, as empresas Odebrecht, OAS, Camargo Corrêa, Andrade Gutierrez, Queiroz Galvão, UTC Engenharia, Engevix, Mendes Júnior e Galvão Engenharia tiveram seus negócios abalados, com redução de seus fluxos de caixa, limitando a capacidade de investimentos das mesmas. Por esse caminho, a Lava Jato contribuiu para a grande recessão brasileira, mas, volto a enfatizar, não teve nada a ver com a origem da mesma.

Efeitos na economia

O impacto dos erros cometidos na política econômica pode ser observado no comportamento do PIB brasileiro e de seus componentes de demanda. A tabela 12 mostra que a desaceleração da economia brasileira teve início no ano de 2014, com redução gradual do ritmo de crescimento.

Tabela 12
Taxa de crescimento do PIB e seus componentes de demanda

	PIB	Consumo das famílias	Consumo do governo	Formação bruta de capital fixo	Exportação	Importação
2010	7,5	6,2	3,9	17,9	11,7	33,6
2011	4,0	4,8	2,2	6,8	4,8	9,4
2012	1,9	3,5	2,3	0,8	0,7	1,1
2013	3,0	3,5	1,5	5,8	1,8	6,7
2014	0,5	2,3	0,8	-4,2	-1,6	-2,3
2015	-3,5	-3,2	-1,4	-13,9	6,8	-14,2
2016	-3,3	-3,9	0,2	-12,1	0,9	-10,3
2017	1,1	1,4	-0,9	-2,5	5,2	5,0
2018	1,1	1,9	0,0	4,1	4,1	8,5

Fonte: IBGE.

A redução da taxa de crescimento do PIB foi acompanhada de redução da taxa de investimento em 4,2% e a menor taxa de crescimento do consumo nos últimos anos, com crescimento de somente 2,3% no ano. No entanto, somente após a disparada do risco-país em 2015 (gráfico 10) se observa a forte contração de consumo e investimento em nossa economia. A forte queda desses dois componentes está relacionada com a crise de sustentabilidade da dívida pública brasileira, que elevou os juros e a incerteza. O investimento se reduziu em 13,9% em 2015 e 12,1% em 2016 enquanto o consumo caiu 3,2% e 3,3%, respectivamente.

A taxa de crescimento dos gastos do governo perdeu força gradativamente, passando a ser negativa em 2015. Nesse cenário, um grupo de economistas apontou que o aprofundamento da recessão foi fruto da tentativa de ajuste fiscal realizada pelo ex-ministro da Fazenda Joaquim Levy. No entanto, a análise dos dados não suporta essa visão. Durante a gestão de Joaquim Levy, os gastos do governo aumentaram em 0,2%, frente a uma queda de 3,9% do consumo. Para que a redução do PIB, de 3,8%, fosse integralmente explicada pela tentativa de ajuste fiscal, seria necessário um multiplicador dos gastos muito acima dos estimados pela literatura, na faixa entre 0 e 1. Quando se controla para a situação fiscal de solvência dos governos, em casos de insustentabilidade da dívida o multiplicador é zero na melhor das hipóteses. Quando se desconsidera a situação fiscal e se estima o multiplicador, obtém-se, na melhor das hipóteses, um multiplicador do investimento do governo de 1,5 em períodos de recessão. Isso não significa dizer que a política fiscal contracionista não contribuiu para a queda do produto, mas certamente ela teve uma contribuição secundária na grande recessão.

O fim da grande recessão

Nos últimos anos, a economia brasileira saiu de um crescimento do produto potencial de 4% a.a. para algo próximo de 2%. A dívida bruta entrou em trajetória explosiva e a inflação somente no ano de 2017 retornou à sua meta, após longo período acima de 4,5% a.a. A observação dos componentes da demanda do PIB mostra que consumo e investimento diminuíram desde 2014. Isso indica que a queda do PIB brasileiro foi fruto de redução dos componentes de demanda privados, e não de redução dos gastos do governo.

Não existe forma de retomada de crescimento sustentável no país sem o encaminhamento de uma solução do problema fiscal. O déficit primário fiscal estrutural de 2016 foi próximo de 2% do PIB. Portanto, a fim de atingir um superávit de 2,5%, para estabilizar a relação dívida/PIB, o país teria de fazer uma consolidação fiscal de cerca de 4,5% do PIB. A opção seria fazer uma consolidação imediata ou um ajuste gradualista. Ambas funcionam desde que gerem um ambiente crível de superávits primários futuros que possibilitem uma estabilização da relação dívida/PIB do Brasil.

O governo Temer escolheu a consolidação gradual com a imposição do teto de gastos acompanhada por uma proposta de reforma da Previdência. A criação do teto dos gastos públicos sinalizou uma política de geração de superávits primários no futuro para estabilizar a trajetória da dívida pública e reduziu o risco-país (gráfico 10). A proposta de reforma da Previdência seria uma sinalização de que o teto seria respeitado e problemas importantes de longo prazo seriam resolvidos.

Vale ressaltar que a PEC do teto sinalizaria uma geração de superávits primários somente no início da próxima década. Alguma consolidação fiscal imediata que assegurasse um processo de sustentabilidade da dívida mais ágil teria sido uma forma de garantir um ambiente doméstico mais estável, com recuperação mais rápida da economia. Todavia, isso não ocorreu.

A PEC do teto e a proposta de reforma da Previdência ajudaram a reduzir o risco-país e, com isso, a taxa de juros natural da economia brasileira. A flexibilização da política monetária, combinada com um nível menor da taxa natural de juros real, permitiu a redução da taxa de juros do Bacen, iniciando uma recuperação cíclica com diminuição da capacidade ociosa da economia produzida pela grande recessão. No entanto, tal recuperação será um "voo de galinha" caso o país não eleve a taxa de crescimento do produto potencial.

Uma vez exaurida a capacidade ociosa, a economia brasileira estará amarrada ao baixo crescimento do produto potencial, que, depois da grande recessão, está na faixa de 2% a 3% a.a., pouco superior ao crescimento populacional de 0,6% a.a., que significa estagnação relativa. Dessa forma, o país necessita de uma agenda que permita um crescimento mais rápido. Em especial, necessitamos de reformas que recuperem o ritmo de crescimento do produto potencial doméstico para patamares próximos dos observados no final dos anos 2000, algo entre 3,5% e 4% a.a.

Para tanto, precisamos de políticas que permitam a recuperação do crescimento da produtividade no país. Tanto a redução do grau de intervenção na economia, com empréstimos subsidiados para grupos específicos, quanto o fim do controle de preços são medidas que caminham nessa direção e permitirão uma alocação melhor do escasso capital do país. A flexibilização do mercado de trabalho, na reforma trabalhista aprovada em 2017, tem potencial para aumentar a produtividade doméstica. Deve-se mencionar, também, que uma abertura comercial maior e um incentivo à competição podem fomentar a produtividade.

A recuperação da poupança doméstica para possibilitar aumento do investimento doméstico, principalmente em infraestrutura, é outro aspecto importante para a retomada de um crescimento mais vigoroso. Nesse sentido, o estímulo à poupança, combinado com um aprimoramento das instituições que melhore o ambiente de negócios, formaria outro conjunto de políticas destinado a elevar o investimento e o produto potencial brasileiro.

A narrativa da grande recessão: um resumo

A grande recessão da economia brasileira, em 2014-2016, teve como origem uma série de choques de oferta e demanda, na maior parte ocasionados por erros de políticas econômicas que reduziram a capacidade de crescimento da economia brasileira e geraram um custo fiscal elevado. A taxa de crescimento do produto potencial da economia brasileira saiu da faixa de 4% a.a. para menos de 2% a.a. Ao mesmo tempo, o setor público brasileiro trocou um superávit primário de 2,2% em 2012 por um déficit primário de 2,7% em 2016.

O esgotamento da NME devido à perda de capacidade financeira do governo reduziu diversos investimentos da economia brasileira a partir de 2015, com a forte redução do investimento da Petrobras sendo um exemplo marcante. A crise de sustentabilidade fiscal que se seguiu elevou o risco-país, a taxa de juros natural e a incerteza, reduzindo consumo e investimento de forma substancial em 2015 e 2016. A recomposição de preços e a política monetária necessária para recolocar a inflação na meta também contribuíram para a recessão, inclusive devido à perda de credibilidade do Bacen. Por último, a consolidação fiscal de 2015, de pouca duração e intensidade, não contribuiu de forma significativa para a grande recessão.

Choques externos não aconteceram no período da grande recessão, que teve origem puramente doméstica. A Operação Lava Jato somente contribuiu para a grande recessão na medida em que as empresas de construção brasileiras tiveram a capacidade de investimento afetada pela mesma. Todavia, ainda não há como avaliar esse efeito.

A política monetária, depois de um longo período de política contracionista, trouxe de volta a inflação para a meta. A flexibilização da política monetária iniciou a recuperação cíclica da economia em 2017. Essa recuperação ocorreu de forma lenta porque a crise fiscal não foi resolvida, com o fracasso da estratégia gradual do governo Temer.

O crescimento do PIB próximo dos 4% a.a. no longo prazo dependerá de políticas que elevem a produtividade e ampliem a capacidade de investimento. Todavia, em primeiro lugar, há necessidade de o governo entregar a consolidação fiscal prometida. Uma tarefa nada fácil quando se pensa no montante envolvido, isto é, um ajuste fiscal de 5% do produto. Caso contrário, o jogo de Ponzi produzirá uma crise da dívida pública.

6. Inter-relações das crises econômica e política brasileiras: 2011-2018

Introdução

Este capítulo analisa as inter-relações das crises econômica e política, da segunda década deste século, no Brasil. Os fatos estilizados dessas crises são: (1) fracasso da política econômica do PT; (2) escândalos do Mensalão e da Lava Jato; (3) *impeachment* da ex-presidente Dilma; (4) prisão do ex-presidente Lula; (5) crise fiscal e estagnação; (6) fracasso da estratégia gradualista de ajuste fiscal do presidente Temer; (7) eleição de Jair Bolsonaro para presidente da República em 2018.

O fracasso da política econômica do PT foi a principal causa do *impeachment* da ex-presidente Dilma, que teve nos empréstimos irregulares do Banco do Brasil e da Caixa Econômica Federal o respaldo para o processo legal no Congresso. Os escândalos do Mensalão e da Lava Jato produziram uma crise no PT, nos partidos da coalizão do governo, desnudaram a corrupção sistêmica da classe política e levaram o ex-presidente Lula a ser condenado e preso. A Lava Jato não somente revelou a corrupção na Petrobras, mas também expôs a má gestão da mesma, cujo valor de mercado estava abaixo do seu valor patrimonial.

A ex-presidente Dilma desorganizou não somente a economia, mas também as finanças públicas. A economia teve em 2014-2016 uma grande recessão seguida de estagnação. Nas finanças públicas, deixou como legado uma crise fiscal financiada por emissão de títulos públicos, com a dívida pública aumentando em bola de neve, numa trajetória explosiva. O presidente Temer adotou uma estratégia gradualista de ajuste fiscal que fracassou com a erosão do seu capital político depois que se tornaram públicas as gravações feitas pelo presidente da empresa JBS nos subterrâneos do Palácio do Jaburu.

Este capítulo tem como objetivo contribuir para a compreensão e solução dessas crises. Ele está organizado do seguinte modo. A segunda seção analisa o fracasso da política econômica do PT. A terceira seção apresenta uma tipologia da corrupção endêmica em nossa sociedade. A quarta seção analisa o *impeachment* da ex-presidente e a quinta seção conclui o capítulo analisando a eleição presidencial de 2018.

Política econômica do PT

Esta seção analisa, de modo sucinto, os fatos e mitos da economia brasileira na era Lula, que abrange seu governo e o de sua sucessora, a ex-presidente Dilma, uma escolha pessoal do ex-presidente Lula, anunciada como uma grande gestora e que foi sancionada pelos eleitores que seguiram a recomendação do ex-presidente. Uma maneira didática de organizar as informações consiste em dividi-las em dois grupos: o crescimento econômico e o bem-estar social.

O crescimento da economia nos governos do PT pode ser resumido do seguinte modo: no seu primeiro período, Lula I, a taxa média de crescimento do PIB foi de 3,5% a.a. No segundo período, o Brasil cresceu em média 4,6% a.a. No primeiro período da ex-presidente Dilma, a economia despencou e a taxa de crescimento foi de 2,3% a.a. No segundo período, Dilma II, a economia teve a grande recessão, com a taxa de inflação aumentando para 8,5% a.a. Como comparar estes números com outros que sirvam de referência? Por exemplo, a economia brasileira cresceu de 1920 até 1980 a uma taxa média de 7% a.a. Portanto, o governo do ex-presidente Lula não foi o melhor da nossa história, como seus seguidores afirmam. Quando se analisa o conjunto da obra, de Lula I até Dilma II, o Brasil cresceu menos do que o mundo, piorando nossa posição relativa no cenário internacional.

Uma das razões para o crescimento econômico pífio dos governos Dilma foi o tamanho da crise fiscal produzida no seu primeiro mandato. O rombo fiscal foi escondido com contabilidade criativa para não revelar os verdadeiros números das contas públicas. No primeiro ano do segundo governo Dilma, em 2015, o déficit primário dessa crise tornou-se conhecido, incluindo-se o valor das pedaladas fiscais, os empréstimos ilegais obtidos da Caixa Econômica e do Banco do Brasil. A tabela 13 mostra que desde 2015 o Brasil começou um período de déficits primários, numa trajetória conhecida no jargão econômico como jogo de Ponzi, pois o governo toma dinheiro emprestado para pagar despesas correntes, os juros da dívida e rolar o principal. A consequência da irresponsabilidade na administração da economia foi uma das maiores recessões da economia brasileira desde a década de 1930. A economia brasileira encolheu cerca de 6,8% no biênio 2015-2016.

A análise do bem-estar social é muito mais complexa, porque envolve várias dimensões. Neste capítulo, selecionamos cinco variáveis: (1) taxa de homicídios; (2) taxa de mortalidade infantil; (3) instalação adequada de esgoto; (4) domicílios com água potável; (5) distribuição de renda. Comecemos pela taxa de homicídios por 100 mil habitantes. O gráfico 12 mostra a evolução desta taxa no período 1996-2016. No primeiro governo Lula, a taxa diminuiu. Em meados do segundo governo, a taxa subiu e voltou para a tendência crescente que tinha antes dos governos do PT. Portanto, o bem-estar social, por esse indicador, não melhorou na era Lula.

Tabela 13
Superávit primário: 2002-2018 (% PIB)

Ano	Superávit	Ano	Superávit
2002	3,19	2011	2,94
2003	3,24	2012	1,92
2004	3,69	2013	1,71
2005	3,74	2014	0,03
2006	3,15	2015	-1,86
2007	3,24	2016	-2,49
2008	3,79	2017	-1,77
2009	1,94	2018	-1,67
2010	2,31	2019*	-1,80

Fonte: Bacen.
*Até abril.

Gráfico 12
Taxa de homicídios no Brasil por 100 mil habitantes

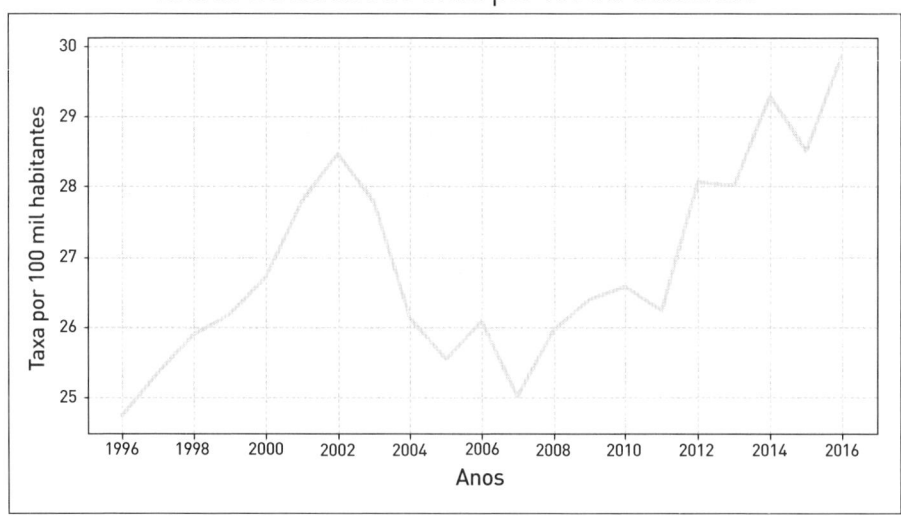

Fonte: Ipeadata.

O gráfico 13 mostra a evolução da mortalidade infantil no Brasil no período de 2000 a 2016. Essa curva tem sido decrescente, com sua tendência não se alterando na era Lula, pois ela não apresenta qualquer mudança em sua inclinação. Segue-se, portanto, que esse aumento de bem-estar não pode ser atribuído aos governos da era Lula.

Gráfico 13
Taxa de mortalidade infantil por mil nascidos vivos

Fonte: IBGE.

O gráfico 14 mostra a porcentagem de domicílios com instalação adequada de esgoto no Brasil no período de 1981 até 2013. A curva tem uma tendência crescente e não existe qualquer mudança na mesma que possa ser identificada com a era Lula. A melhoria do bem-estar social dos brasileiros nesse quesito não pode ser, também, atribuída aos governos do PT.

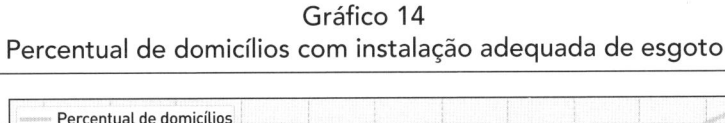

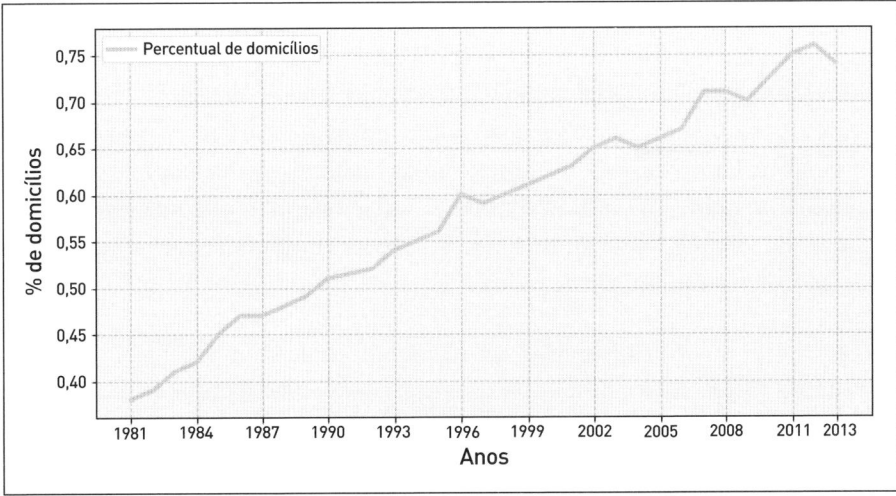

Gráfico 14
Percentual de domicílios com instalação adequada de esgoto

Fonte: IBGE.

Gráfico 15
Percentual de domicílios com água potável na rede geral

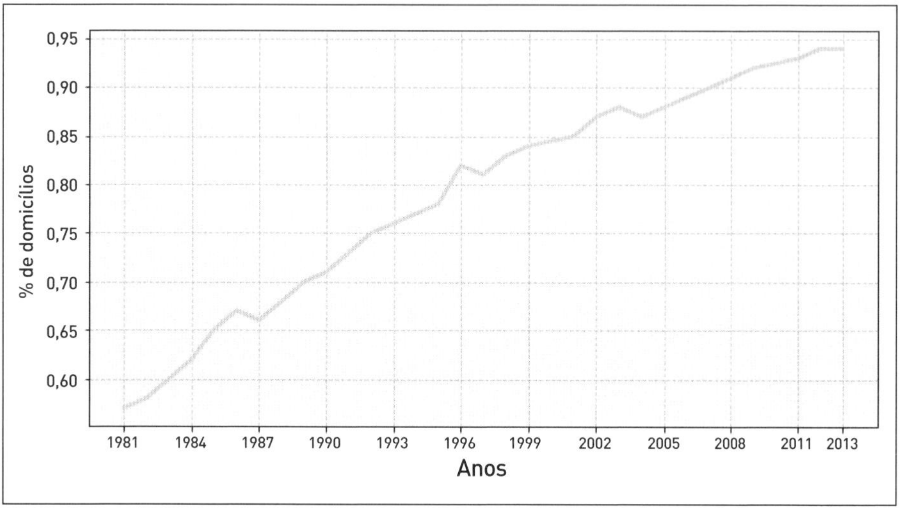

Fonte: IBGE.

O gráfico 15 mostra a porcentagem de domicílios com água potável na rede geral no período 1981-2013. O padrão dessa curva é semelhante às anteriores, com uma tendência que não sofre qualquer inflexão na era Lula. Logo, não seria apropriado identificar a melhoria de bem-estar nesse quesito com os governos do PT.

A distribuição de renda de um país costuma ser medida pelo coeficiente de Gini, que varia entre 0 e 1. A renda é mais concentrada quando o coeficiente é próximo de 1, e mais bem distribuída quando o coeficiente se aproxima de 0.[15] A tabela 14 mostra a evolução do coeficiente de Gini, para o Brasil, no período 1993-2013. Esse coeficiente diminui de 0,604 para 0,589 nos governos do ex-presidente Fernando Henrique Cardoso. Nos governos do PT, o coeficiente diminui de 0,589 para 0,527. Em ambos os casos, o aumento real do salário mínimo contribuiu para a queda do coeficiente de Gini. No governo FHC, o fim da hiperinflação melhorou o bem-estar da população pobre que pagava o imposto inflacionário. Nos governos do PT, o aumento do emprego no setor de serviços deve ter contribuído para a redução da desigualdade na distribuição de renda.

---

[15] Nos países que têm uma boa distribuição de renda, como o Japão e a Suécia, por exemplo, esse coeficiente está no intervalo 0,3-0,4.

Tabela 14
Evolução do coeficiente de Gini para o Brasil: 1993-2013

Ano	Gini	Ano	Gini
1993	0,604	2004	0,572
1995	0,601	2005	0,570
1996	0,602	2006	0,563
1997	0,602	2007	0,556
1998	0,600	2008	0,546
1999	0,594	2009	0,543
2001	0,596	2011	0,531
2002	0,589	2012	0,530
2003	0,583	2013	0,527

Fonte: Ipeadata.

Uma das políticas da era Lula que diminuíram a pobreza e influenciaram a queda do coeficiente de Gini foi o Bolsa Família, um programa de transferência direta de renda para as famílias pobres. Esse tipo de programa de transferência condicional de renda (TCR ou CCT *conditional cash transfer*, no acrônimo em inglês) foi introduzido no México, em 1997, por Santiago Levy, economista mexicano e antigo professor da Universidade de Boston, onde doutorou-se.[16] A TCR, baseada na teoria econômica convencional, sem nenhuma conexão heterodoxa, é um programa de baixo custo e que vai direto para aqueles que necessitam. No Brasil, como aconteceu em outras partes do mundo, é um sucesso, contribuindo para diminuir a pobreza e a desigualdade de renda.

A era Lula não será lembrada pelo crescimento econômico, mas sim pela grande recessão e estagnação da economia brasileira nos tempos modernos. O mito de que houve uma mudança radical no bem-estar da sociedade brasileira também não é verdade. Os favelados continuam nas favelas como sempre. Todavia, um fato importante ocorreu: o Programa Bolsa Família melhorou o bem-estar social dos pobres. O governo do PT teve duas fases. Na primeira, com a estratégia da economia social de mercado, teve um bom desempenho. Na segunda, com a cartilha do neopopulismo latino-americano, foi um fracasso.

---

[16] Ver Rodrik (2015:3-4).

Corrupção nos governos do PT

A apropriação indevida de recursos públicos no Brasil pode ser classificada em dois grupos: (1) corrupção, isto é, roubo por vários mecanismos ilegais, e (2) apropriação de renda, por meios legais, na atividade de *rent seeking*. A corrupção ocorre, em geral, na construção das obras públicas, nos fornecedores de bens e serviços para o Estado e nos diversos tipos de licenciamentos de competência dos órgãos públicos. A tradução literal de *rent seeking* seria caça à renda, mas acredito mais adequado denominá-la "atividades que têm como objetivo ganhar dinheiro fácil", seja aumentando o valor do serviço acima do que seria pago pelo mercado, ou comprando algo por um preço abaixo do valor de mercado.[17] Em ambos os casos, o dinheiro fácil do golpista será pago pelo contribuinte.

A corrupção no Brasil sempre foi sistêmica. A forma tradicional consiste no "caixa dois", isto é, recursos utilizados no financiamento da campanha eleitoral que não são declarados aos tribunais eleitorais. Embora não existam dados que permitam uma análise dessa prática, uma hipótese que poderia ser testada seria a de que quase todos os políticos usaram esse tipo de corrupção. O "caixa dois" surge porque o candidato não deseja identificar o financiador de sua campanha, e/ou porque o financiador prefere o anonimato. Em ambos os casos, a falta de transparência do político prejudica a escolha do eleitor.

Na década de 1950, existia um político que tinha como lema o "rouba, mas faz". Depois, apareceu outro que tinha como símbolo a vassoura para varrer os ladrões. Na verdade, descobriu-se depois que ele tinha contas na Suíça com alguns milhões de dólares. Existiam outros "mais espertos" que usavam dinheiro público de forma indireta. Conseguiam concessões de rádio e televisão sem pagar um tostão. Ou, ainda, compravam terras em áreas onde iam construir estradas. Alguns coitados levavam a fama embora fossem honestos. Alguns usavam a técnica da cegueira deliberada, faziam de conta que não viam nada quando seus correligionários subtraíam recursos do poder público. Essa corrupção pode ser designada de corrupção Louis Vuitton, em homenagem à famosa grife francesa cujas bolsas são famosas e custam, cada uma, os olhos da cara, como se diz na linguagem coloquial. Os corruptos desse grupo roubam para terem um padrão de vida incompatível com a profissão que escolheram.

---

[17] Imagine que seu valor no mercado seja um salário de R$ 20 mil mensais, mas que por meios legais você consegue aumentá-lo para R$ 30 mil. Você está subtraindo dos cofres públicos R$ 10 mil, e isso não é considerado roubo porque é legal. Esse tipo de privilégio é muito comum nos três poderes, mas certamente é exacerbado nos poderes Legislativo e Judiciário. E o pior de tudo é que o privilégio se torna direito adquirido.

A nova corrupção, desvendada com a Operação Lava Jato, poderia ser denominada "corrupção cubana", numa homenagem à inspiração marxista do neopopulismo e à longevidade do regime cubano. Essa forma de corrupção tem como finalidade a "compra" de votos para perpetuar-se no poder. As investigações da Lava Jato descobriram que alguns neopopulistas caíram na tentação Louis Vuitton e usaram recursos para fins pessoais.

Imagine que a escolha do eleitor seja entre dois corruptos, um do tipo Louis Vuitton e outro do tipo cubano. A escolha parece uma escolha de Sofia, em que a mãe tem de sacrificar um dos filhos. Na verdade, o pior corrupto é aquele que induz o eleitor a fazer uma escolha errada, entregando o poder a um grupo de pessoas que não têm um projeto de país, mas sim um projeto de poder.

No rescaldo do *impeachment* e com as informações da Operação Lava Jato, a sociedade brasileira precisa se livrar de todo tipo de apropriação indevida de recursos públicos, fosse legal ou não. Todavia, isso não pode ser feito da noite para o dia. Em primeiro lugar, há necessidade de desenhar um novo sistema político que incentive o espírito público, puna os corruptos, acabe com o número excessivo de partidos políticos e faça com que o agente, o político, seja controlado pelo principal, o eleitor. Em segundo lugar, é preciso acabar, ou pelo menos reduzir drasticamente, o roubo legal de recursos públicos com artifícios pseudolegais, que burlam as regras do jogo e que permitem ganhar dinheiro fácil do setor público.

O *impeachment* da ex-presidente Dilma

A presidente Dilma, na sua juventude, queria implantar em nosso país o regime cubano de Che Guevara e Fidel Castro. Até hoje ela se orgulha dessa opção, a de guerreira do povo brasileiro segundo seus aliados, argumentando que defendia a democracia no regime militar. Outros que pensavam como ela, como Fernando Gabeira e Ferreira Gullar, rejeitaram o modelo cubano e mudaram de opinião. Não é surpresa, portanto, sua cantilena de que o *impeachment* é um golpe e que ela é vítima de vingança e de uma grande injustiça cometida contra uma pessoa inocente. O viço da cegueira ideológica não permite que as pessoas enxerguem os fatos, pois o mundo tem de se enquadrar na visão teórica dos mesmos. O grande avanço da ciência moderna parte de uma visão diametralmente oposta, isto é, de que a teoria tem de explicar os fatos observados.

O crime de responsabilidade perpetrado pela presidente Dilma pode ser explicado de modo bastante simples. As chamadas pedaladas da Dilma são baseadas nos créditos concedidos pelos bancos oficiais para pagamento de despesas fiscais do governo federal. Elas funcionaram como um cheque especial, que usamos na nossa conta de depósito bancário quando o saldo não é suficiente para pagar o cheque emitido. Nesse caso, incide o IOF, porque essa operação é considerada, pela Receita Federal, um empréstimo do banco ao seu cliente. A Lei de Responsabilidade Fiscal, Lei Complementar nº 101, de 4 de maio de 2000, proíbe, no seu art. 36, operação de crédito entre uma instituição financeira e o ente da Federação que a controle. Isto é, o governo federal não pode ter cheque especial nos bancos que controla. A lei proíbe que esses bancos façam empréstimos ao seu dono. A Constituição de 1988 estabelece, no seu art. 85, que é crime de responsabilidade do presidente, passível de *impeachment*, atos que atentem contra a Lei Orçamentária.

O ex-presidente Lula afirmou: "Talvez a Dilma, em algum momento, tenha deixado de repassar o Orçamento para a Caixa, porque tinha que pagar coisas que não tinha dinheiro. Ela fez as pedaladas para pagar o Bolsa Família, ela fez as pedaladas para pagar a Minha Casa, Minha Vida" (*O Estado de S. Paulo*, 13 out. 2015). O argumento de Lula baseia-se na premissa falsa de que um ato nobre justifica o não cumprimento da lei. Esse tipo de ideia é uma característica do neopopulismo na América Latina, que termina levando o Estado à falência e à crise econômica, que atinge as classes mais pobres, que pagam com seus empregos os desmandos cometidos pelos políticos que supostamente as defendem.

Alguns analistas têm argumentado que, nesse caso, a pena do crime é desproporcional ao crime cometido. Talvez esses analistas não tenham analisado os números envolvidos e a própria história econômica brasileira. Quanto aos números das pedaladas, o gráfico 16, do professor Alex Ferreira, da Faculdade de Economia de Ribeirão Preto, da Universidade de São Paulo, por si só revela o tamanho do problema. Essa figura é tão ilustrativa que dispensa qualquer explicação.

No Brasil, pelo menos a cada geração, os governantes rebentam as finanças públicas com consequências similares à que ocorreu na grande recessão de 2014-2016, com uma perda acumulada, em dois anos, de 6,8% do produto. Para um produto aproximado de US$ 2,5 trilhões (paridade de poder de compra), a perda chega a US$ 170 bilhões em um ano. Se juntarmos todos os roubos efetuados por políticos no Brasil nos últimos 50 anos, não chegaremos a um valor como esse. Logo, a pena do crime é proporcional ao crime cometido.

Um argumento que tem sido usado para defender a presidente Dilma é a teoria da justiça baseada no princípio da isonomia do criminoso. É um fato que outros presidentes fizeram uso de pedaladas fiscais. Logo, segundo o princípio da isonomia do criminoso, a presidente Dilma não pode ser condenada porque os outros presidentes não foram sequer acusados de crime de responsabilidade. Infelizmente, no país onde existem leis que vingam e outras não, por falta de mecanismos que

Gráfico 16
Pedaladas da Dilma

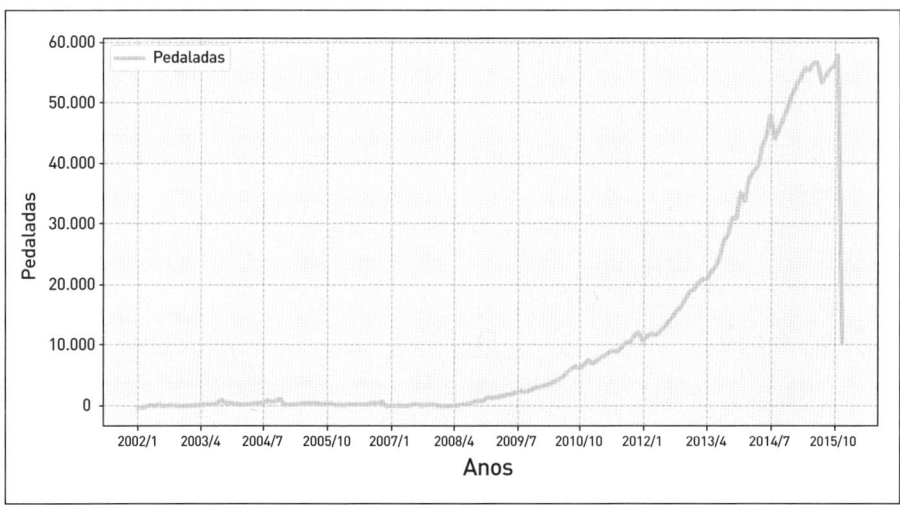

Fonte: professor Alex Ferreira (USP/FEA – Ribeirão Preto, SP).

obriguem o cumprimento das mesmas, chega um momento em que alguém será o primeiro da fila. A ex-presidente Dilma não teve sorte e foi a primeira a pagar caro pela desorganização das finanças públicas. Oxalá que também seja a última.

A cegueira ideológica, aliada à cegueira deliberada, tem levado muitos artistas e intelectuais da esquerda neopopulista a subscreverem a hipótese do golpe, que teria sido organizado pela direita e pela mídia. Na verdade, a ganância pelo poder dos neopopulistas os levou a manipular os dados das contas públicas com a finalidade de ganhar as eleições. O verdadeiro golpe de mestre fracassado não foi objeto do processo de *impeachment*: o financiamento do neopopulismo com o roubo da Petrobras. Por obra do acaso, a polícia do Paraná descobriu as operações da Lava Jato. O golpe de mestre consistia em cobrar uma porcentagem nas obras da Petrobras obrigando as empresas envolvidas a fazerem seus pagamentos como doações legais ao PT. Numa democracia, cada um é livre para expressar suas opiniões, mas é um espetáculo deprimente ver tantos artistas, iluminados pela prodigalidade da natureza nas artes que dominam, mostrarem de público a cegueira ideológica e/ou deliberada que desejam vender para a população. Diz o ditado popular que em terra de cego quem tem um olho é rei. Na verdade, não é bem assim. Cada macaco no seu galho seria o ditado popular que melhor se aplicaria em tal situação.

A eleição presidencial de 2018

Jair Bolsonaro, um fascista e/ou nazista para seus opositores e um líder para seus eleitores, que o julgam capaz de colocar o Brasil nos trilhos depois do desastre das administrações do PT, foi eleito presidente em 2018. Certamente, no início de 2017 ninguém seria capaz de prever esse resultado. Afinal de contas, o que ocorreu na eleição presidencial de 2018?

O ex-presidente Lula ficou obcecado com a ideia de colocar alguém do PT no segundo turno da eleição. Lula manteve sua candidatura ilegal, por ser ficha suja, até o último momento, quando o Tribunal Superior Eleitoral (TSE) a rejeitou. Tal estratégia tinha como objetivo a transferência de votos para um candidato que fosse seu "laranja". Fernando Haddad prestou-se a esse papel e adotou a propaganda de que Haddad era Lula e Lula era Haddad. Toda segunda-feira, no primeiro turno das eleições, Haddad, na qualidade de "advogado", visitava Lula na cadeia de Curitiba, para receber instruções do presidiário. Para muitos brasileiros que estão acostumados com bandidos comandando o tráfico de dentro da cadeia, com o auxílio de "advogados", esse comportamento não era visto com bons olhos, constituindo-se num desrespeito à democracia. Ademais, depois de ser condenado em segunda instância, o ex-presidente Lula continuou com a narrativa de que fora condenado injustamente pelas elites para impedi-lo de ser candidato em 2018. Um verdadeiro desrespeito ao Poder Judiciário brasileiro.

Ciro Gomes, do PDT, sonhava com a ideia de ser candidato da esquerda e receber o apoio do PSB e mesmo do PT. Lula costurou um acordo com o governador de Pernambuco, candidato à reeleição, impedindo que uma neta do ex-governador Miguel Arraes se candidatasse pelo PT ao governo do estado. Ciro Gomes dançou e Haddad terminou indo para o segundo turno. Ciro Gomes deu o troco e foi viajar para o exterior no segundo turno com seu apoio crítico a Haddad.

Geraldo Alckmin, o candidato de muitos que defendiam a economia social de mercado, conseguiu a façanha de montar uma aliança de vários partidos políticos, que lhe deu o maior tempo de televisão. Todavia, ele cometeu o erro estratégico de bater tanto no PT quanto em Bolsonaro, quando deveria centrar sua crítica no PT e tornar-se o candidato anti-Lula. Ademais, aquela campanha mostrou que os meios tradicionais de comunicação passaram a ter papel coadjuvante numa campanha política. Os demais candidatos a presidente da República não tinham a mínima condição de chegar ao segundo turno. João Amoedo, do Novo, surpreendeu positivamente com 2,5% dos votos, e Marina Silva, da Rede, surpreendeu negativamente com 1% dos votos.

No segundo turno, Haddad deixou de visitar Lula na cadeia de Curitiba, mudou seu programa de governo três vezes e começou a ensaiar uma frente democrática em torno do seu nome para se opor ao fascista/nazista Jair Bolsonaro. Essa frente democrática comandada por PT, PCdoB e Psol, partidos de tradição marxista, que sempre defenderam a ditadura do proletariado e a "democracia popular" — antigo nome dos países comunistas —, seria apoiada pelos partidos de esquerda não marxista. Essa canoa furada não prosperou e Haddad terminou sendo o candidato de Lula, um político populista, na pior tradição latino-americana, que tem um terço dos votos dos brasileiros, mas uma rejeição de mais da metade da população.

A eleição para presidente do Brasil em 2018 transformou-se num plebiscito: contra ou a favor de Lula (PT), isto é, contra ou a favor do neopopulismo da economia marxista. Nessa eleição, não esteve em jogo a democracia brasileira, como alguns órgãos da imprensa mundial, como a revista *The Economist*, chegaram a propalar. O que estava em julgamento era o desempenho de um partido de extrema esquerda que administrou o país durante 13 anos e que deixou dois legados: (1) uma das maiores recessões da história brasileira e (2) o maior escândalo de corrupção que o país já teve. Todavia, a estratégia do PT, no segundo turno, seguiu a narrativa da imprensa mundial, tentando convencer o eleitor que a escolha seria entre democracia e uma aventura fascista.

Na carta que divulgou em 24 de outubro de 2018, o ex-presidente Lula fez a seguinte indagação: por que tanto ódio contra o PT? Na verdade, na maioria das vezes, o eleitor não é movido pelo amor ou pelo ódio, mas sim pela avaliação do desempenho dos políticos. O princípio básico da democracia é respeitar a decisão soberana do eleitor, sem qualificá-la ou demonizá-la, mesmo que dela se discorde.

Jair Bolsonaro fez sua carreira política, como deputado federal, defendendo não somente os interesses econômicos dos militares, mas também defendendo o regime militar de 1964, um pecado mortal para a esquerda marxista, que na época perdeu a oportunidade de implantar o socialismo cubano no Brasil. O regime militar é analisado até hoje com muita paixão e pouca razão. Quem o critica se acha democrático, mesmo que no passado tenha sido comunista de carteirinha, e quem o apoia, segundo esses críticos, seria a favor de um regime ditatorial de direita. O Bolsonaro tem em comum com Ciro Gomes o pavio curto e a incontinência verbal. Não é à toa que foi rotulado de extrema direita.

O regime militar de 1964 deve ser julgado segundo duas óticas: a política e a econômica. Na ótica política, o regime militar seria condenado por infringir os direitos humanos ao prender pessoas sem culpa, torturá-las e mesmo matá-las. O veredicto do regime militar pela ótica econômica seria de sucesso parcial, pois transformou o Brasil num tigre asiático até o final da década de 1970. O último governo do regime militar, do general Figueiredo, foi um fracasso porque entregou o país com as crises de dívida externa, finanças públicas e hiperinflação.

Nesse ambiente e com esses personagens, alguns analistas da cena brasileira acham que nossa democracia está em crise e que existe um perigo iminente de que ela soçobre com Bolsonaro. Minha conclusão é completamente diferente. A democracia permitiu que os brasileiros fizessem, pelo voto, uma escolha do modelo de sociedade que determinará o futuro deste país.

A rejeição do neopopulismo marxista na eleição de 2018 implica que o próximo governo seria da economia de privilégios, caso o passado do Bolsonaro sirva de bússola para prever o futuro. Todavia, a solução da crise econômica brasileira necessita de que se combatam os privilégios, como é o caso das reformas fiscal, da Previdência e do Estado. Bolsonaro vai olhar para o espelho retrovisor ou olhar para frente em direção à economia social de mercado?

Caso olhe para trás, a rejeição do neopopulismo marxista na eleição de 2018 terá sido apenas transitória. O neopopulismo no Brasil, e em outros países da América Latina, como a Argentina, é resultado da dualidade dessas sociedades. Esse ambiente é propício para políticos populistas que oferecem um prato de comida para os pobres em troca de votos, e que têm como objetivo, não declarado, preservar o *status quo* para se perpetuar no poder. Quase metade dos trabalhadores no Brasil está no setor informal, sem carteira assinada. Boa parte da nossa população vive em favelas, em condições que atentam contra a dignidade humana. O transporte público nas grandes cidades brasileiras deixa a desejar. A qualidade da educação e da saúde não corresponde aos gastos nesses setores. Os políticos que defendem a economia social de mercado têm de produzir programas de políticas públicas que resolvam tais problemas num período curto. Caso contrário, o neopopulismo estará de volta ao nosso país.

7. A política econômica do governo Bolsonaro: 2019-2020

Introdução

O Brasil andará para trás, com estagnação relativa da economia no governo Bolsonaro, porque a renda *per capita* crescerá menos do que a renda *per capita* dos países ricos do mundo. Essa conclusão baseia-se no fato de que a economia brasileira cresceu 1,4% em 2019. Em 2020, o PIB diminuiu 4,1%. Em 2021, o Brasil crescerá 5,5% e em 2022 a taxa de crescimento será de 2,5%, de acordo com projeções de instituições independentes, como aquelas reportadas no Boletim Focus, do Bacen. Fazendo-se as contas com esses números, o crescimento da economia será de 5,3% no mandato do presidente Bolsonaro. Admitindo-se uma taxa média de crescimento da população brasileira, estimada pelo IBGE, de 0,7% a.a., isto é, 2,8% em quatro anos, o crescimento da renda *per capita* será de 2,5%, ou seja, um pouco menos de 0,6% ao ano.

Mesmo que os números sejam um pouco melhores em 2021 e 2022, o presidente Bolsonaro entregará o país ao seu sucessor do mesmo modo que recebeu: com estagnação relativa. A referência que usaremos, por simplicidade, para a estagnação relativa são os Estados Unidos. O CBO, órgão técnico do Congresso norte-americano (sigla em inglês para Congressional Budget Office), prevê que a produtividade do trabalhador norte-americano cresça no período 2021-2031 a uma taxa média anual de 1,4% (CBO, 2021). Na corrida mundial da renda *per capita*, ficaremos para trás do mundo desenvolvido se crescermos abaixo desse número.

Este capítulo analisa as causas dessa tragédia. Foi má sorte do vírus da Covid ou erros de política econômica, ou as duas coisas juntas? Essa análise seguirá o arcabouço teórico deste livro com seus dois pilares: os modelos da teoria econômica convencional e os fundamentos das escolhas sociais, a cultura e as instituições.

Política econômica: diagnóstico e tratamento

Na longa experiência de professor de economia, é bastante frequente encontrar pessoas que desejam saber minha opinião sobre o ministro X ou Y da área econômica. A melhor resposta para esse tipo de pergunta é fazer um paralelo com a medicina em vez de "fulanizar" a discussão. A doença precisa de diagnóstico e de tratamento. Um diagnóstico correto não implica um tratamento adequado. Por outro lado, um diagnóstico errado pode levar o paciente para o cemitério. O quadro 1 especifica as duas principais doenças da economia brasileira quando o presidente Bolsonaro tomou posse: (1) crise fiscal e (2) estagnação. Na crise fiscal, o diagnóstico é um jogo de Ponzi e o tratamento recomendado seria uma consolidação fiscal. Na estagnação, o diagnóstico tem dois componentes: insuficiência na acumulação de capital e inexistência de aumento da produtividade total dos fatores de produção. O tratamento no primeiro caso consiste no aumento da taxa de investimento do Estado em infraestrutura. No segundo caso, é necessário um conjunto de reformas que reduza custos e aumente a eficiência da economia. Deve-se salientar que o aumento da taxa de investimento, produzindo crescimento econômico, induzirá aumento da produtividade com a realocação da mão de obra do setor informal para o formal e absorção de mão obra que esteja subaproveitada.

Quadro 1
Economia brasileira: diagnóstico e tratamento

Doença	Diagnóstico	Tratamento
Crise fiscal	Jogo de Ponzi	Consolidação fiscal
Estagnação	a) Acumulação de capital b) Produtividade	a) Aumento da taxa de investimento b) Reformas

Fonte: elaborado pelo autor.

A pandemia veio na hora errada e agravou as doenças do paciente. A crise fiscal ficou pior com o socorro financeiro do governo para grande parte da população. A parada brusca da economia provocou recessão, destruindo empresas e empregos, piorando a estagnação. O mercado sozinho não dará conta de colocar a economia numa trajetória de crescimento que elimine a estagnação. A política econômica é um ingrediente fundamental para resolver o binômio crise fiscal-estagnação.

Crise fiscal

No governo Dilma, o superávit primário praticamente desapareceu em 2014 (0,03% do PIB). No ano seguinte, tornou-se negativo e continuou assim no período 2015-2018. Quando o governo produz déficit primário por vários anos seguidos, os economistas denominam esse fenômeno "pirâmide financeira", que na macroeconomia recebeu o nome "jogo de Ponzi", em homenagem ao vigarista italiano que morava em Boston e que morreu no Rio de Janeiro. Ele aplicou esse golpe seguidas vezes e vivia entre a prisão e a rua. O princípio do jogo é muito simples: você toma dinheiro emprestado e, na hora de pagar a dívida, faz novo empréstimo no valor da dívida e dos juros a serem pagos. Toda vez que tiver de pagar a dívida e os juros, você repete a operação. A conclusão óbvia é que o empréstimo original jamais será pago.

Gráfico 17
Taxa de juros real da dívida pública e taxa de crescimento do PIB real

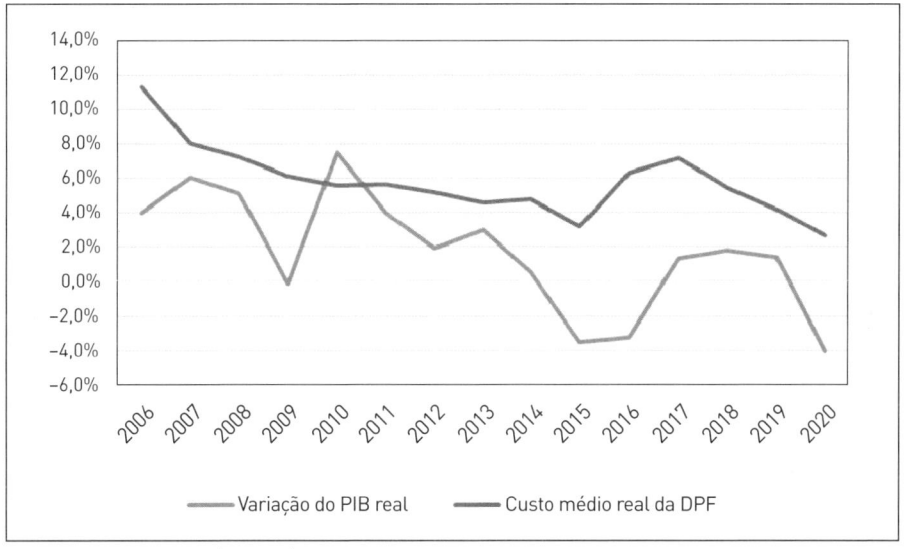

Fontes: Tesouro Nacional e Ipeadata.

Quando a arrecadação de impostos é insuficiente para pagar os gastos de consumo e investimento, o governo tem um déficit primário e toma emprestado, emitindo dívida pública, para pagar o déficit, os juros e rolar a dívida. Essa política é sustentável ou o governo está numa trajetória de crise de dívida pública? O resultado desse jogo depende da relação entre a taxa de juros real e a taxa de crescimento do PIB. Quando a taxa de crescimento do PIB é maior do que a taxa de juros real, o próprio crescimento "paga" a conta de juros, existindo espaço para um déficit primário sem que haja aumento da relação dívida/PIB. Os países que satisfazem essa condição, como é o caso dos Estados Unidos atualmente, não precisam se preocupar com o jogo de Ponzi nem com uma consolidação fiscal.

Nos países em que a taxa de juros real for maior do que a taxa de crescimento da economia, o jogo de Ponzi produzirá um crescimento ilimitado da relação dívida/PIB. Para evitar essa patologia, o governo será obrigado a fazer uma consolidação fiscal que gere um superávit primário e seja, então, capaz de pagar uma parcela dos juros. No Brasil, a taxa de juros real é maior do que o crescimento do PIB, como indicam o gráfico 17 e a tabela 15.

Tabela 15
Taxa de juros real da dívida pública e taxa de crescimento do PIB real

Ano	Variação do PIB real	Custo médio real
2006	4,0%	11,3%
2007	6,1%	8,1%
2008	5,1%	7,2%
2009	-0,1%	6,1%
2010	7,5%	5,6%
2011	4,0%	5,7%
2012	1,9%	5,2%
2013	3,0%	4,6%
2014	0,5%	4,8%
2015	-3,6%	3,2%
2016	-3,3%	6,3%
2017	1,3%	7,2%
2018	1,8%	5,4%
2019	1,4%	4,2%
2020	-4,1%	2,6%

Fontes: Tesouro Nacional e Ipeadata.

A tabela 15 mostra que a taxa de juros real, medida pelo custo médio real, diminuiu bastante de 2017 para 2020, quando ela atingiu uma taxa de 2,6% a.a. Tal redução é transitória e deve-se à política monetária expansionista do Bacen, que desde 2020 fixou a taxa de juros nominal Selic em 2% a.a. Em circunstâncias normais, com a economia em pleno emprego, a taxa natural de juros, em termos reais, está no intervalo entre 2% e 3% a.a. Com uma meta de inflação de 3,75% a.a., a taxa nominal de juros Selic do Bacen estaria entre 5,75% e 6,75% a.a.

O gráfico 17 e a tabela 15 ilustram de modo bastante claro o jogo de Ponzi da crise fiscal brasileira. Todavia, para não deixar margem a qualquer dúvida, deve-se perguntar quais seriam as taxas de crescimento do produto real e de juros reais nos próximos anos. Admita-se uma estimativa da taxa de juros real da dívida pública brasileira de 5% a.a., próxima da média do período 2010-2019, e uma estimativa da taxa de crescimento do produto potencial igual a 2% a.a., uma estimativa otimista, como veremos a seguir. Segue-se, portanto, que a política fiscal brasileira é insustentável porque produz um jogo de Ponzi que terminará em crise da dívida pública, que não será honrada, com um possível calote parcial, ou então será monetizada, trazendo de volta a inflação crônica.

Não existe outra solução para evitar a catástrofe anunciada que não seja uma consolidação fiscal, com corte de gastos e aumento da carga tributária. Enquanto a consolidação não ocorre, o governo empurra o problema com a barriga. Essa atitude aumenta a incerteza, levando o setor privado a postergar investimentos, esperando que o governo acabe com a farra do jogo de Ponzi. O próprio presidente Bolsonaro levou algum tempo para entender, mas reconheceu, em 5 de janeiro de 2021 (*O Globo*, 6 jan. 2021, p. 13), que "o Brasil está quebrado", um termo popular para o diagnóstico do tamanho da nossa crise fiscal.

No governo Temer, a estratégia para combater a crise fiscal baseou-se no ajuste gradual dos gastos do governo com a Emenda Constitucional nº 95, que proíbe que os gastos públicos com consumo e investimento aumentem acima da taxa de inflação. A emenda estabelece, portanto, um teto para os gastos reais do governo, e ficou conhecida como a Emenda do Teto (ET).

Esse teto tornou-se um tema controverso na sociedade brasileira. A ex-presidente Dilma afirmou que a ET é "um dos maiores atentados já cometidos contra o povo brasileiro e a democracia em nossa história, pois por 20 anos tirou o povo do Orçamento e também do processo de decisão sobre os gastos públicos" (*Folha de S.Paulo*, 23 ago. 2020, p. A10). Um grupo de economistas classificados como ortodoxos divulgou um documento, defendendo a ET (*O Globo*, 16 ago. 2020). Outro grupo de economistas considerados heterodoxos defendeu a extinção da ET, em artigo publicado na *Folha de S.Paulo* (22 ago. 2020, p. A22).

Num debate sobre temas econômicos, é necessário conhecer os fatos. A Emenda do Teto foi baseada no fato de que algumas rubricas dos gastos do governo cresceram mais rapidamente do que a economia. Esse fenômeno observa-se, também, nos Estados Unidos. Greenspan e Wooldridge (2018), no livro que escreveram sobre a história do capitalismo nos Estados Unidos, afirmam que as despesas com benefícios sociais cresceram tanto nos governos republicanos quanto nos governos democratas e, surpreendentemente para os autores, cresceram mais com presidentes republicanos (10,7% a.a.) do que com presidentes democratas (7,3% a.a.). No Brasil, a participação dos gastos com previdência e assistência social já ultrapassa 15% do PIB. Todavia, a carga tributária não tem aumentado e está próxima de 34% do PIB. Dados do Observatório de Política Fiscal da FGV Ibre mostram crescimento das despesas primárias desde a década de 1990. Elas atingiram 19,6% do PIB potencial em 2019.

O tamanho do Estado na economia é medido pela soma dos gastos — de consumo e investimento — permanentes adicionada à despesa com os juros reais da dívida pública. Uma estimativa desse tamanho é a de que ele esteja em torno de 38% do PIB. A estimativa da carga tributária é de 34%. Esse hiato de 4% requer uma decisão política para chegar a uma consolidação fiscal. O que deve ser feito diante de tal patologia? Extirpá-la imediatamente, com um tratamento de choque, semelhante ao que se faz para acabar com a hiperinflação. Quem não é do ramo perguntaria: Por que adotar esse tipo de tratamento? Porque ela é uma doença silenciosa que, de repente, explode numa crise de dívida pública, acarretando uma crise econômica por uma década ou mais, como ocorreu no Brasil na década de 1980 e na Grécia recentemente.

O governo Temer, com a aprovação da ET, fez uma opção política pelo corte de gastos e usou uma estratégia gradual, em vez de um tratamento de choque, como a patologia recomendaria. Essa estratégia foi abandonada depois do encontro fatídico do presidente Temer no Palácio Jaburu com o presidente da empresa JBS. Todavia, essa estratégia baseava-se na premissa de que a redução suave dos gastos levaria o déficit a transformar-se em superávit num período de cinco anos.

Aqui, cabe mencionar a estratégia de ajuste gradual do ex-presidente Macri na Argentina. Lá, a situação fiscal era semelhante à brasileira. Na época de definir a política fiscal, segundo depoimento do ex-presidente do Banco Central argentino (Sturzenegger, 2019), Macri deu ampla liberdade de escolha a seus assessores. A única restrição que ele estipulou foi de que o ajuste fiscal deveria ser gradual. Essa estratégia necessita de financiamento para o déficit público. No meio do caminho, as condições dos mercados financeiros mudaram, a fonte de financiamento do déficit secou e o ajuste gradual de Macri terminou na lata de lixo. Moral da história: ele foi derrotado pelos peronistas na tentativa de ser reeleito e entregou o país em condições piores do que tinha recebido.

O governo Bolsonaro optou por continuar a estratégia gradual da ET do Temer e pela redução gradual dos gastos, que produziria uma redução gradual do déficit primário. Uma projeção de 2018 do Instituto Fiscal Independente (IFI, 2018), do Senado brasileiro, uma organização criada no modelo do Escritório de Orçamento do Congresso (CBO), para a evolução do déficit primário num cenário considerado básico que inclui a ET, mostra que o déficit primário se tornaria positivo apenas em 2023.

Por que o governo Bolsonaro preferiu essa opção gradual? A explicação é muito simples: ideologia. O jornal O *Estado de S. Paulo* (8 maio 2020, p. H2) noticiou que o presidente Bolsonaro teria dito ao ministro Paulo Guedes: "Sou contra aumento de impostos". O ministro Paulo Guedes, por sua vez, afirmou em entrevista à revista *Veja* (23 dez. 2020, p. 52): "Não adianta fazerem acordo com a esquerda e me chamarem para uma reforma tributária que aumente imposto. Somos liberais. Não vamos aumentar impostos".

A aritmética perversa da crise fiscal brasileira não respeita ideologia e exigiria pragmatismo, como fez Roberto de Oliveira Campos, o grande liberal brasileiro que aumentou a carga tributária para resolver a crise fiscal de 1964. O ministro Paulo Guedes ignorou as lições do seu guru, e a ideologia derrotou o governo Bolsonaro. O Posto Ipiranga, como o presidente apelidou o ministro Paulo Guedes, baseado na propaganda que dizia que o posto teria resposta para tudo, simplesmente forneceu combustível adulterado. O motor não funcionou. A solução da crise fiscal ficará para o próximo governo se o presidente Bolsonaro conseguir empurrá-la com a barriga até o final do seu mandato. Haja sorte e bênção dos orixás. Porque a razão aponta na direção do precipício.

Estagnação

O segundo problema da economia brasileira é estagnação. Existem dois tipos de estagnação, como foi dito. A estagnação absoluta ocorre quando o país anda para trás, com a queda da renda *per capita*, como acontece com a Venezuela atualmente. A estagnação relativa ocorre quando a posição relativa do país no mundo vai ladeira abaixo, como é o nosso caso.

A análise dos fundamentos da estagnação requer uma estimativa do crescimento do produto potencial brasileiro *per capita* nos próximos anos. Anteriormente, dissemos que escolhemos, por simplicidade, o crescimento do PIB *per capita* norte-americano como referencial para a estagnação relativa brasileira, isto é, se crescermos abaixo dessa taxa estaremos indo ladeira abaixo na corrida do crescimento econômico. A metodologia do cálculo do crescimento do produto potencial, descrita no capítulo 7, indica que o produto *per capita*, numa estimativa otimista, no cenário atual, não crescerá mais do que a taxa de 1,4% a.a. prevista para os Estados Unidos. No Brasil, com uma estimativa de crescimento do produto potencial de 2% e um crescimento populacional de 0,8% a.a., o produto *per capita* crescerá a uma taxa anual de 1,2%.

Qual a saída para colocar a economia nos trilhos? Investimento em infraestrutura pelos setores público e privado. Como arranjar recursos numa situação fiscal calamitosa para financiar esses investimentos? As privatizações podem ser uma fonte. Outra fonte pode ser uma reforma administrativa que reduza custos e transfira recursos para a conta de investimentos. A terceira fonte pode ser o financiamento de investimentos pelo BNDES. A quarta fonte poderia ser o lucro das empresas estatais, incluindo-se aí o Bacen.

A consolidação fiscal não deveria ter apenas o objetivo de solucionar a crise fiscal, mas também contribuir para o aumento da taxa de investimento do Estado. Portanto, o aumento da carga tributária deveria ter dois objetivos: (1) manter a relação dívida pública/PIB estável e (2) criar impostos carimbados para financiar a infraestrutura.

Na época da quarentena, estava organizando minha pequena biblioteca de economia quando comecei a folhear um livro que trata da dívida pública, organizado por Rudiger Dornbusch e Mario Draghi (1990). O primeiro tornou-se famoso no mundo acadêmico pelo seu artigo de ultrapassagem (*overshooting*) do câmbio. Draghi ficou famoso como presidente do Banco Central europeu, cargo que exerceu no período 2011-2019, e tornou-se primeiro-ministro da Itália em fevereiro de 2021.

No livro, eles citam um artigo de James Tobin (1960), prêmio Nobel de Economia de 1981, que me pareceu útil para a compreensão da estagnação brasileira dos últimos 40 anos. A citação é a seguinte:

> Aumento da tributação é o preço do crescimento. Devemos nos tributar para financiar o aumento necessário nos gastos públicos, mas também para financiar indiretamente a expansão do investimento privado. Um superávit do orçamento federal é um método pelo qual nós, como nação, podemos expandir o volume da poupança disponível para investimento privado. Os meios estão disponíveis; para usá-los precisaremos ter mais sabedoria, maturidade, liderança e senso de propósito nacional do que tivemos nos anos 50 [Tobin, 1960 apud Dornbusch e Draghy, 1990:10].

Esse artigo foi escrito em 1960 a pedido do comitê da campanha de John F. Kennedy à presidência dos Estados Unidos. Tobin, um keynesiano, recomendava uma política fiscal anticíclica para manutenção do pleno emprego e um superávit fiscal estrutural para o crescimento econômico.

De lá para cá, muita água rolou debaixo da ponte desse rio, como diz o ditado popular. Desde a década de 1970, os países desenvolvidos têm déficit fiscal sistemático ao invés de superávits, como propunha Tobin. A nova economia política investigou esse tema e uma volumosa literatura surgiu e apresenta várias hipóteses para explicar esse comportamento. Os países subdesenvolvidos não fugiram a essa regra e também usam parte da poupança privada para financiar o déficit público. O Brasil, desde a década de 1980, tem trilhado esse caminho. Aqui cabe um parêntese. Não vamos tratar das distorções causadas pelos impostos. Elas são importantes, mas afetam o nível, e não a taxa de crescimento da renda.

Em ambos os casos, o que acontece, em geral, é que o aumento das despesas públicas não é acompanhado pelo aumento dos impostos. A diferença é financiada com a emissão de dívida pública, que significa aumento de impostos no futuro. Moral da história: as gerações de hoje gastam e as gerações futuras pagam. Existe alguma coisa de errado com essa alocação de recursos? Afinal de contas, a sociedade livremente escolheu esse caminho. Caso não exista nada de errado, a teoria econômica recomenda o *status quo*. Todavia, a análise da economia de privilégios, desenvolvida neste livro, mostra que esse equilíbrio é ineficiente e a política econômica deveria eliminar essa distorção.

O segundo componente da estratégia para atacar a estagnação é um conjunto de reformas que tenham como objetivo precípuo aumentar a eficiência da economia brasileira. A política para aumentar a produtividade abrange várias reformas: (1) abertura comercial; (2) tributária; (3) melhoria da educação pública; (4) privatizações. Alguns analistas acreditam que as reformas nessas áreas abririam espaço para o investimento privado liderar o crescimento econômico. Como diz o ditado popular, o inferno está cheio de boas intenções. Numa economia com grande capacidade ociosa e elevada incerteza fiscal, dificilmente o setor privado aumentará o investimento, tampouco o capital estrangeiro retornará ao Brasil, no volume desejado, com a imagem que criamos lá fora.

O choque da pandemia

A pandemia, um evento da natureza, pegou de surpresa o mundo. A primeira questão que surgiu foi o que fazer e como fazer. Usando novamente uma analogia da medicina para o tratamento de doenças, os peritos em pandemia estabeleceram um protocolo com os seguintes instrumentos: (1) confinamento da população, parcial ou total, (2) medição da temperatura, teste, rastreamento e confinamento dos infectados e (3) uso de máscara, distanciamento social e lavagem das mãos com água ou esterilização com álcool em gel.

O choque do vírus foi o mesmo, mas os países reagiram combinando de modo diferente os instrumentos desse protocolo, ou então recusando-se a usá-los, ou mesmo apelando para instrumentos que não tinham suporte na ciência. O elemento fundamental para o sucesso ou o fracasso dessas políticas foi o comportamento social da população. Naqueles países onde prevaleceu o individualismo, o número de mortes por habitante foi bastante elevado. Nos países onde predominou o altruísmo, isto é, a preocupação com o bem-estar alheio, o número de mortes por habitante foi bastante reduzido.

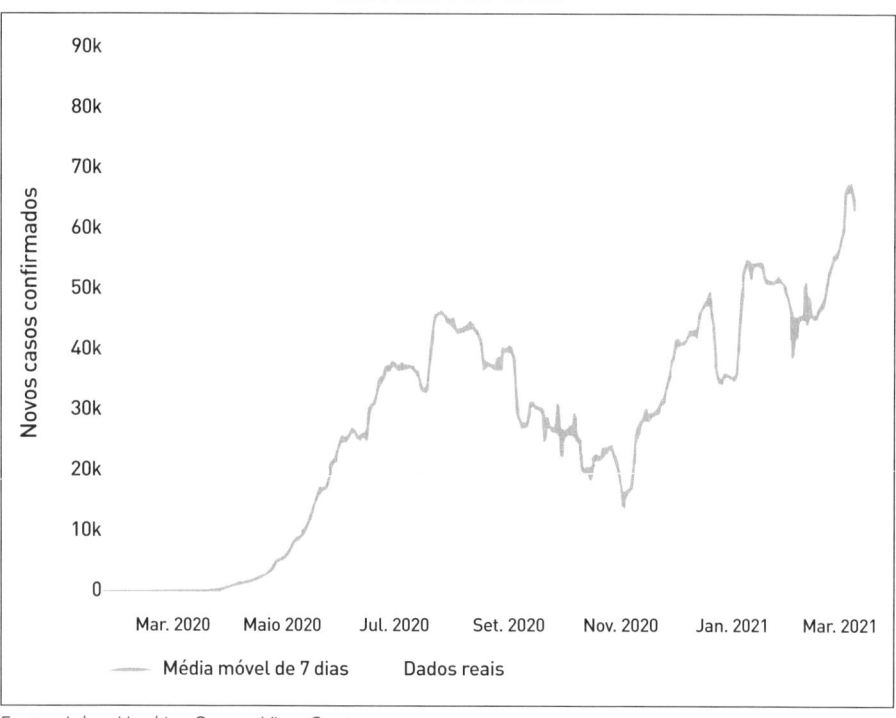

Gráfico 18
Infectados no Brasil

Fonte: Johns Hopkins Corona Virus Center.

O gráfico 18 mostra a evolução da contaminação no Brasil do início da pandemia até a primeira quinzena de março de 2021. Ela atingiu o pico em agosto de 2020 e começou a diminuir como resultado do achatamento da curva pelo confinamento. A partir de novembro, o número médio de infectados começou a subir numa trajetória explosiva, que somente será revertida com novo achatamento se houver confinamento da população. Caso contrário, o número de mortes continuará aumentando exponencialmente.

O gráfico 19 mostra a evolução da contaminação na Alemanha, também desde o início do surgimento do coronavírus até a primeira quinzena de março de 2021. A Alemanha adotou, no início da pandemia, a estratégia de teste, rastreamento e confinamento dos infectados, com sucesso até o terceiro trimestre de 2020.

No último trimestre, o coronavírus voltou com toda a força e obrigou o governo a fazer um confinamento. A curva de infecção foi achatada, mas a Alemanha ainda não voltou aos níveis dos três primeiros trimestres de 2020.

Gráfico 19
Infectados na Alemanha

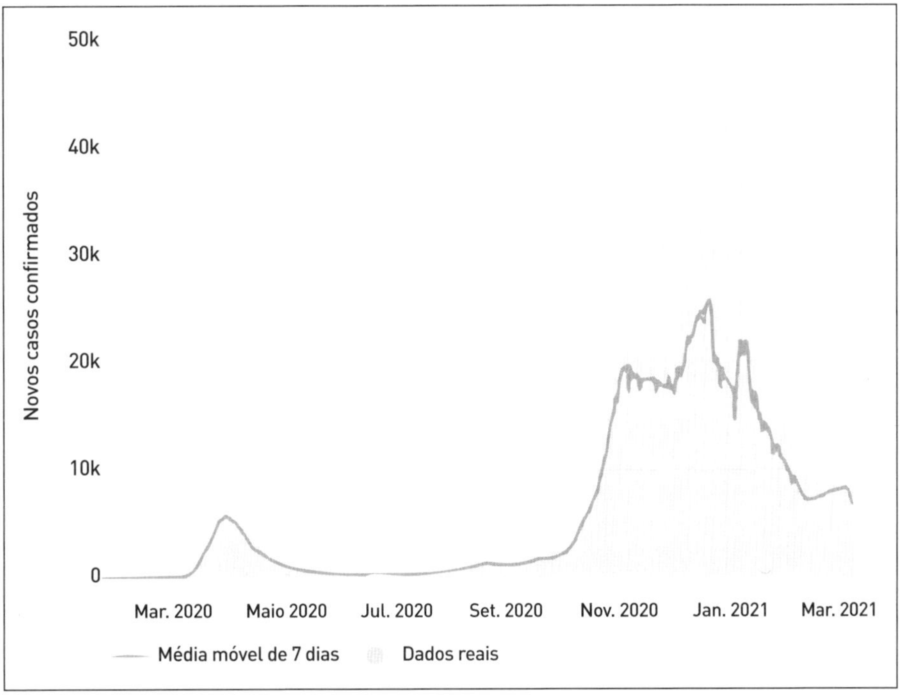

Fonte: Johns Hopkins Corona Virus Center.

A universidade norte-americana Johns Hopkins tem um centro que produz um banco de dados contendo informações do coronavírus para mais de 100 países. Com informações da primeira quinzena de março de 2021, esses países foram agrupados em quatro grupos, cada um contendo 25% dos países. No primeiro quartil, estão os países com número de mortes por milhão de habitantes igual ou maior do que 880. O Brasil pertence a esse grupo. No segundo grupo, estão os países com número de mortes igual ou acima de 200 e menor do que 880. No terceiro grupo, o intervalo tem como limite inferior 38 e limite superior 190. O último quartil é formado por aqueles países com número de mortes por milhão de habitantes menor do que 36. Essa análise é baseada em dados de meados de março de 2021 e mudará até o final da pandemia. Todavia, a análise qualitativa não deve ser alterada.

Por que o Brasil ficou no pior grupo e teve tantas mortes por milhão de habitantes? O Brasil não seguiu de modo estrito o protocolo mundial para lidar com a pandemia. Num país organizado como uma federação, os governadores são responsáveis pela decisão de implementar o protocolo a ser seguido no combate ao vírus, e o presidente da República é um ator coadjuvante, mas com grande capacidade de coordenação por meio do Ministério da Saúde. Na primeira reunião do presidente da República com os governadores, em 25 de março de 2020, o presidente se desentendeu com o governador de São Paulo, João Dória, e as questões pessoais foram colocadas acima do bem-estar da sociedade. O presidente Bolsonaro, logo em seguida, demitiu dois ministros da Saúde por discordar da orientação dos mesmos e resolveu, ele mesmo, assumir o Ministério da Saúde, colocando um general de quatro estrelas, que afirmou, sem pestanejar, que o presidente manda e ele obedece (Pazuello, YouTube, 22 out. 2020: "É simples assim: um manda e o outro obedece"). É compreensível que um militar tenha essa formação, pois eles foram treinados para obedecer a seus superiores. Mas um ministro da Saúde, ou qualquer outro ministro, não ocupa o cargo para ser pau-mandado do presidente, e sim para formular e executar políticas públicas de sua pasta. Em meados de março de 2021, o presidente deu baixa no general e indicou um médico cardiologista para o Ministério da Saúde.

No tripé do protocolo, o presidente Bolsonaro foi, desde o início da pandemia, contra qualquer tipo de confinamento. Ele argumentava que era a favor da preservação do emprego e que, portanto, a pandemia deveria seguir seu curso. O presidente, também, foi contra o uso da máscara, descartando o segundo instrumento. Seu filho, num desabafo sem sentido, chegou até a mandar as pessoas enfiarem suas máscaras "no rabo" (*sic*). O terceiro instrumento, medir a temperatura, testar, rastrear e confinar os infectados, sequer foi considerado, pois exigiria muitos recursos e organização logística.

Nos países que tiveram o pior desempenho na pandemia, em termos de mortes por habitante, o comportamento dos seus líderes é bastante parecido com o do presidente Bolsonaro. Ele não está sozinho nesse grupo seleto. Alguns, como o primeiro-ministro da Inglaterra, mudaram de lado quando adoeceram com o vírus e passaram por um mau bocado. Ele (o primeiro-ministro da Inglaterra), inclusive, se antecipou na compra de vacinas, comprando-as antes mesmo que elas tivessem sido testadas. Preferiu correr o risco de perder dinheiro a correr o risco de não ter vacinas suficientes para a população.

No primeiro grupo, dos piores em termos de mortes por habitante, estão países dos continentes americano e europeu. Nem todos os países desses continentes saíram mal na foto, como é o caso do Uruguai. Nos países escandinavos, a Dinamarca, a Noruega e a Suécia, somente esta teve um péssimo desempenho, com quase 1.300

mortes por milhão de habitantes. A Noruega teve apenas 120 mortes por milhão de habitantes, enquanto a Dinamarca atingiu 412. Se a Suécia tivesse seguido a política da Dinamarca, teria havido uma redução de 888 mortes por milhão de habitantes. Esse número é preliminar e apenas ilustrativo das consequências da escolha errada da política de combate ao coronavírus.

No continente africano, o estrago pelo vírus foi pequeno e apenas a África do Sul teve um número elevado de mortes por habitante. Os países que tiveram o melhor desempenho no combate à pandemia foram, em geral, os países asiáticos e da Oceania. A China, o país onde tudo começou, teve apenas 3,5 mortes por milhão de habitantes. A política da China, no uso do protocolo, foi exterminar o vírus, isto é, Covid zero. Praticamente, conseguiu. Um analista apressado argumentaria que na China a ditadura pode usar a força para obrigar a população a ficar confinada pelo tempo que for necessário para que o vírus desapareça. Outro país usou a estratégia chinesa e teve, praticamente, o mesmo desempenho: a Nova Zelândia, um país democrático, teve apenas cinco mortes por milhão de habitantes. A primeira-ministra que implementou essa política foi reeleita com esmagadora maioria dos votos da população, mostrando que a sociedade recompensa aqueles que tomam decisão baseada no consenso científico. A Austrália não teve o desempenho tão fantástico da Nova Zelândia, mas lá morreram somente 36 pessoas por milhão de habitantes.

Taiwan, um país de 28 milhões de habitantes, teve apenas seis mortes por milhão de habitantes, isto é, um índice de 0,2 (6/28) mortes. O vice-presidente de Taiwan, um epidemiologista com doutorado na Universidade Johns Hopkins, dos Estados Unidos, comandou a política de combate ao vírus usando o segundo instrumento do protocolo. Ele afirmou que a "evidência é mais importante que fazer política" (*The New York Times*, 13 mar. 2021). Quando a ciência é a base da tomada de decisões, os resultados são completamente diferentes daqueles países que resolveram ignorá--la. A miopia de privilegiar o emprego deixando de usar o protocolo funciona no curtíssimo prazo. Em 2020, Taiwan cresceu quase 3% e em 2021 repetirá essa dose.

A Covid-19, a doença provocada pelo vírus, deixará as manchetes dos jornais e das televisões com a vacinação maciça da população. Num esforço sem precedentes do desenvolvimento de vacinas, laboratórios dos Estados Unidos/Alemanha, da Inglaterra/Suécia, da Rússia e da China começaram a produzi-las no final de 2020. No Brasil, o Instituto Butantan, do governo de São Paulo, e a Fiocruz, uma fundação do governo federal, se associaram aos fabricantes para participar da fase de testes, respectivamente, das vacinas CoronaVac, da China, e AstraZeneca, da Inglaterra/Suécia, e depois produzi-las em nosso país.

O presidente Bolsonaro, no seu estilo belicoso e de pavio curto, tentou criar uma guerra da vacina, para atingir seu potencial rival, o governador João Doria, de São

Paulo. Essa guerra disseminou-se pelas redes sociais numa verdadeira apologia da ignorância. Ele afirmou em 21 de outubro de 2020, como foi relatado em todos os grandes jornais brasileiros, que o governo federal não compraria a vacina chinesa. Quem pagou o preço foi a população, que não teve uma política bem definida para compra de vacinas com antecedência, como fez o primeiro-ministro da Inglaterra Boris Johnson. Infelizmente, o presidente Bolsonaro fracassou tanto no apoio ao uso do protocolo de combate ao vírus quanto na política de vacinação da população. Como diz o ditado popular, colheu o que plantou, e a população brasileira tornou-se cobaia de um experimento científico, digno do cientista maluco Dr. Strangelove, do famoso filme de Stanley Kubrick.

Os custos da pandemia

A pandemia teve três custos: (1) o custo das perdas de vidas, (2) o custo fiscal dos programas de ajuda à população e (3) o custo da recessão. No custo das perdas de vidas, pode-se fazer a seguinte pergunta: qual seria a redução de mortes caso o país tivesse seguido o protocolo em vez das políticas efetivamente empregadas? O exemplo dos países escandinavos é bastante elucidativo a esse respeito. Os países escandinavos — a Dinamarca, a Noruega e a Suécia — têm renda *per capita*, cultura e instituições bastante parecidas. O experimento da pandemia é um experimento quase controlado. O choque da pandemia foi o mesmo nos três países, porém a política da Suécia foi completamente diferente. A diferença de mortes por milhão de habitantes nos três países já foi mencionada e mostra o custo de vidas humanas por erros de política. Não se trata de julgar quem era obrigado, pelo seu cargo, a tomar decisão. Trata-se de responsabilizá-lo pelo que foi feito.

Para que não haja discussão ideológica, cabe esclarecer os fundamentos que justificam a intervenção do Estado, em todos os países atingidos, para amenizar a tragédia econômica causada pelo vírus. Não se trata da velha opção entre Estado *versus* mercado. Para eventos da natureza desse tipo, ou outros eventos, como terremotos e maremotos, não existe, em geral, seguro. A sociedade, nesses casos, funciona como uma grande empresa seguradora e arca com os custos da ocorrência do sinistro. O Estado assume, portanto, essa função, financiando os gastos com emissão de dívida pública, que será paga no futuro próximo pela sociedade por meio de impostos.

Alguns analistas recomendaram, na mídia, que uma forma adequada de financiar esses gastos, aqui no Brasil, seria emitindo moeda. Essa proposta certamente foi influenciada pelo fenômeno que ocorre no hemisfério norte, onde a taxa de juros de curto prazo está próxima de zero há bastante tempo, fenômeno conhecido como armadilha de liquidez, quando moeda e títulos de curto prazo se tornam quase substitutos perfeitos. A armadilha da liquidez ocorre, também, no Brasil? A resposta é um sonoro "não", pois aqui a taxa de juros nominal é positiva.

A experiência relevante para o Brasil está acontecendo na Argentina, que financia o déficit público, desde o mandato da presidente Cristina Kirchner, emitindo moeda. O resultado desse experimento é uma inflação de 50% a.a. O Brasil teve, até 1994, um regime de inflação crônica, com o déficit público financiado por moeda. Esse regime não é indolor, pois equivale a um imposto inflacionário cobrado das populações mais pobres. Esses analistas desejariam que o custo da pandemia fosse cobrado de quem não tem sequer como ter uma vida digna? Não se devem esquecer tão rapidamente as lições de nossa história recente, quando os mais pobres foram taxados com o imposto inflacionário.

A economia de privilégios

Na economia de privilégios, analisada neste livro, o déficit público resulta de um jogo não cooperativo entre os diversos grupos da sociedade para extração de recursos públicos que favoreçam alguns em detrimento da maioria da população. Darei um pequeno exemplo a título de ilustração. Uma categoria de servidores públicos consegue um salário muito acima do que seria justificado quando comparado ao do setor privado. Esses servidores se apropriam legalmente de uma renda sem contrapartida de trabalho que corresponda ao valor recebido no contracheque. Servidores de outro poder demandam aumento de salário argumentando que estão sendo mal pagos comparados com aqueles servidores. O princípio da isonomia gera o fenômeno da multiplicação dos privilégios, numa pirâmide financeira da isonomia. As despesas públicas aumentam sem que haja aumento de impostos, e o resultado final é o déficit financiado com a emissão de dívida pública. Esse jogo não é uma alocação eficiente de recursos, e a sociedade deveria encontrar mecanismos para impedi-lo, ou pelo menos limitá-lo.

O presidente Bolsonaro sempre foi um político atuante na economia de privilégios. Ele, durante seis mandatos de deputado federal, foi lobista das Forças Armadas e dos militares em geral. A escolha do ministro da economia, Paulo Guedes, considerado pela mídia um liberal, parecia indicar que ele trocaria de posição, tornando-se um defensor da economia social de mercado.

Apesar da retórica, um liberal faz parte da economia social de mercado. O casamento de Bolsonaro com Paulo Guedes foi, na verdade, um casamento de conveniência. Bolsonaro usou Guedes para sinalizar à sociedade que a política econômica do seu governo seguiria o protocolo convencional, dos melhores hospitais do mundo. Guedes casou-se com Bolsonaro acreditando que as ideias liberais seriam finalmente implementadas, em sua totalidade, no Brasil. Na prática, toda vez que houve um embate entre a economia de privilégios e a economia social de mercado, Bolsonaro bateu o martelo em favor da economia de privilégios.

Foi assim na reforma da Previdência, quando os militares ganharam um aumento salarial alegando defasagem salarial com outros funcionários públicos, na pirâmide financeira da isonomia. No episódio da Petrobras, no embate da economia de privilégios (leia-se, os caminhoneiros), rolou a cabeça do presidente da empresa que defendia a paridade dos preços dos combustíveis, isto é, a racionalidade econômica. No caso do Banco do Brasil, o segundo presidente da instituição no governo Bolsonaro pretendia adaptar o banco a uma nova realidade de mercado, que implicava redução de pessoal e diminuição do número de agências. Ele preferiu ir embora a vender sua alma ao diabo.

A crise fiscal e a estagnação brasileira resultam de um processo político caracterizado pela busca de hegemonia por três grupos: (1) populistas, de inspiração marxista, (2) oportunistas, da economia de privilégios, e (3) progressistas, da economia social de mercado. Os oportunistas se aliam tanto aos populistas quanto aos progressistas. A política, para os oportunistas, é uma banca de negócios em que tudo tem seu preço de transação, isto é, baseia-se no princípio de que dando apoio político recebem-se privilégios, como diz a oração de São Francisco de Assis. Os populistas, de inspiração marxista, têm um projeto de permanência no poder, e não um projeto de governo, embora existam alguns, como o ex-ministro Palocci, que tenham optado pela economia social de mercado. A solução da crise brasileira necessita de políticos capazes de convencer os oportunistas de que o *status quo* é insustentável no longo prazo e a permanência no poder depende de um bom projeto de crescimento econômico com equidade social.

O presidente Bolsonaro preferiu, no início do seu governo, não participar desse jogo político. A reforma da Previdência, que retirava uma penca de privilégios impagáveis no futuro, foi levada a cabo com a determinação do presidente da Câmara, Rodrigo Maia. No início do terceiro ano de mandato, havia ameaças de *impeachment* e a investigação sobre a alegada "rachadinha" do filho, o senador Flávio Bolsonaro, que foi denunciado pelo Ministério Público (RJ) por esse suposto crime, que consiste em apropriação de salários de assessores, quando era deputado estadual no Rio de Janeiro. O presidente Bolsonaro retornou ao seu ninho fazendo, então, um acordo com o chamado "Centrão", que na maioria inclui políticos oportunistas, da economia de privilégios, na eleição dos presidentes da Câmara dos Deputados e do Senado Federal.

Voltando ao artigo de Tobin citado, o que o governo deveria fazer para aumentar a taxa de poupança e tirar o país da estagnação dos últimos 40 anos? A resposta seria um ajuste fiscal com um aumento imediato da carga tributária e uma redução progressiva nos gastos públicos. Muitos analistas diriam que esse tipo de proposta ignora a realidade política, pois ela não seria factível. A opção, então, seria um ajuste fiscal, que tivesse como objetivo a manutenção da relação dívida pública/PIB. Nesse caso, a poupança não aumentaria, mas o setor público deixaria de usar a poupança privada para se financiar, liberando esses recursos para o investimento privado.

A Constituição de 1988 proibiu a vinculação de tributos a despesas públicas e abriu as portas do orçamento para a voracidade da economia de privilégios. Não sobrou quase nada para o investimento público em infraestrutura. Está na hora de repensar essa proibição. Na economia de privilégios, o apetite dos grupos por recursos não tem limites e transborda para o déficit público. O governo não investe sequer para repor o desgaste da infraestrutura. A única maneira de lidar com a economia de privilégios é carimbar alguns tributos para investimento em infraestrutura.

A tributação para o crescimento econômico deveria, então, ter dois objetivos: (1) manter a relação dívida pública/PIB estável e (2) criar impostos carimbados para financiar a infraestrutura. Caso contrário, o Brasil continuará na estagnação relativa e andaremos para trás, seguindo o exemplo da Argentina. Será que teremos mais sabedoria, maturidade, liderança e senso de propósito nacional do que tivemos nos últimos 40 anos?

A solução da estagnação deveria ter a participação da União, dos estados e dos municípios. Segue-se, portanto, que os impostos carimbados para financiar a infraestrutura deveriam ser um adicional dos impostos cobrados em cada nível de governo. Todavia, a carga tributária adicional teria de ser extremamente elevada para dar conta do recado. Uma solução para contornar esse problema seria criar um fundo que poderia emitir um título público para financiar a infraestrutura. Esse fundo não seria administrado pelo governo federal, tampouco o título pelo Tesouro Nacional. Para que a administração dessa dívida fosse bastante simples, o título seria uma perpetuidade com cupom semestral de um real, indexado pelo IPCA. Não haveria, portanto, rolagem da dívida. O total de cupom a ser pago anualmente seria o tamanho do aumento da carga tributária.

A proposta é bastante simples. Todavia, convencer os diversos grupos de que os benefícios do futuro compensam os sacrifícios do presente é uma tarefa que requer políticos com P maiúsculo, algo escasso há um bom tempo no Brasil. Nessas circunstâncias, seremos um país sem futuro.

Conclusão: muito barulho por nada

O título da famosa peça de Shakespeare *Muito barulho por nada* (em inglês, *Much ado about nothing*) resume a avaliação da política econômica do governo Bolsonaro, embora ainda restem quase dois anos de governo (este texto foi escrito em meados de março de 2021). Dificilmente um milagre ocorrerá até lá. Todavia, é importante uma análise comparativa para avaliar o desempenho do governo Bolsonaro. A tabela 16 mostra os dados do crescimento médio anual da renda *per capita* para cada presidente da República.

Tabela 16
Crescimento da renda *per capita* em cada mandato dos presidentes do Brasil

Quarta República	Taxa de crescimento
Dutra (1/1946 a 1/1951)	4,8
Vargas (1/1951 a 8/1954)	3,1
Café Filho (8/1954 a 11/1955)	5,4
JK (1/1956 a 1/1961)	4,7
Jânio (1/1961 a 8/1961)	0,0
João Goulart (9/1961 a 4/1964)	2,1
Ditadura militar	**Taxa de crescimento**
Castello (4/1964 a 3/1967)	1,2
Costa e Silva (3/1967 a 8/1969)	4,0
Médici (10/1969 a 3/1974)	8,2
Geisel (3/1974 a 3/1979)	4,0
Figueiredo (3/1979 a 3/1985)	0,1
Nova República	**Taxa de crescimento**
Sarney (1985-1989)	2,4
Collor (1990-1992)	-3,0
Itamar (1993-1994)	3,3
FHC (1995-2002)	1,0
Lula (2003-2010)	2,8
Dilma (2011-2016)	-0,5
Temer (2016-2018)	0,7

Fonte: IBGE.

Na análise de cada presidente, deve-se ter em conta a dinâmica do fenômeno econômico, de defasagens do passado e antecipações de eventos futuros. Em outras palavras, em economia eventos passados determinam o presente, como também eventos antecipados para o futuro determinam o presente. Deixando de lado essas qualificações, a tabela 16 mostra quais foram os piores presidentes da República pelo critério do crescimento da renda *per capita*. Na Quarta República, Jânio Quadros com crescimento zero; na ditadura militar, João Figueiredo com crescimento médio de 0,1% a.a.; na democracia, Fernando Collor e Dilma Rousseff, o primeiro com crescimento negativo de 3% a.a. e a segunda com crescimento negativo de 0,5% a.a. Ambos os presidentes sofreram processo de *impeachment*. A hipótese adotada por defensores dos militares de que eles seriam excelentes administradores não é corroborada pelos fatos: o presidente Figueiredo entregou o país aos civis tão quebrado quanto os militares tinham recebido em 1964. É verdade que Jânio recebeu um país quebrado por JK; Figueiredo herdou a dívida externa feita no governo Geisel; Fernando Collor, a hiperinflação do governo Sarney, e Dilma, a herança maldita do segundo governo Lula. Mas todos eles conseguiram tornar uma situação ruim numa pior.

O melhor presidente da República em termos de desempenho do crescimento da renda *per capita* foi o presidente Médici, com uma taxa anual média de 8,2%. Aqui também cabe fazer uma ressalva. Os fundamentos do crescimento econômico da ditadura militar foram feitos no governo Castello Branco, pela dupla de ministros Roberto de Oliveira Campos e Octavio Gouvêa de Bulhões. Mas não se deve ignorar o fato de que o governo Médici soube tirar bom proveito da herança bendita recebida.

Na Quarta República, o melhor desempenho em termos de crescimento da renda *per capita* foi o do governo Café Filho, com uma taxa anual média de 5,4%. Todavia, esse governo teve duração curta e tomou posse depois do suicídio do presidente Vargas. Se parte desse desempenho fosse para o governo Vargas, teríamos uma espécie de empate técnico dos presidentes Dutra, Vargas e JK, com uma taxa média anual no intervalo entre 4,5 e 5,0% a.a.

Na Nova República, o governo Itamar se destaca dos demais com um crescimento anual da renda *per capita* de 3,3%. Novamente, cabe aqui uma ressalva importante. Grande parte desse desempenho deve-se à recuperação da economia depois da recessão produzida no governo Collor. O segundo melhor desempenho na democracia foi o governo Lula, com uma taxa anual média da renda *per capita* de 2,8%. A ressalva nesse caso é que o mesmo não recebeu uma herança maldita, como ele afirmava, mas sim uma herança bendita da estabilização da economia com o Plano Real, feita no governo FHC. A herança maldita, o presidente Lula herdou dele mesmo quando os agentes econômicos, receosos de que ele implantasse políticas preconizadas pelo PT, começaram a mandar seus recursos para fora do país. O dólar disparou. A inflação começou a aumentar e os agentes econômicos ficaram assustados porque o PT afirmava que não usaria a taxa de juros no combate à inflação. Esses problemas foram superados no início do governo Lula subindo-se a taxa de juros e aumentando o superávit primário, sinalizando claramente a diferença entre a prática e a retórica, com o pragmatismo do ministro Palocci.

No final do seu mandato, o presidente Bolsonaro se juntará a um grupo seleto dos que tiveram o pior desempenho, em termos de crescimento da renda *per capita*, como presidentes da República: (1) Jânio Quadros; (2) João Figueiredo; (3) Fernando Collor de Mello; (4) Dilma Rousseff. O título da peça de Shakespeare resume numa síntese perfeita a avaliação econômica do governo Bolsonaro: muito barulho por nada.

8. O Brasil pode repetir o milagre econômico?

Introdução

Este capítulo tem como objetivo analisar as condições macroeconômicas necessárias para que o Brasil dobre a renda *per capita* em 15 anos no futuro próximo. Essa meta de crescimento do produto no intervalo de 5,2% a 5,7% implica crescimento do produto *per capita* de 4,5% a 5% a.a. Ela não é trivial como nos ensinam a história brasileira e a experiência internacional.

A tabela 17 mostra que o Brasil foi capaz de duplicar a renda *per capita* em 15 anos no período militar, na época do milagre econômico. Os demais países da América Latina não foram capazes de duplicar a renda *per capita* em 15 anos nos últimos 60 anos.

Tabela 17
Duplicação da renda *per capita* em 15 anos

Países	Período
Brasil	1971-1982
China	1984-2011
Coreia do Sul	1973-2007
Hong Kong	1972-1995
Japão	1961-1984
Cingapura	1971-1997
Taiwan	1966-2003

Fonte: elaborada pelo autor.

China, Coreia do Sul, Hong Kong, Japão, Cingapura e Taiwan dobraram a renda *per capita*, em 15 anos ou menos, em diferentes períodos, como assinala a tabela 17, mostrando o sucesso do modelo asiático de crescimento econômico. O Japão foi o precursor desse modelo, copiado e adaptado às circunstâncias locais pelos demais países asiáticos. A experiência exitosa desses países deve ser analisada para nos ajudar a formular uma estratégia que permita sair da armadilha de baixo crescimento econômico das últimas três décadas. A segunda seção deste capítulo analisa a experiência asiática com o objetivo de identificar as fontes do sucesso desse modelo.

O Brasil já teve sua época de tigre asiático durante o regime militar. Quais foram as fontes desse crescimento rápido? Será possível repetir o milagre econômico num ambiente democrático? A terceira seção deste ensaio procura responder a essas perguntas. A quarta seção analisa as perspectivas de crescimento econômico brasileiro mostrando as condições necessárias para a duplicação do produto *per capita* num período de 15 anos.

Num livro recente, Acemoglu e Robinson (2012) divulgaram para o grande público uma hipótese que tinham desenvolvido em artigos publicados em revistas especializadas em anos anteriores. A hipótese atribui o sucesso do crescimento econômico à construção de instituições não excludentes, que permitam a participação de todos os grupos da sociedade nesse processo. A quinta seção deste capítulo procura traçar um roteiro das mudanças institucionais que deveriam ser levadas a cabo para que se acabe com o dualismo da sociedade brasileira, caracterizado pela coexistência de instituições excludentes e não excludentes. Apresenta também recomendações de política econômica para aumentar a taxa de crescimento do produto *per capita* que permita atingir a meta de duplicá-lo num período de 15 anos. A sexta seção traz um resumo das principais conclusões do capítulo. O apêndice contém a análise de decomposição do crescimento econômico dos países asiáticos e do Brasil.

A experiência asiática

Seis países asiáticos — China, Coreia do Sul, Hong Kong, Japão, Cingapura e Taiwan — conseguiram durante longo período duplicar o PIB *per capita* a cada 15 anos, ou em períodos mais curtos, com taxas médias de crescimento iguais ou superiores a 4,7% a.a. O intervalo de tempo em que esses países dobraram a renda *per capita* não foi o mesmo. O menor intervalo foi do Japão, com 21 anos, e o maior aconteceu em Taiwan, com 38 anos. A última experiência, ainda em curso, é a chinesa, que já dura mais de 28 anos.

O Japão foi o primeiro dos países asiáticos a dobrar o PIB *per capita* em no máximo 15 anos. Conseguiu esse feito entre 1960 e 1981 e teve uma elevação substancial da renda *per capita* de forma a tornar-se um país "rico".[18] Depois desse

---

[18] A renda *per capita* japonesa equivalia a 73% em 1980 e 76% em 2010 da renda *per capita* americana, enquanto em 1960 o PIB *per capita* japonês representava somente 29% da renda americana.

período, o PIB japonês tem necessitado de intervalos de tempo cada vez maiores para dobrar o padrão de vida de sua população.

O segundo país a iniciar trajetória similar foi Taiwan. A partir de 1965, o país começou a dobrar o PIB em períodos inferiores a 15 anos. Assim como ocorreu com o Japão, Taiwan segue essa dinâmica de elevado crescimento por longo intervalo de tempo, superando o Japão e conseguindo dobrar o PIB *per capita* em menos de 15 anos ao longo de 38 anos. Nesse processo, Taiwan deixa de ser uma economia pobre (15% do PIB *per capita* norte-americano) e passa a ser uma economia com PIB *per capita* elevado (61% em 2003) e continua crescendo em ritmo forte (dobrando o PIB *per capita* em menos de 20 anos) até 2010, quando sua renda *per capita* atingiu 79% da norte-americana.

Hong Kong, em 1970, também começou a dobrar o PIB *per capita* em intervalo inferior a 15 anos e continuou a fazê-lo por 24 anos até 1994. A partir de 1994, a taxa de crescimento cai gradativamente, com o país dobrando o PIB num intervalo maior que 20 anos somente a partir de 2001. Nesse período, o PIB *per capita* de Hong Kong relativo aos Estados Unidos aumenta de 39% em 1970 para 105% em 2010, uma renda *per capita* 5% superior à norte-americana.

Cingapura atinge o crescimento necessário para dobrar o PIB *per capita* em menos de 15 anos em 1972, com um PIB relativo ao norte-americano de 34%, e mantém esse elevado ritmo de crescimento por 25 anos até 1997, quando sua renda *per capita* atinge 84% da renda norte-americana. A partir de 1997, o crescimento da renda *per capita* mantém um ritmo elevado, ainda que inferior aos 25 anos anteriores, dobrando o padrão de vida num intervalo de 18 anos em 2010. Dessa forma, Cingapura atinge uma renda *per capita* 1% superior à norte-americana em 2010, apresentando uma taxa de crescimento ainda elevada.

A Coreia do Sul inicia em 1973 seu período de crescimento, no qual dobra a renda *per capita* em tempo inferior a 15 anos. O país que possuía renda relativa à norte-americana de 15% inicia sua trajetória de crescimento rápido e atinge renda *per capita* de 57% da norte-americana em 2004, quando seu PIB *per capita* para de dobrar em menos de 15 anos. No entanto, as condições de vida continuam a melhorar de forma rápida, com o país atingindo 69% da renda *per capita* dos Estados Unidos em 2010 enquanto dobrava seu PIB em 18 anos, apresentando um crescimento ainda elevado.

A China foi o último dos países asiáticos a dobrar o produto *per capita* em período inferior a 15 anos, em 1984. Desde então, tem apresentado taxas de crescimento extremamente elevadas, sendo capaz de aumentar em 100% o PIB *per capita* em períodos de somente oito anos. Esse elevado crescimento da renda *per capita* fez com que o PIB *per capita* relativo se ampliasse de 3% da renda *per capita* norte-americana em 1984 para 21% em 2010. A China continua com taxas de crescimento extremamente elevadas, o que indica que sua renda *per capita* deve continuar em elevado ritmo de expansão pelos próximos anos.

O milagre asiático

O milagre é um evento não explicado pela ciência e atribuído à origem divina. A técnica da contabilidade do crescimento econômico aplicada aos seis países asiáticos — China, Coreia do Sul, Hong Kong, Japão, Cingapura e Taiwan —, contida no apêndice, nos leva a concluir que, com exceção da China,[19] o sucesso desses países não se deve à ocorrência de milagres, mas sim à acumulação de capital físico e de capital humano. Nos períodos de duplicação do PIB *per capita* em menos de 15 anos, somente o Japão consegue crescimentos elevados da produtividade, embora inferiores ao crescimento do capital por trabalhador. Nos demais países, durante o período em que o PIB *per capita* dobra em menos de 15 anos a produtividade cresce menos de 2% a.a.

Tabela 18
Poupança por país (% PIB)

Ano	Brasil	França	EUA	China	Coreia do Sul	Cingapura	Japão	Hong Kong
1980	17,96	22,85	19,47	32,59	25,01	31,89	30,73	33,42
1990	19,35	20,89	15,82	39,22	37,58	43,03	33,62	35,13
2000	14,49	21,35	18,09	36,83	33,34	43,99	27,63	31,67
2009	18,03	17,71	12,21	52,23	32,42	48,42	23,54	29,40

Fonte: elaborada pelo autor.

A acumulação de capital físico resultou de uma elevada taxa de investimento financiado por poupança doméstica. A tabela 18 mostra que, nos períodos de duplicação da renda *per capita* em 15 anos ou menos, as taxas de poupança desses países eram superiores a 30% do PIB.

---

[19] Os elevados ganhos de produtividade da China devem estar associados aos ganhos na alocação de recursos da transformação de uma economia planejada numa economia de mercado e à mudança de composição, reduzindo a participação da mão de obra no campo.

Tabela 19
Escolaridade média por país

Período	Brasil	França	EUA	China	Coreia do Sul	Cingapura	Japão	Hong Kong	Taiwan
1970-1979	2,68	5,49	11,38	3,95	7,19	5,12	8,68	6,93	6,75
1980-1989	3,56	6,65	12,10	5,17	8,93	5,88	9,64	8,60	8,11
1990-1999	5,28	8,43	12,53	6,30	10,29	7,28	10,45	9,34	9,30
2000-2009	7,01	9,91	12,89	7,57	11,42	8,48	11,22	9,78	10,75

Fonte: elaborada pelo autor.

A acumulação de capital humano supõe a existência de um sistema educacional que, além de universal, seja capaz de reter os alunos na escola e preparar os mesmos para o mercado de trabalho. A tabela 19 mostra a escolaridade média em cinco países asiáticos, na França, nos EUA e no Brasil. Os dados estão agrupados por décadas, começando na década de 1970 e terminando na década de 2000. Os países asiáticos aumentaram nessas quatro décadas a escolaridade média de suas populações. Japão, Coreia do Sul e Taiwan já ultrapassaram a França e estão quase no nível norte-americano. Cingapura e Hong Kong estão próximos do nível francês. O Brasil continua atrás da China, em termos de escolaridade média, a despeito de a taxa de crescimento dessa variável ter sido maior no Brasil nas quatro décadas analisadas na tabela 19.

A experiência brasileira

O milagre brasileiro, diferentemente do asiático, não teve contribuição do capital humano. As principais fontes do crescimento foram o aumento da produtividade total dos fatores, a acumulação de capital físico, com o aumento da intensidade do capital por trabalhador e o aumento da participação da força de trabalho na população.

A contabilidade do crescimento não permite uma conclusão sobre causalidade, sendo possível que a elevação da taxa de investimento produza aumento da produtividade total dos fatores, como também que o reverso ocorra, isto é, que o aumento da produtividade total dos fatores provoque aumento da taxa de investimento. Os dados dos países asiáticos, como também as informações da contabilidade do crescimento brasileiro, indicam que essas duas variáveis têm uma forte correlação positiva. Na década perdida, a década de 1980 no Brasil, a taxa de investimento despencou e a taxa de crescimento da produtividade total dos fatores foi negativa.

Novo milagre: condições necessárias

Para fazer cenários de crescimento do PIB *per capita* para que o país volte a dobrar o PIB a cada 15 anos, é necessário supor algumas hipóteses para as seguintes variáveis: taxa de crescimento populacional, participação do trabalho na população, capital humano e capital por trabalhador.

Gráfico 20
Taxa de crescimento da população e da população em idade ativa (PIA)

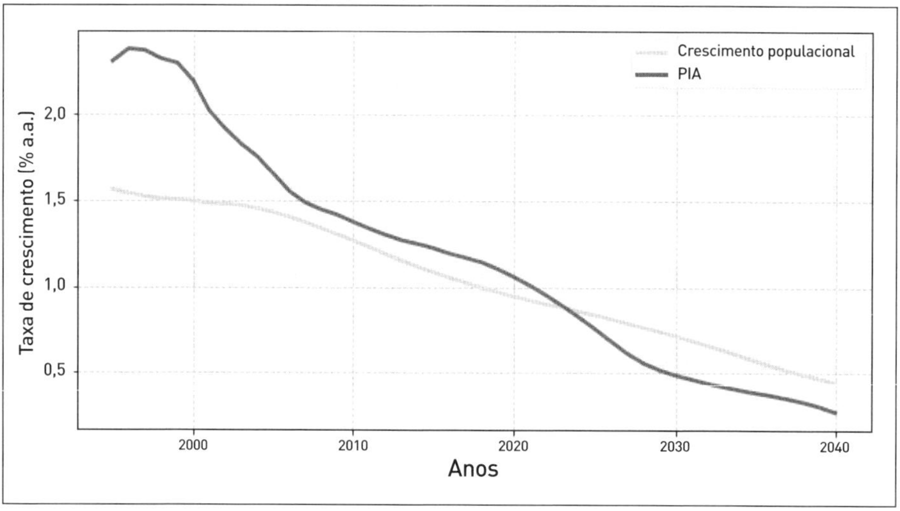

Fonte: IBGE.

O crescimento do PIB *per capita* brasileiro não deve ter contribuição da razão trabalho/população nos próximos anos. O bônus demográfico, período no qual a população em idade ativa cresce em ritmo mais acelerado do que a população como um todo, está no fim, e a queda da taxa de desemprego, que determinou a importância da razão trabalho/população na última década, não deve ocorrer de novo.

O gráfico 20 mostra que o crescimento populacional brasileiro será inferior a um ponto percentual nos próximos anos, com um crescimento médio de 0,64% a.a. entre 2013 e 2028. Isso implica que, para o PIB *per capita* dobrar em intervalo de 15 anos, o PIB total da economia terá de crescer a uma taxa próxima dos 5,4% a.a. Para que o país tenha um crescimento substancial do capital por trabalhador, como ocorreu na década de 1970, a taxa de investimento terá de ser bem maior do que a taxa média de 16,3% do PIB do período 2001-2012.

Gráfico 21
Taxa de investimento

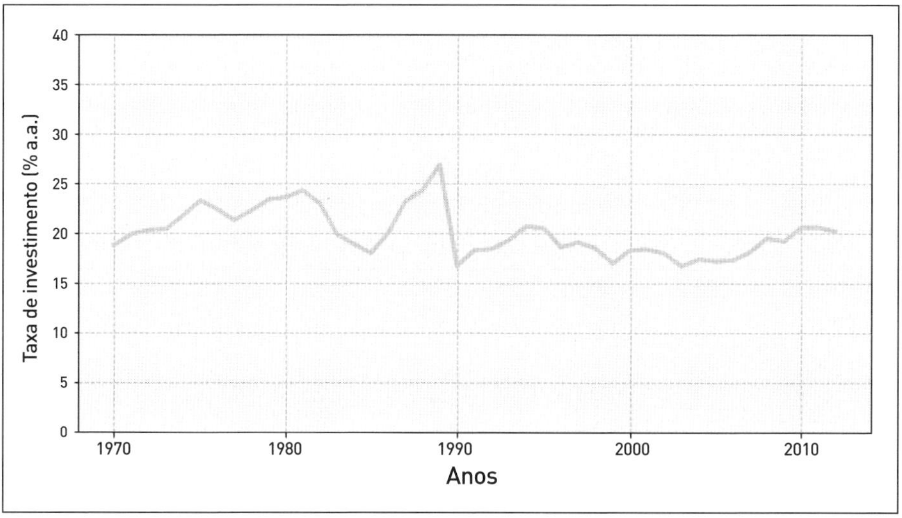

Fonte: IBGE.

Na década de 1970, a taxa média de investimento foi de 24,9%. A diferença de 8,6% da taxa de investimento representa uma redução de 3,3% no ritmo de crescimento do estoque de capital por trabalhador e redução de 1,4% na contribuição do capital para a taxa de crescimento do produto. Logo, o aumento da taxa de investimento é uma condição necessária para um novo milagre econômico.

Com o objetivo de avaliar as condições necessárias para que o PIB *per capita* cresça à taxa de 4,7% a.a., com sua duplicação a cada 15 anos, admite-se o mesmo arcabouço da contabilidade do crescimento usado no apêndice, e adotam-se as seguintes hipóteses: (1) taxa de crescimento do capital humano de 1,2% a.a., a mesma que ocorreu entre 2001 e 2012; (2) taxa de crescimento populacional de 0,64% a.a. nos 15 anos, de acordo com projeções do IBGE, e crescimento médio da população em idade ativa (PIA) de 0,94% a.a., que corresponde a um bônus demográfico de 0,3% a.a.; (3) proporção da mão de obra em relação à PIA constante nos próximos anos; (4) participação do capital na renda de 40%; (5) taxa de depreciação de 3,5% a.a. O crescimento da produtividade total dos fatores com capital humano (PTFH), calculada considerando capital humano, e da taxa de investimento será dado por diferentes cenários, com as taxas de expansão da produtividade total dos fatores (PTF) variando entre 1% a.a. e um máximo de 3% a.a., enquanto as taxas de investimento variam entre 18% e 28%.

A tabela 20 contém as projeções do PIB *per capita*. Com taxas de investimento de 18%, o PIB *per capita* somente crescerá em ritmo suficiente caso a PTFH cresça a uma velocidade de 3% a.a., muito elevada para os padrões nacionais e não observada nem durante a década de 1970. Para que o país tenha um crescimento que possibilite dobrar o PIB *per capita*, é necessária uma taxa de investimento da ordem de 24% do PIB a.a. associada a um crescimento de 2% da PTF (observado somente no milagre), um cenário bastante otimista observando-se os últimos anos da experiência brasileira.

Tabela 20
Crescimento do PIB *per capita* no Brasil

	Taxa de investimento					
PTFH	18%	20%	22%	24%	26%	28%
1,0%	3,0%	3,3%	3,6%	3,9%	4,3%	4,6%
2,0%	4,0%	4,3%	4,6%	4,9%	5,3%	5,6%
2,5%	4,5%	4,8%	5,1%	5,4%	5,8%	6,1%
3,0%	5,0%	5,3%	5,6%	5,9%	6,3%	6,6%

Fonte: elaborada pelo autor.

Política econômica: restrições e recomendações

A principal restrição macroeconômica para que a economia brasileira dobre a renda *per capita* em 15 anos é a baixa taxa de investimento, como demonstraram as simulações da contabilidade de crescimento e a análise histórica dos países asiáticos e do Brasil apresentadas no apêndice deste capítulo. O aumento da taxa de investimento requer aumento substancial da taxa de poupança doméstica e, portanto, redução do consumo como proporção do produto nacional.

A mecânica de uma política econômica que tenha como escopo o aumento da taxa de poupança doméstica não é difícil de ser desenhada. Todavia, ela somente será factível, do ponto de vista político, com um pacto de crescimento subscrito por todos os grandes partidos políticos brasileiros.

O final da hiperinflação brasileira, com o Plano Real, não teve como pré-requisito um pacto de estabilização porque a população pobre, que pagava o imposto inflacionário, compreendeu que o voto era uma arma que poderia ser usada para se ver livre desse imposto. Os demais grupos da sociedade foram obrigados a se entender e a encontrar um novo equilíbrio. Não restou aos partidos políticos a opção de se render diante da evidência empírica de que o combate à inflação produz votos que elegem o presidente da República.

A economia política do aumento da taxa de poupança é completamente diferente da estabilização porque não há como aumentar a poupança sem que a União, os estados e os municípios o façam. Esse aumento da poupança implica redução dos gastos públicos e aumento dos impostos, ambos como proporção do PIB. O custo do aumento da poupança pública é imediato, mas os benefícios, privados e sociais, demoram um pouco. O horizonte do político é a próxima eleição. Logo, sem que todos concordem não há como levar a cabo uma política econômica que exija sacrifício no curto prazo.

O pacto político do crescimento deveria, então, contemplar uma política de investimento público que receberia apoio da sociedade brasileira num prazo curto. O Brasil é um país que tem várias instituições excludentes. O direito de propriedade é um pilar de qualquer sociedade que deseja tornar-se rica. Todavia, a urbanização que ocorreu no Brasil levou boa parte da nossa população a viver em favelas, onde o direito de propriedade não existe ou é bastante frágil. A reforma urbana tornando as favelas bairros com toda a infraestrutura deve ser prioridade num programa de investimento público. Essa reforma deve contemplar a construção de sistemas de transporte público que nos aproximem dos sistemas existentes no Primeiro Mundo.

O pacto de crescimento tem, portanto, de aumentar as taxas de poupança e de investimento do setor público. É impossível fazê-lo sem que haja corte no consumo do governo e aumento de impostos. A sociedade brasileira se opõe ao aumento da carga tributária. Uma das alegações argumenta que os políticos são corruptos e que o aumento dos impostos terminaria nos bolsos dos mesmos. Existem piadas pitorescas que transmitem tal visão. Conta-se que foi oferecida a um governador propina de 10% do valor da obra. Ele ficou indignado com tal oferta, respondendo que não era garçom e que sua comissão seria de 20%.

Como fazer um pacto de crescimento que seja crível e que convença o eleitor de que o dinheiro não será desviado pelos políticos? O pacto teria de ser feito por emenda constitucional que estabelecesse regras para as finanças públicas por um período de 20 anos. Em primeiro lugar, ao invés de déficit público, o governo produziria um superávit nominal, ciclicamente ajustado, isto é, o setor público deixaria de usar a poupança privada para financiar suas despesas e teria poupança positiva.

Em segundo lugar, o art. 167 da Constituição, que proíbe a vinculação de receita de impostos a fundo, seria revogado, criando-se um fundo de reforma urbana, que seria administrado pelo BNDES. Esse fundo teria recursos de impostos da União, dos estados e dos municípios, e seria, na verdade, uma poupança compulsória do setor privado. A aplicação de recursos do fundo exigiria contrapartida da União, dos estados e dos municípios para evitar que essas entidades diminuíssem os investimentos existentes atualmente, impedindo que haja substituição, num comportamento típico de carona (*free rider*, em inglês).

Em terceiro lugar, o pacto proibiria qualquer déficit público quase fiscal, seja pelo Tesouro ou pelo Bacen, usando-se qualquer tipo de artifício contábil. Nenhum banco oficial poderia emprestar recursos com taxa de juros inferior às taxas de juros dos títulos públicos de longo prazo do Tesouro Nacional, tampouco os fundos pertencentes aos trabalhadores, como o FGTS, poderiam ser expropriados e render taxas de juros reais negativas.

O aumento da taxa de poupança doméstica teria como consequência impedir que ocorresse apreciação da taxa real de câmbio, um fenômeno recorrente na economia brasileira quando a taxa de crescimento aumenta.

O fato de a principal restrição para um novo milagre econômico ser a taxa de poupança não significa colocar a educação em segundo plano. A absorção de novas tecnologias é essencial para o aumento da produtividade, mas ela requer capital humano.

A literatura acerca da importância da educação nos processos de crescimento econômico sugere que países próximos à fronteira tecnológica necessitam de educação de nível superior, enquanto países distantes da mesma necessitam de educação de ensino médio. Dessa forma, o Brasil deve investir mais em educação no ensino fundamental/médio para preparar a mão de obra local na adoção das tecnologias disponíveis no mundo.

O processo de massificação da educação no ensino fundamental já foi realizado e no ensino médio encontra-se em andamento. O próximo passo deveria ser a melhoria da qualidade. No entanto, diferentemente do que se imagina, o problema da educação pública no Brasil não é um problema de carência de recursos,[20] mas sim de gestão. O diretor da escola pública deve ter instrumentos, de incentivos e de punição, para que objetivos bem definidos de qualidade da educação sejam alcançados.

Conclusão

Os países asiáticos — China, Coreia do Sul, Hong Kong, Japão, Cingapura e Taiwan — dobraram a renda *per capita* em 15 anos ou menos. Eles tiveram como principais fontes do crescimento econômico a acumulação de capital físico e de capital humano.

---

[20] O gasto brasileiro não é muito inferior ao de outros países. A distribuição dos recursos, com grande peso do ensino superior, é o principal problema. Mais, o efeito demográfico fará com que o montante gasto por aluno aumente nos próximos anos, mesmo que o percentual do PIB gasto com educação se mantenha constante. O efeito demográfico elevará os gastos por estudante em 17% em 2023 em comparação com 2011, 34% entre 2033 e 2011, e 67% entre 2050 e 2011.

O Brasil, quando dobrou a renda *per capita* na década de 1970, teve como principais fontes de crescimento o aumento da produtividade total de fatores, a acumulação de capital físico e o aumento da proporção trabalhadores/população.

A principal restrição macroeconômica para que o Brasil volte a dobrar a renda *per capita* num período de 15 anos é a baixa taxa de investimento. O aumento da taxa de investimento necessita de um aumento substancial da taxa de poupança doméstica.

Nenhum partido político isoladamente seria capaz de "vender" ao eleitor um programa que, no curto prazo, reduza o consumo do governo como proporção do PIB e aumente a carga tributária. Para viabilizar tal programa, há necessidade de um pacto de crescimento com apoio dos principais partidos políticos. Esse pacto teria três objetivos: (1) tornar a poupança pública positiva, (2) criar poupança forçada que seria utilizada num fundo de reforma urbana, administrado pelo BNDES, e (3) proibir qualquer tipo de déficit público quase fiscal, seja pelo Tesouro Nacional ou pelo Bacen.

O fato de a principal restrição macroeconômica para a duplicação do PIB *per capita* ser a taxa de poupança não significa dizer que a educação não deva ter prioridade. A ampliação das matrículas no ensino médio e a melhora da qualidade do ensino são fatores de suma importância. Para atingir esse objetivo, a educação requer uma reengenharia na gestão, com uma reforma que ofereça ao administrador instrumentos de incentivos e de punição para que se atinjam objetivos de qualidade previamente determinados. Essa reengenharia não demandaria muitos recursos adicionais.

Apêndice: decomposição do crescimento

Quais as variáveis que explicam como os países asiáticos conseguiram manter o crescimento elevado por tanto tempo e passar de país "pobre", ou de renda média, para país "rico"?[21] O crescimento do produto *per capita* tem quatro componentes: (1) acumulação do capital físico, com aumento da intensidade do capital por trabalhador; (2) acumulação de capital humano; (3) expansão da PTF; (4) evolução da participação da força de trabalho, com aumento da relação trabalhador/população. O produto *per capita* é função da produtividade (A), do capital por trabalhador (K/L), do capital humano (H) e da razão entre trabalhadores e população (L/Pop). Por sua vez, a produtividade (A) depende do capital humano (H) e da produtivi-

---

[21] Somente a China ainda não fez essa transição. Mas o elevado crescimento dos próximos anos deve fazer com que a mesma atinja níveis de renda *per capita* superiores aos do Brasil em breve.

dade mensurada não se levando em conta o capital humano (A_H).[22] Logo, pode-se decompor o crescimento anual do produto *per capita* de acordo com:

$$\hat{y} = \hat{A}_H + \alpha \times \hat{k} + (1-\alpha)\hat{H} + \hat{l}$$

A notação é a seguinte: $\hat{y}$ é a variação anual do produto por trabalhador; $\hat{A}_H$ é a variação da produtividade total dos fatores não se levando em conta o capital humano; $\hat{k}$ é a variação do capital por trabalhador; $\hat{H}$ é a variação do capital humano; $\hat{l}$ é a variação da razão entre trabalhadores e a população.

Japão

O Japão dobrou o PIB *per capita* a cada 15 anos entre 1960 e 1981. A tabela 21 contém a decomposição do crescimento do produto *per capita*. Nesse período, a decomposição mostra que, de 1950 a 1960, a maior parte desse crescimento foi fruto de ganhos da produtividade total dos fatores, fenômeno que se ampliou ao longo da década de 1960. Na década de 1970, o aumento do capital por trabalhador ganha importância e permite um crescimento elevado a despeito da evolução negativa da PTF. A década de 1980 mostra recuperação da PTF, com a mesma tendo peso similar ao do capital físico na explicação do crescimento da renda *per capita*.

A partir da década de 1990, a economia japonesa fica estagnada, com aumento do capital por trabalhador contrabalançado por perda da produtividade nos anos 1990 e diminuição da taxa de crescimento da relação capital/trabalho e estagnação da PTF entre 2000 e 2010.

A tabela 21 mostra, ainda, que o capital humano contribui de forma positiva durante todo o período de análise, com o pico atingindo 0,6% a.a. na década de 1970 e o mesmo explicando um crescimento da renda *per capita* de 0,3% a.a. na primeira década do século XXI.

Outro aspecto importante da tabela 21 é a baixa importância da elevação da proporção de trabalhadores na população (L/POP) para o crescimento japonês mesmo no período de pico, entre 1960 e 1970.

Por último, percebe-se que no período em que a economia japonesa dobrou o PIB *per capita* a cada 15 anos, o capital físico e o humano contribuíram com cerca de 60% do crescimento de 6,3% a.a.

---

[22] O capital humano é calculado com base nos dados de Barro e Lee (2010) e com o formato funcional de Bils e Klenow (2000) conforme $H = \exp\left(\dfrac{\theta}{1-\psi} h^{1-\psi}\right)$.

Tabela 21
Decomposição do crescimento do produto no Japão

	PIB por trabalhador			PIB per capita		
	PTFH	K/L	H	Y/L	L/POP	Total
1950-1960	2,7	2,0	0,7	5,3	1,0	6,4
1960-1970	6,7	3,9	0,1	10,7	0,3	11,0
1970-1980	-0,2	3,2	0,6	3,5	-0,3	3,3
1980-1990	1,4	1,9	0,4	3,6	0,4	4,0
1990-2000	-0,9	1,3	0,5	0,9	-0,1	0,8
2000-2010	0,3	0,6	0,3	1,2	-0,5	0,7
1961-1984	2,7	3,2	0,4	6,2	0,0	6,3
1956-1984	2,8	3,2	0,4	6,3	0,1	6,5

Fonte: elaborada pelo autor.

Taiwan

A análise do crescimento do produto por trabalhador de Taiwan entre 1960 e 2010 mostra que o crescimento da PTF foi importante entre 1961 e 2003, com a produtividade crescendo em ritmo de 1,8% a.a. durante quase quatro décadas. No entanto, mais surpreendente no caso de Taiwan é a elevada contribuição do capital físico (3,8% a.a.) e do capital humano (1,0% a.a.) no mesmo período. A partir de 1990, a PTF passa a crescer em ritmo mais lento, com uma expansão inferior a 1% ao ano. No entanto, a forte expansão dos fatores de produção mantém um crescimento do PIB *per capita* de 6% a.a.

A partir do século XXI, a taxa de crescimento do PIB *per capita* diminui para 3,4% a.a., com o capital contribuindo com 1,2% desse crescimento. A tabela 22 mostra, ainda, a importante contribuição da elevação da parcela de trabalhadores na população ocorrida nas décadas de 1970 e 1980 para o crescimento do PIB.

No período de 1966 a 2003, em que o PIB *per capita* cresceu em ritmo mais elevado, a contribuição do crescimento dos fatores de produção (capital físico, humano e trabalho) explica 85% do crescimento (6,7% / 7,9%) de Taiwan.

Tabela 22
Decomposição do crescimento do produto em Taiwan

	PIB por trabalhador			PIB per capita		
	PTFH	K/L	H	Y/L	L/POP	Total
1960-1970	2,7	2,5	0,8	6,0	-0,2	5,8
1970-1980	0,8	3,6	0,9	5,4	1,9	7,3
1980-1990	1,6	2,7	0,6	4,9	1,1	6,0
1990-2000	0,9	3,1	0,7	4,7	0,5	5,1
2000-2010	1,0	1,2	0,6	2,8	0,6	3,4
1966-2003	1,2	4,0	1,1	6,3	1,6	7,9
1961-2003	1,8	3,8	1,0	6,7	1,0	7,7

Fonte: elaborada pelo autor.

Hong Kong

Hong Kong inicia o período de forte crescimento com o aumento da força de trabalho na população, o que explica integralmente o crescimento do PIB *per capita* entre 1960 e 1970. Na década de 1970, observa-se aceleração da PTF (2,2%) acompanhada de ampliação do capital por trabalhador (1,5%), capital humano (1,0%) e do aumento da participação do trabalho na população (1,5%). Na década de 1980, o desempenho da produtividade se mantém elevado, assim como a expansão dos fatores de produção, com o capital físico contribuindo com 1,8% a.a. para o crescimento. É interessante observar a grande importância do investimento em capital humano, que contribui entre 1960 e 1990 em quase 1% a.a. para a elevação do PIB *per capita*.

Tabela 23
Decomposição do crescimento do produto em Hong Kong

	PIB por trabalhador			PIB per capita		
	PTFH	K/L	H	Y/L	L/POP	Total
1960-1970	-1,1	-0,5	1,0	-0,6	6,2	5,6
1970-1980	2,2	1,5	1,0	4,7	1,5	6,2
1980-1990	1,8	1,8	0,8	4,4	0,7	5,1
1990-2000	0,3	1,9	-0,1	2,2	0,1	2,3
2000-2010	1,7	1,2	0,6	3,4	0,2	3,6
1972-1995	1,9	1,8	0,7	4,4	0,8	5,2
1967-1995	1,8	1,4	0,7	4,0	1,4	5,3

Fonte: elaborada pelo autor.

Nos anos 1990, observa-se um aumento do capital por trabalhador acompanhado por estagnação do capital humano (-0,1% a.a.) e da PTF (0,3% a.a.). A partir de 2000, o crescimento do PIB *per capita* se recupera devido ao crescimento da PTF, o que explica quase 50% do crescimento.

A acumulação de fatores de produção explica mais de 60% da expansão da renda *per capita* de Hong Kong no período compreendido entre 1972 e 1995, época em que o país duplica a renda *per capita* em 15 anos ou menos.

Cingapura

A tabela 24 mostra a decomposição do crescimento do produto *per capita* de Cingapura. Os dados mostram que, entre 1960 e 1970, a maior parte do crescimento decorre de elevações substanciais da PTF, explicando quase 50% do crescimento. Nesse período inicial, o crescimento do capital por trabalhador foi de 1,3%, acompanhado da ampliação do capital humano, que contribuiu com um crescimento de 1,2% a.a. O crescimento ganha força na década de 1970, quando há maior contribuição do capital por trabalhador para o crescimento do produto (2,5% a.a.) e aumento substancial do fator trabalho (a razão L/POP cresce 3,2% a.a.). O crescimento da produtividade total dos fatores é razoável, contribuindo com 1,4% a.a. no período.

A década de 1980 registra uma redução da taxa de crescimento do produto devido à desaceleração do aumento da participação do trabalho e leve desaceleração da produtividade. Nesse período, a relação capital/trabalho explica a maior parte do crescimento, contribuindo com 2,0% a.a., enquanto o capital humano contribui com 1% a.a.

A década de 1990 mostra a manutenção do crescimento da produtividade (1,2% a.a.), o que contribui para o crescimento em importância parecida com a elevação do capital humano (0,9% a.a.). O investimento em capital físico, que ampliou o capital por trabalhador, foi o fator mais importante no período para o crescimento do produto *per capita* de 4,3% a.a. Entre 2000 e 2010, o PIB por trabalhador cresceu 1,5% a.a., com redução da contribuição do capital por trabalhador e da produtividade. A queda do crescimento do produto por trabalhador (Y/L) faz com que o tempo para duplicar o PIB *per capita* aumente de forma gradativa, significando o fim do ciclo de grande crescimento.

Durante o período 1971-1997, no qual Cingapura foi capaz de ampliar em mais de 100% o produto *per capita* em menos de 15 anos, a produtividade explicou, no máximo, pouco mais de 20% desse crescimento. A maior parte do crescimento do produto *per capita* foi fruto da ampliação dos fatores de produção.

Tabela 24
Decomposição do crescimento do produto em Cingapura

	PIB por trabalhador			PIB per capita		
	PTFH	K/L	H	Y/L	L/POP	Total
1960-1970	3,3	1,3	1,2	5,8	0,6	6,4
1970-1980	1,4	2,5	0,0	3,9	3,2	7,1
1980-1990	1,1	2,0	1,0	4,0	1,2	5,2
1990-2000	1,2	2,0	0,9	4,1	0,2	4,3
2000-2010	0,5	0,4	0,6	1,5	1,4	2,9
1971-1997	1,2	2,0	0,6	3,9	1,9	5,8
1966-1997	1,9	2,2	0,7	4,8	1,8	6,6

Fonte: elaborada pelo autor.

Coreia do Sul

A partir de 1973, o período para dobrar o PIB *per capita* na Coreia do Sul é inferior a 15 anos. Esse ritmo de crescimento é mantido até 2007. Durante esse período, mais de 75% do crescimento de renda *per capita*, superior a 6% a.a., foi fruto da acumulação dos fatores de produção.

Entre 1960 e 1970, o forte crescimento do PIB prepara o ambiente para a aceleração do crescimento da década seguinte. O crescimento do produto *per capita* na década de 1960 é fruto do crescimento simultâneo do capital por trabalhador (1,8% a.a.) e do capital humano (1,5% a.a.).

A aceleração do crescimento na década de 1970, com o PIB *per capita* crescendo 6,8% a.a., decorre do investimento em capital físico (2,8% a.a.), do aumento da participação do trabalho na população (1,9% a.a.) e do investimento em capital humano (1,2% a.a.).

A Coreia do Sul apresenta crescimento ainda mais forte na década de 1980, quando o crescimento da produtividade ganha destaque, com a mesma contribuindo com 2,8% a.a., pouco menos do que da relação capital/trabalho, o que possibilita um crescimento de 2,9% a.a. O capital humano contribui com 0,6% a.a. na década, e a elevação da razão trabalhadores/população (*L/POP*) com 1,6% a.a.

A década de 1990 mostra o início da desaceleração do crescimento no país, com grande redução da taxa de crescimento da produtividade (2,1% a.a. inferior à década anterior) apesar do forte crescimento do capital por trabalhador. Na década seguinte, ocorre redução ainda mais forte do crescimento do produto *per capita* devido ao decréscimo da taxa de crescimento do capital por trabalhador não compensada por uma recuperação da produtividade.

Tabela 25
Decomposição do crescimento do produto na Coreia do Sul

	PIB por trabalhador			PIB per capita		
	PTFH	K/L	H	Y/L	L/POP	Total
1960-1970	0,8	1,8	1,5	4,0	0,8	4,8
1970-1980	1,0	2,8	1,2	5,0	1,9	6,8
1980-1990	2,8	2,9	0,6	6,3	1,6	7,9
1990-2000	0,7	3,4	0,9	5,0	0,7	5,6
2000-2010	0,7	1,7	0,4	2,8	0,8	3,6
1973-2007	1,3	2,9	0,7	4,9	1,2	6,1
1968-2007	1,5	2,8	0,8	5,1	1,3	6,4

Fonte: elaborada pelo autor.

China

A China é o último dos países asiáticos que duplica a renda *per capita* em período inferior a 15 anos. A tabela 26 mostra que o crescimento do produto por trabalhador aumenta na década de 1970, quando atinge 2,7% a.a. com expansão do produto *per capita* de 4,2% a.a. A partir de 1984, a China passa a dobrar o PIB *per capita* devido ao forte crescimento da produtividade, que, a partir da década de 1980, cresce a taxas médias superiores a 4% a.a. Esse ciclo mostra grande expansão da produtividade acompanhada por aumento da relação capital/trabalho (3,3% a.a.), com a produtividade sendo a principal fonte de crescimento.

O crescimento do capital humano, que era superior a 1% a.a. entre 1960 e 1979, diminui nas décadas seguintes. Todavia, contribui, na pior das hipóteses, para um crescimento do PIB *per capita* de 0,6% a.a.

A partir da década de 1990, a taxa de crescimento do PIB por trabalhador ganha força com o maior crescimento do capital por trabalhador, que passa a contribuir com um crescimento adicional superior a 3% a.a. Com isso, a China atinge um crescimento do produto *per capita* que dobra o PIB *per capita* em intervalos de tempo inferiores a oito anos.

Tabela 26
Decomposição do crescimento do produto na China

	PIB por trabalhador			PIB per capita		
	PTFH	K/L	H	Y/L	L/POP	Total
1960-1970	-1,2	0,6	1,2	0,5	0,4	0,9
1970-1980	0,0	1,6	1,1	2,7	1,4	4,2
1980-1990	3,8	1,6	0,6	6,0	1,3	7,3
1990-2000	4,4	3,3	1,0	8,7	0,2	8,9
2000-2010	4,4	4,1	0,6	9,1	0,3	9,4
1984-2011	4,2	3,3	0,7	8,2	0,4	8,6
1979-2011	4,1	3,0	0,7	7,8	0,6	8,5

Fonte: elaborada pelo autor.

Brasil

O Brasil somente foi capaz de crescer o PIB *per capita* de forma a dobrá-lo em menos de 15 anos entre 1971 e 1982. Como entender esse fenômeno e o que aconteceu depois? Para fins de comparação internacional, esta seção utiliza os dados da Penn World Table 8.0 para decompor o PIB *per capita* de forma a compará-lo com os países asiáticos. A tabela 27 mostra a decomposição do PIB *per capita* do Brasil desde a década de 1950 até a primeira década do século XXI com a mesma metodologia usada para os países asiáticos.

O apogeu do crescimento do PIB *per capita* brasileiro deu-se na década de 1970, na qual o crescimento do PIB *per capita* atinge os 5,9% a.a. Nesse período, a forte expansão da produtividade é o principal fator que explica o aumento do PIB *per capita*. O crescimento do capital físico por trabalhador e o aumento da participação da força de trabalho na população de 1,3% a.a. explicam o crescimento do PIB *per capita* de forma tão acelerada.

Diferentemente dos países asiáticos, chama a atenção o baixo investimento brasileiro em capital humano até a década de 1980. Somente a partir dessa década é que se inicia uma elevação da escolaridade média, que produz expansão do capital humano. As décadas de 1960 e 1970 mostram a importância da produtividade no crescimento do Brasil, quando a mesma explicou mais de 50% do crescimento do produto *per capita*. Na década de 1970, a produtividade e o aumento da relação capital/trabalho explicam 80% da forte expansão do PIB *per capita*.

Tabela 27
Decomposição do crescimento do produto no Brasil

	PIB por trabalhador (Y/L)			PIB per capita		
	PTFH	K/L	H	Y/L	L/POP	Total
1950-1960	3,0	0,3	0,8	4,0	-0,2	3,8
1960-1970	2,8	1,0	0,9	4,7	-0,4	4,3
1970-1980	2,6	2,1	0,0	4,6	1,3	5,9
1980-1990	-3,6	0,3	1,6	-1,7	1,2	-0,5
1990-2000	-0,6	0,7	1,4	1,5	-0,5	1,0
2000-2010	0,3	0,1	0,7	1,1	1,3	2,4
1971-1980	2,3	2,2	0,0	4,5	1,2	5,6
1966-1980	2,8	1,8	0,2	4,9	0,9	5,8

Fonte: elaborada pelo autor.

A partir da década de 1980, a produtividade e o investimento em capital caem de forma substancial, reduzindo a taxa de crescimento do produto no Brasil (por trabalhador e *per capita*). O aumento da taxa de desemprego na década de 1990 explica o crescimento do PIB *per capita* inferior ao do PIB por trabalhador. Esse movimento é revertido na década seguinte, quando a redução da taxa de desemprego contribui para a elevação do PIB *per capita* de 2,4% a.a., a maior taxa desde a década de 1970.

A análise do período no qual o Brasil duplica o PIB *per capita* em intervalo de no máximo 15 anos e cresce a taxas superiores a 5% a.a. mostra que a expansão da produtividade e do capital por trabalhador são os fatores que mais explicaram a rápida expansão do PIB *per capita*. No entanto, esse forte crescimento acaba na década de 1980, que apresenta forte desaceleração da produtividade e do investimento em capital físico, revertendo de forma rápida a taxa de crescimento do produto *per capita* brasileiro.

Brasil: novo milagre

Quais as condições necessárias para um novo milagre econômico brasileiro? Para avaliar o crescimento do PIB, utilizamos os dados do IBGE: a série do PIB, a formação bruta de capital fixo e os respectivos deflatores implícitos, tendo como referência os preços de 2012. Com base na série de formação bruta de capital fixo, construiu-se a série de capital da economia. Os dados de trabalho foram obtidos do total de horas de trabalho de Barbosa Filho e Pessôa (2013). A fonte dos dados da utilização da capacidade instalada (Nuci) é a FGV, e os dados de capital humano foram calculados com a metodologia de Bils e Klenow (2000) com dados de Barro e Lee (2010). A tabela 28 mostra a decomposição do crescimento do PIB entre 2001 e 2012.[23] A PTF calculada sem capital humano cresceu no Brasil a uma taxa de, no máximo, 2,3% a.a. no período. O capital físico contribuiu para o crescimento com, na melhor das hipóteses, 1,3% a.a., montante muito inferior ao observado nos períodos de maior crescimento econômico, quando o crescimento do capital físico foi importante, como mostram os dados da tabela 28.

A mesma tabela mostra que os elementos mais importantes para a expansão do PIB entre 2001 e 2012 foram o capital físico e a razão trabalho/população, que contribuíram, respectivamente, com 1,3% e 1,0% do crescimento anual de 3,4%. No período de maior crescimento, a PTFH acelerou para 1,4% a.a. e a expansão dos fatores de produção (K, H e L) foi responsável pelos 3,3% restantes.

Tabela 28
Decomposição do crescimento do produto entre 2001 e 2012

	PIB	PTF	Capital	Trabalho
2001-2012	3,4	1,3 (37,3)	1,2 (33,9)	1,0 (28,8)
2001-2008	3,9	1,6 (40,6)	1,1 (28,1)	1,2 (31,3)
2003-2008	4,7	2,3 (49,0)	1,3 (26,6)	1,1 (24,4)
2008-2012	2,6	0,8 (28,9)	1,3 (48,8	0,6 (22,4)
2010-2012	1,8	0,0 (1,0)	1,4 (77,9)	0,4 (21,1)

Fonte: elaborada pelo autor.

A tabela 29 decompõe o crescimento do PIB incluindo capital humano e realiza análise similar para a última década.[24] Com capital humano, a expansão máxima da PTFH no período foi de 1,4%. Esse crescimento da PTFH é muito inferior ao observado na tabela 27 para as décadas de 1950, 1960 e 1970.

---

[23] A decomposição sem capital humano foi feita com base em $Y = A(uK)^\alpha L^{1-\alpha}$, em que A é a PTF, u é o Nuci, K é o capital e L é o total de horas trabalhadas.

[24] A decomposição sem capital humano foi feita com base em $Y = A(uK)^\alpha (HL)^{1-\alpha}$, em que A é a PTF, u é o Nuci, K é o capital, H é o capital humano e L é o total de horas trabalhadas.

Tabela 29
Decomposição do crescimento do produto entre 2001 e 2012

	PIB	PTFH	Capital	Capital humano	Trabalho
2001-2012	3,4	0,5 (15,7)	1,2 (33,9)	0,7 (21,6)	1,0 (28,8)
2001-2008	3,9	0,6 (15,4)	1,1 (28,1)	1,0 (25,2)	1,2 (31,3)
2003-2008	4,7	1,4 (30,7)	1,3 (26,6)	0,9 (18,3)	1,1 (24,4)
2008-2012	2,6	0,4 (16,5)	1,3 (48,8)	0,3 (12,4)	0,6 (22,4)
2010-2012	1,8	-0,2 (-8,9)	1,4 (77,9)	0,2 (9,9)	0,4 (21,1)

Fonte: elaborada pelo autor.

PARTE II. CORRER ATRÁS *VERSUS* FICAR PARA TRÁS: CULTURA E INSTITUIÇÕES

O ex-senador Gilvan Borges, do PMDB do Amapá, defendeu a contratação de sua mãe, Cícera, que era cabo eleitoral, e sua mulher, Marlene, secretária do Senado, afirmando: "Minha confiança na minha mãe está no fato de que ela me pariu e na minha mulher, além de ser pedagoga, porque ela dorme comigo"
(O Globo, 16 mar. 2000, p. 10).

Instituições são as regras do jogo numa sociedade ou, de modo mais formal, são as restrições criadas pela sociedade que moldam a interação entre as pessoas (North, 1990:3).

A segunda parte deste livro analisa a corrida do crescimento econômico e sua dependência da cultura e das instituições. O capítulo 9 descreve diferentes situações, no nosso país, que têm como elo comum a cultura do privilégio, um dos responsáveis pela estagnação brasileira. Ele aborda, também, a Operação Lava Jato, que acabou, não se sabe se de maneira permanente ou transitória, com o privilégio de roubar e não ser preso. Os demais textos abordam os seguintes temas: discurso *versus* prática, teoria da conspiração e lições políticas da crise financeira.

O capítulo 10 aborda temas ligados ao crescimento e às instituições, usando como ponto de partida proposições dos livros de Acemoglu e Robinson (2012), Hirschman (1970), Kiguel (2015), Piketty (2014), Reinhart e Rogoff (2009), Tirole (2017) e do artigo clássico de Krueger (1974).

O capítulo 11 coloca na berlinda o Banco Central do Brasil, analisando 50 anos de sua história. Examina o programa de metas de inflação, discute a ciência e a arte na política monetária, oferece uma hipótese para explicar a elevada taxa de juros no mercado interbancário, dedica dois ensaios para analisar o *spread* de juros bancários escorchante e trata da política de reservas internacionais, analisando se a mesma é um seguro ou um desperdício de dinheiro público.

O capítulo 12 analisa verdades e mentiras usadas em argumentos de política econômica. A independência dos bancos centrais é absoluta ou ela é uma opção que nem sempre é exercida? Um país quebrado pode contar com a boa vontade de seus credores? A ganância dos empresários é diferente da ganância dos políticos? Privatização por prazo determinando, leia-se arrendamento, e privatização permanente são arranjos institucionais completamente diferentes? O político que mente, ou que esconde a verdade, é confiável? O crescimento econômico exige sacrifícios? Austeridade e crescimento econômico são antagônicos? A Previdência Social é um problema real ou virtual da economia brasileira?

9. A cultura do subdesenvolvimento

Este capítulo apresenta vários ensaios sobre a cultura do subdesenvolvimento da sociedade brasileira. Os textos tratam: da apropriação do Estado e do governo pelos políticos para interesses privados; da falência do Estado no monopólio da violência; da desintegração ética e moral da sociedade com o vale quase tudo que prevalece no nosso cotidiano; da demonização dos instrumentos, para que não se discutam os objetivos das políticas; do uso de recursos legais para obtenção de privilégios que se transformam em "direitos"; da sofreguidão da sociedade em transformar os recursos do pré-sal em consumo, em vez de usá-los para investimento em infraestrutura. O oitavo e o nono ensaios, como não poderia deixar de ser, tratam da Lava Jato, uma operação que surgiu por acaso, a descoberta do pré-sal da corrupção na política brasileira, e que nos brindou com a possibilidade de acabar com o privilégio de roubar e não ser preso. Os três últimos ensaios tratam da distância entre o discurso e a prática, da magia da teoria da conspiração na nossa sociedade e das lições políticas da crise financeira de 2007-2009.

A partilha e o loteamento do Estado

A teoria econômica neoclássica adota a hipótese de que o comportamento da pessoa, seja como consumidor, trabalhador ou empresário, tem como objetivo a maximização do seu bem-estar, levando em conta as restrições econômicas ou tecnológicas que limitam suas escolhas. Isto é, o comportamento econômico não é baseado no interesse social, mas sim no interesse pessoal.

Esse arcabouço teórico tem sido usado também para entender o comportamento dos políticos. Eles, como nós, não têm, em geral, na escolha de suas decisões, como objetivo, o bem-estar da população. Isso não significa dizer que não existam exceções. Nesse caso estão estadistas na linhagem de Mandela, da África do Sul, e Gandhi, da Índia. Os políticos, diferentemente dos estadistas, têm dois objetivos: voto e dinheiro.

A pergunta que surge naturalmente é a seguinte: sendo praticamente impossível mudar as pessoas, como fazer para que as decisões dos políticos atendam, em vez de seus próprios interesses, o interesse social e o bem-estar da população? A resposta da teoria neoclássica para essa questão é de que o comportamento se modifica quando há mudança nas restrições que condicionam nossas escolhas.

Não adianta, portanto, na crise política do Mensalão e da Lava Jato, estar preocupado apenas em identificar quem são os responsáveis pela mesma e puni-los, mas também em identificar os mecanismos institucionais que permitem aos políticos comportamentos que não desejamos que aconteçam. Nessas crises, é fácil identificar alguns problemas que existem em nossas instituições: (1) negociação política para preenchimento de cargos de direção em empresas do Estado; (2) partilha e loteamento do Estado; (3) não prestação de contas de suas ações ao eleitor por parte de seus representantes no Poder Legislativo; (4) falta de transparência no financiamento dos partidos políticos.

As empresas estatais foram transformadas, nos últimos anos, em empresas controladas pelos partidos políticos, que lutam com todas as armas por um cargo de diretor. No Brasil, acabou-se a tradição de grandes empresários estatais, como John Cotrim, de Furnas, Eliezer Baptista, da Vale, e tantos outros que serviram de exemplo para a minha geração. A negociação política para preenchimento de cargos de direção em empresas do Estado tem uma longa história, mas certamente acentuou-se a partir da década de 1980, no último governo militar. Esse tipo de comportamento ocorreu na ditadura, e no regime democrático tem sido usado por todos os partidos políticos. Alguns desses cargos têm sido distribuídos para políticos que perderam eleições e ficaram desempregados. Não se exige dessas pessoas experiência prévia ou um currículo que justifique a escolha para o cargo em questão. O benefício é privado, mas o custo quem paga é toda a sociedade.

Na sociedade democrática, a coalizão política é um ingrediente fundamental para a governabilidade. A coalizão implica a partilha do governo entre os diversos partidos que formam sua base de sustentação. No Brasil, o processo de coalizão transformou-se também na criação de ministérios, secretarias e no loteamento de cargos nos órgãos públicos e nas empresas estatais. Este padrão de comportamento virou prática comum nos governos municipal, estadual e federal. Ele ocorre em diferentes partidos políticos, de esquerda e de direita. O presidente da República cria ministérios, os governadores e os prefeitos criam secretarias sem qualquer justificativa do ponto de vista da administração pública. Hoje, no Brasil, é fácil encontrar ministros do nada e secretários de coisa nenhuma. A discussão desse tema pode ser "fulanizada" culpando-se o governante do dia e/ou o partido político por tal prática. Todavia, esse caminho não é adequado para atacar as origens do problema.

O loteamento que ocorre nas três esferas de governo (obviamente existem algumas exceções) é, na verdade, resultado de um longo processo de privatização do Estado brasileiro. Antigamente, privatizavam-se as ruas para estacionamento de automóveis das "autoridades públicas". Atualmente, os cargos públicos, nos diferentes níveis, viraram moeda de troca. No passado recente, teve o caso pitoresco de um deputado que queria indicar pessoa de sua confiança para a "diretoria fura poços" da Petrobras.

Nos últimos 50 anos, todos os presidentes da República, na democracia e no autoritarismo, trataram o organograma do Poder Executivo como propriedade pessoal. Cada um desenhou o governo como se fosse um terno feito de encomenda, para se ajustar ao seu manequim. Alguns presidentes até recusaram morar no palácio que lhes era destinado. Esse tipo de privatização não tem nada a ver com a venda de uma empresa estatal para o setor privado, mas sim com o uso de recursos públicos para fins pessoais e/ou de grupos de interesse.

A administração pública brasileira nunca teve como objetivo precípuo a provisão de bens e serviços de qualidade para a população. Tampouco priorizar a provisão desses bens para a população carente. Como mudar esse estado de coisas e fazer com que o interesse público prevaleça? A resposta é óbvia: mudando-se as instituições, já que é difícil mudar as pessoas.

Não adianta pensar que o político é um estadista. Cada um de nós toma decisões a todo momento, levando em conta dois conjuntos de fatores: (1) os nossos gostos e hábitos e (2) as restrições (financeiras, éticas e morais) que somos obrigados a respeitar. Os fatos aqui relatados mostram que a sociedade brasileira tem gostos e hábitos que não produzem bons resultados do ponto de vista social. No longo prazo, o sistema educacional deveria ser desenhado para transformar esses valores, mas tal processo é lento e pode levar gerações.

No curto prazo, o caminho mais adequado é introduzir mudanças legais que coíbam a criação de ministérios e secretarias sem que haja uma razão administrativa que justifique tal decisão. Mais ainda, qualquer mudança no organograma da administração pública deveria ser feita por meio de maioria absoluta no Poder Legislativo, e não de maioria simples. O mecanismo institucional não deveria ser uma camisa de força que impeça a acomodação da administração às inovações que produzem o progresso e a melhoria das condições de vida da população. Mas o mecanismo deveria impor limites para que a propriedade pública não seja objeto de apropriação por interesses privados.

No caso das empresas estatais, existe um caminho simples para acabar com a disputa política pelos seus cargos de direção: a privatização. O sucesso da privatização das empresas siderúrgicas, da Embraer, da Vale, das empresas de telecomunicações, dos bancos estaduais é um fato que não pode ser discutido apelando-se para ideologia. Todavia, o voto da população na reeleição do presidente Lula não aprovou esse caminho. Resta, então, aceitar o veredicto popular. Se for para ter empresas estatais, é preciso criar um estatuto para as mesmas que impeça que pessoas sem a devida qualificação profissional sejam membros de suas diretorias ou de seus conselhos de administração.

A economia da informação teve um grande desenvolvimento nas últimas décadas, e esse desenvolvimento teórico permite que se analise uma série de problemas que fazem parte do nosso cotidiano. A assimetria de informação é uma delas, pois a informação não é um conhecimento comum a que todos têm acesso. Um exemplo clássico de assimetria de informação é o ditado popular de que o marido traído é o último a saber. A teoria do agente e do principal tem tratado de questões que também são relevantes para as instituições políticas. O eleitor é o principal e o político é seu agente. Cabe, portanto, que a legislação não permita que o agente esconda de seu eleitor sua ação. Não tem o mínimo sentido que votações no Congresso, nas Assembleias Legislativas, nas Câmaras de Vereadores sejam secretas. O eleitor escolheu seu representante e tem o direito de saber qualquer ação que o agente faça em seu nome. O mandato do político conferido pelo eleitor não lhe pertence. Ele não pode negociá-lo como se fosse uma propriedade sua, trocando de sigla partidária ao seu bel-prazer.

A falta de transparência no financiamento dos partidos políticos não permite ao eleitor saber se existe algum interesse oculto na ação dos políticos que o representam. Esse problema existe em qualquer sociedade democrática. Não é uma tarefa fácil criar mecanismos que coíbam o uso do "caixa dois" nas campanhas políticas, e das "sobras" de campanha para aumento do patrimônio pessoal. Todavia, os mecanismos de punição devem ser aperfeiçoados, inclusive com a perda do mandato, para que esse tipo de comportamento seja desestimulado. (22/5/2007)

O Brasil precisa de 37 ministérios?

Nas últimas décadas, o organograma do governo brasileiro tem como objetivo acomodar os partidos políticos com cargos ministeriais, e não a eficiência da administração pública. Como não existiam ministérios para tanta demanda, o jeito foi criar novos ministérios.

O Brasil tem atualmente 37 ministérios divididos por diferentes áreas de atuação do governo. Na agricultura, há três ministérios: Agricultura, Desenvolvimento Agrário e Pesca, admitindo-se que esta atividade deveria ser incluída no Ministério da Agricultura. Na economia, existem quatro: Fazenda, Planejamento, Secretaria de Assuntos Estratégicos e Banco Central. No caso do Banco Central, pode-se argumentar que o *status* de ministro deve-se ao fato de que o presidente do Banco Central, como ministro, tem como foro o Supremo Tribunal Federal em vez da justiça comum, como ocorria antigamente.

A Presidência da República é recordista em ministérios, contando com uma equipe de cinco: Casa Civil, Secretaria de Comunicações, Secretaria-Geral, Secretaria de Relações Institucionais e Gabinete de Segurança Institucional. A área da Justiça não fica atrás da Presidência da República. Além do Ministério da Justiça, existe um para Direitos Humanos, outro para Igualdade Racial, a Advocacia-Geral da União e a Controladoria-Geral da União. A Secretaria Especial das Mulheres poderia entrar também nessa área.

A área de desenvolvimento tem cinco ministérios: Desenvolvimento Industrial e Comércio Exterior, Turismo, Meio Ambiente, Comunicações e Ciência e Tecnologia. A área de integração tem três ministérios: Integração, Cidades e Desenvolvimento Social. O Ministério do Trabalho e da Previdência Social foi dividido em dois: Trabalho e Previdência. O Ministério dos Transportes foi dividido em dois: Transportes e Portos. A Educação, a Cultura e os Esportes transformaram-se em três ministérios.

Os ministérios de Minas e Energia, Saúde e Relações Exteriores ainda não foram divididos, mas quem sabe se um dia não aparece alguém para fatiá-los. O Ministério da Defesa foi o único na contramão: o Exército, a Marinha e a Aeronáutica foram fundidos num único ministério, que passou a ser comandado por um civil.

A pergunta que ocorre a alguém que analisa esse tipo de organização é a seguinte: qual o número de ministérios em outros países? A Austrália, além do primeiro-ministro e do seu vice, tem 18 ministérios. A Alemanha tem 15. Os Estados Unidos, 14. A França também tem 14 e o Reino Unido 21 ministérios. Será que o Brasil é diferente e precisa de 37 ministérios?

Há muita gente em nosso país que acredita que a criação de um ministério é o caminho para resolver um problema administrativo. A mesma mentalidade existe nos estados, com a criação de secretarias que, na verdade, são mecanismos de acomodação política. A experiência tem mostrado que o inchaço do organograma do Estado não resolve nada; apenas aumenta custos e ineficiência.

A presidente Dilma Rousseff percebeu a inviabilidade de uma reunião ministerial com tanta gente. Se cada um falasse durante cinco minutos, a reunião levaria um pouco mais de três horas (185 minutos) somente para ouvir o que cada um teria a dizer. Ela determinou, então, a divisão dos ministérios em quatro grupos temáticos: Desenvolvimento Econômico, Gestão e Competitividade, Erradicação da Miséria e Movimentos Sociais, decidindo também que os ministérios da Fazenda, Planejamento e Casa Civil participarão dos quatro grupos. Todavia, a melhor opção seria uma reforma administrativa, feita por gente especialista nessa área, que tivesse como objetivo a eficiência do governo. (1/2/2010)

P.S. O governo Temer reduziu o número de ministérios para 28. Foi um progresso, mas continuamos na mesma situação de antes: loteando a administração pública em troca de apoio político. O governo Bolsonaro reduziu ainda mais o número de ministérios, de 28 para 22 em 2019 e 23 em 2020. Não loteou os cargos, mas não cumpriu sua promessa de campanha de reduzir para 15 o número de ministros.

A hiperinflação da violência

A Penitenciária de Pedrinhas, no Maranhão, virou manchete dos jornais com dois fatos: (1) ordem de presos para que marginais incendiassem ônibus, o que resultou na morte de uma criança e várias pessoas feridas com queimaduras, e (2) divulgação de um vídeo mostrando a decapitação de presos de facções rivais. A governadora do Maranhão, Roseana Sarney, tentando explicar tais eventos, afirmou (*O Globo*, 9 jan. 2014): "Um dos problemas que está piorando a segurança é que o Estado está mais rico, o que aumenta o número de habitantes". A proposição de que o aumento da renda *per capita* gera maior criminalidade não resiste a uma análise isenta dos fatos. Qualquer pessoa que morou e/ou viajou pelos países do Primeiro Mundo sabe que a segurança pública faz parte do cotidiano, pois nesses países o Estado funciona.

Já quem mora em nosso país está cansado de saber, por sua própria experiência, de sua família, de seus vizinhos, dos meios de comunicação (televisão, internet e jornais), que a segurança pública deixou de funcionar há muito tempo. As cadeias brasileiras, como a do Maranhão atesta, são verdadeiras escolas de pós-graduação do crime, que transformam presos em bestas, com seus alunos demonstrando requintes de crueldade incompatíveis com a convivência em sociedade.

O Estado brasileiro tem fracassado numa das suas funções básicas: a segurança pública. A questão da segurança não é um problema do partido político X ou Y. Ela é um problema da sociedade brasileira, que até agora se comporta como se a responsabilidade fosse apenas dos governantes, que agiriam sem procuração da população que representam.

O Estado tem dois monopólios importantes: a moeda e a violência. Na década de 1980 e início dos anos 1990, o Brasil teve um processo de hiperinflação gerado pelo uso da moeda para financiar o déficit público. Existem dois tipos de tratamento para essa patologia: gradual e choque. Nesse tipo de doença, o tratamento gradual não funciona, porque sua origem tem de ser extirpada completamente e de uma única vez. O Brasil, depois de várias tentativas, conseguiu, com o Plano Real, acabar com a hiperinflação da moeda com um tratamento de choque previamente anunciado. Não existe experiência histórica de sucesso no combate à hiperinflação com um tratamento gradual.

A patologia da hiperinflação da violência requer um tratamento de choque que abranja todo o sistema de segurança pública: (1) legislação, (2) Justiça e (3) polícia e sistema carcerário. A legislação tem de ser feita para ser cumprida. As penas para certos tipos de crime são brandas e está na hora de pensarmos em penas de prisão perpétua para crimes hediondos. Não adianta ter leis se não existe um sistema que obrigue o cidadão a cumpri-las. A Justiça, muito bem paga se comparada com países que têm renda mais elevada que o Brasil, precisa deixar de proteger o réu, preocupada em não enviar o inocente para a cadeia. Ela acaba deixando os culpados livres. A polícia precisa ser reorganizada para que o cidadão nela confie ao invés de temê-la. Diferentemente da hiperinflação, é possível adotar um tratamento gradual, ou tratamento nenhum, para a violência, e continuarmos convivendo com esse circo dos horrores. A escolha é nossa, como eleitores, e não do prefeito, governador ou presidente da República. (22/1/2014)

Vale quase tudo

Na segunda metade da década de 1970, a Lei de Gérson ficou famosa no Brasil. Gérson, o grande supercraque meia-armador da Copa do Mundo de 1970, fez um anúncio para um cigarro dizendo que se você gostasse de levar vantagem em tudo deveria comprá-lo, pois ele era melhor do que os outros e mais barato. A Lei de Gérson consiste em deixar de lado a moral e a ética com o objetivo de levar vantagem em tudo. Gérson arrependeu-se do anúncio por ter seu nome associado ao comportamento do predador social.

Nos últimos 10 anos, a Lei de Gérson voltou com mais força e domina o cotidiano de quem vive neste país. Eu vou me inspirar no título do musical de sucesso, uma peça imperdível sobre a vida de Tim Maia, escrita por Nelson Motta, para denominar a nova versão da Lei de Gérson — a Lei do Vale-Tudo. Certamente, se fosse vivo, Tim Maia, como Gérson, não gostaria de ver seu nome associado ao comportamento antissocial que predomina na política, mas que também atinge o convívio social.

O brasileiro está tão mal-educado que não aperta o botão de descarga dos banheiros de cinemas, teatros, centros comerciais e outros lugares públicos. Nas ciclovias, os casais ocupam as duas pistas como se eles tivessem o direito de uso, mas não a obrigação de deixar os outros também usarem o espaço público. O mesmo comportamento predador é feito pelo pequeno jipe da polícia e do corpo de bombeiros, que, em vez de dar o exemplo, informa-nos que está seguindo ordens superiores para proteger os ciclistas.

No trânsito, os veículos não são meio de transporte, mas sim instrumentos de agressão ao próximo, desafiando a lei da física segundo a qual dois corpos não podem ocupar o mesmo espaço. Numa via em que existem várias pistas, a da esquerda seria de ultrapassagem. Ledo engano, aqui no Brasil. O motorista que está na velocidade máxima permitida atribuiu a si o poder de polícia e dirige sempre na pista da esquerda. Se você pedir passagem ele vai diminuir a velocidade para irritá-lo. Moral da história: a pista da direita tornou-se a pista de ultrapassagem, invertendo a regra do bom senso.

Nos cinemas, teatros e *shows*, o público usa o telefone celular, por motivos os mais bizarros, causando um ambiente desagradável para quem pagou para ver o espetáculo. Algumas vezes o artista interrompe o *show* ou a peça pedindo ao público que se comporte, mas este ignora solenemente e continua mostrando seu desprezo pela ética e pela educação.

Nos restaurantes, as pessoas gritam, pois todo mundo fala ao mesmo tempo e ninguém escuta. Uma verdadeira sinfonia barulhenta de falta de comunicação e educação. Todo mundo quer alugar o ouvido do outro, mas não tem a mínima paciência para permitir que os outros falem.

Em qualquer circunstância, o predador social brasileiro não é responsável por nada. A responsabilidade é sempre de outrem. Antigamente as mazelas da nossa economia eram atribuídas ao FMI, ao imperialismo norte-americano ou aos portugueses que deixaram um legado impossível de ser consertado. Quando nenhuma dessas justificativas funciona, apela-se para forças ocultas.

Como será o comportamento dessas pessoas quando assumem cargos públicos nos governos municipal, estadual e federal? O comportamento do predador social, do vale-tudo, passa a ter um campo de ação bem maior, porque agora ele pode negociar secretarias, ministérios, diretorias de empresas e órgãos públicos em troca de apoio e de favores presentes e futuros. Tudo isso pago com o dinheiro do contribuinte. O discurso do predador social obviamente esconde suas verdadeiras intenções e sempre justifica sua ação alegando o crescimento econômico e a justiça social.

Como resolver este imbróglio? Aqui poder-se-ia alegar o velho problema: quem veio primeiro: o ovo ou a galinha? Na verdade, tal processo é circular, o vale-tudo das pessoas alimenta os políticos e o comportamento dos políticos realimenta o vale-tudo das pessoas. Como quebrar esse processo circular? A resposta para essa pergunta pode ser encontrada nos países de vários continentes — na América do Norte, na Europa, na Ásia e na Oceania —, que conseguiram atingir um elevado padrão de desenvolvimento econômico e social. Não é necessário reinventar a roda. A sociedade brasileira precisa construir instituições que obriguem todos os cidadãos a pautarem seus comportamentos pela ética e pela moral.

O título do ensaio "Vale quase tudo" em vez de "Vale tudo" é uma lembrança de que existem pessoas que acreditam que as instituições são importantes na construção de um país. Felizmente, a violação de regras legais nem sempre fica impune, como aconteceu com o Mensalão. (21/3/2014)

O feitiço dos instrumentos

A campanha presidencial serviu de palco para que ambos os candidatos usassem, no segundo turno, um argumento bastante comum em discussões sobre temas econômicos em nosso país. O argumento baseado no feitiço dos instrumentos. O feitiço é usado quando se tem a intenção de influenciar alguém, recorrendo a crenças, em vez da razão. No caso do feitiço dos instrumentos, procura-se demonizá-lo, de tal sorte que qualquer uso que se faça do mesmo provocará o mal.

Na economia, um instrumento de política é empregado para atingir-se um objetivo. A primeira coisa que se deve fazer é analisar se o instrumento é adequado para atingir o objetivo almejado. Um exemplo clássico desse tipo de análise foi a proposta de Milton Friedman de utilizar-se do estoque da moeda (instrumento) para controlar a inflação (objetivo). O veredicto dessa controvérsia pelos principais bancos centrais do mundo foi de que esse instrumento era inadequado, optando-se pela taxa de juros, como faz o Bacen no programa de metas de inflação. O feitiço da taxa de juros é usado, de vez em quando, por aqueles que querem demonizar a política monetária. O Bacen tem cumprido, nos últimos anos, rigorosamente as metas de inflação. Por que demonizar a taxa de juros? A questão aqui é outra: o que fazer para reduzi-la sem prejudicar a inflação?

O superávit primário tornou-se um instrumento de política fiscal na economia brasileira no final do primeiro mandato do presidente Fernando Henrique Cardoso. O objetivo da política fiscal era tornar sustentável o endividamento público, que naquela oportunidade aumentava como bola de neve. De lá para cá, a taxa de juros real da dívida pública diminuiu substancialmente, permitindo que na crise financeira do *tsunami* norte-americano o governo tivesse instrumentos fiscais para torná-la apenas uma marola em nosso país. A jogada contábil, com a operação de capitalização da Petrobras aumentando de maneira artificial o superávit primário, certamente não é um caminho que se recomende no futuro, pois ninguém é bobo para se deixar enganar por maquiagem de balanços.

O feitiço da privatização é usado, segundo marqueteiros políticos, para lidar com o imaginário de segmentos da população que associam a privatização com um sentimento de perda. Na verdade, esses segmentos deveriam ser informados de que o bem-estar que eles têm hoje se deve, em parte, às privatizações.

As privatizações no Brasil não foram feitas por motivos ideológicos, mas sim porque o Estado brasileiro estava quebrado, e essa situação pré-falimentar produziu a hiperinflação, que corroía a renda das classes pobres deste país. A solução da hiperinflação requeria um ajuste fiscal profundo das finanças públicas. O Estado brasileiro não tinha sequer recursos para pagar suas contas, que dirá para aportar recursos para siderurgia, mineração, telecomunicação, aeronáutica. Esses setores foram privatizados, e graças a esse instrumento suas empresas se expandiram, não somente criando novos empregos, mas também alcançando posição de destaque mundial em suas áreas de atuação.

Os bancos estaduais, que foram privatizados, eram usados pelos governos dos estados a que pertenciam para transferir suas dívidas para o governo federal. Eles emitiam cheques sem fundos que eram honrados pelo Bacen. Funcionavam, na verdade, como se fossem banco central, emitindo moeda. A conclusão a que se chega, com todos esses exemplos, é a de que ninguém merece o feitiço dos instrumentos. (27/10/2010)

Direitos e privilégios

No mês de janeiro ocorreram manifestações na cidade de São Paulo contra o aumento das passagens dos transportes públicos, um fenômeno que se tornou bastante comum em várias cidades brasileiras nos últimos tempos. Tais manifestações não demandam apenas a simples revogação dos aumentos das tarifas, mas também que os transportes públicos sejam de graça para todo mundo. Possivelmente as pessoas que participam destas manifestações defendem a proposta de que o transporte público é direito de todos e que cabe ao Estado arcar com os custos do mesmo.

Quem viaja ou já viajou pelo mundo, e mesmo visitou a antiga União Soviética, não vai encontrar países nos quais os transportes públicos sejam gratuitos. Daí surge a pergunta: por que grupos da sociedade brasileira defendem proposta tão estapafúrdia? A resposta para essa pergunta está na diferença entre direitos e privilégios. Um exemplo hipotético, bastante simples, serve para ilustrar o argumento.

Imagine que uma instituição financeira de um país, que tenha como moeda o dólar norte-americano, te ofereça um empréstimo de US$ 1 milhão com uma taxa de juros negativa igual a –10% a.a. Isso significa dizer que ao final de um ano, ao invés de pagar, você vai receber US$ 100 mil. Quem não aceitaria esse presente? A pergunta de alguém desconfiado com tal oferta seria: quem é o doido que vai oferecer um empréstimo desse tipo?

O doido, de doido não tem nada, mas a resposta é simples: alguma instituição financeira ligada a um governo e um pouco de inflação para disfarçar a operação. O truque é simples: a instituição financeira do governo empresta a uma taxa de juros menor do que a taxa de inflação, usando algum pretexto para justificar o privilégio injustificável. Vejamos como funciona na prática. Suponha que a taxa de inflação anual seja de 7% a.a. e a taxa de juros anual seja de 5% a.a. No início do ano, o privilegiado tomou emprestado R$ 1 milhão. No final do ano, pagou de juros R$ 50 mil, e sua dívida, em termos reais, é aproximadamente de R$ 930 mil, a preços do início do ano. Tudo se passa como se ele tivesse recebido um presente de R$ 70 mil. Na verdade, o presente foi bem maior, pois é de se esperar que ele arranje um mecanismo para aplicar esse dinheiro no mercado a taxas que embutem a inflação e ainda lhe propicie um rendimento real.

O Brasil é um país cheio de privilégios, não somente para o andar de cima, mas concentrado também nos diferentes grupos e classes que têm acesso às benesses extraídas do Estado. Alguns destes privilégios são "legais", mas na verdade constituem-se em apropriação indébita, do ponto de vista ético e moral, de impostos do contribuinte. Nesse ambiente, é natural que as classes mais pobres queiram também alguns privilégios. Afinal de contas, elas também são filhas de Deus. Moral da história: acabe-se com os privilégios de uns poucos para que a maioria da população não seja injustiçada, tendo de comer o pão que o diabo amassou, e ainda por cima pagar com seus impostos o banquete dos privilegiados. (22/1/2015)

O imbróglio dos *royalties* do petróleo

A rejeição do veto da presidente Dilma à Lei nº 12.734 pelo Congresso Nacional levou os estados produtores de petróleo a baterem às portas do Supremo Tribunal Federal pedindo a suspensão dessa lei por ser inconstitucional. O resultado dessa batalha jurídica é imprevisível, mas o imbróglio dos *royalties* do petróleo ainda vai se arrastar por um bom tempo. Quem tem razão nessa briga? Qual seria a melhor maneira de resolver o conflito entre os estados (e municípios) produtores e os demais estados?

O *royalty* é uma renda (no sentido econômico, um pagamento efetuado sem a contrapartida de um serviço prestado) paga pela empresa que extrai o petróleo ao proprietário da jazida, no caso, a União, que é a proprietária do subsolo de acordo com nossa Constituição. Antes da Lei nº 12.734, a repartição do *royalty* era feita da seguinte maneira: (1) 30% para a União; (2) 26,25% para os estados produtores; (3) 26,25% para os municípios produtores; (4) 8,75% para os municípios afetados, e o restante para os estados e municípios não produtores. Alguém não familiar com o tema fará a seguinte pergunta: por que os estados e municípios produtores devem receber uma parte do *royalty*?

A resposta é: os estados e municípios onde se localizam a extração e produção do petróleo têm de fazer investimentos na infraestrutura para suportar essa nova atividade econômica. Em alguns casos, há necessidade de investimentos na prevenção de acidentes ambientais e/ou na proteção do meio ambiente. Portanto, não há nada de errado em os estados e municípios produtores receberem uma parcela dos *royalties*.

A descoberta do pré-sal tornou o *status quo* inviável, porque os estados e municípios não produtores perceberam que eles não teriam um pedaço desse novo bolo, que crescerá de forma substancial. Que argumento eles poderiam usar para mudar as regras de divisão dos *royalties*? O argumento de justiça social: todos nós somos brasileiros. Qualquer riqueza no subsolo do território nacional não pertence a nenhum estado, ou município, mas sim a todos. Logo, não há razão para exclusão, mas sim para inclusão.

A coalizão dos estados não produtores, além de aprovar a nova lei, foi capaz de rejeitar o veto da presidente Dilma. Na nova lei, os estados não produtores passam a ter uma participação de 20% e os municípios não produtores também têm uma participação de 20%. Os estados e os municípios produtores são os grandes perdedores. Essa nova repartição dos *royalties* vale tanto para os contratos de exploração futuros quanto para os vigentes.

Os argumentos apresentados até aqui mostram que todo mundo tem razão. Como resolver o conflito? A nova riqueza do pré-sal é uma oportunidade de ouro para o Brasil fazer uma reforma urbana, transformando as favelas em bairros, removendo população de áreas de risco que trazem todo ano as tragédias do verão, investindo na infraestrutura com redes de esgoto, sistemas de transportes públicos modernos e eficientes integrando as áreas metropolitanas, e assim por diante. A conta dessa reforma seria paga com os recursos do pré-sal, trocando uma forma de capital (as jazidas de petróleo) por outra (os equipamentos urbanos). Para viabilizar esse projeto urbano, *os royalties* do pré-sal seriam destinados a um fundo, administrado por banco, como o BNDES, que seria responsável pela reforma urbana num prazo predeterminado.

Para alguém que já conhece bem a realidade brasileira, a proposta do fundo é uma miragem no deserto. Os *royalties* do petróleo devem se transformar num Plano Jorginho Guinle, o grande *playboy* brasileiro, que gastou todo o seu patrimônio consumindo do bom e do melhor. No caso dos *royalties* do petróleo, o consumo de alguns certamente aumentará, mas boa parte da população continuará morando em favelas e levando a vidinha de sempre. Oxalá que eu esteja errado. (22/3/2013)

Petrobras: o balanço da Lava Jato

A Petrobras finalmente divulgou, no dia 22 de abril de 2015, o balanço de 2014, o balanço da Lava Jato, com um prejuízo de R$ 21,6 bilhões e a contabilização de R$ 6,2 bilhões do custo da corrupção. Nunca antes na história do Brasil algo semelhante tinha acontecido. Será que algo similar poderá acontecer no futuro?

Nosso país tem uma longa tradição de corrupção. Vários políticos brasileiros acumularam uma fortuna ao longo de suas vidas tendo como fonte de renda os salários dos cargos públicos que ocuparam. Eles poupavam quase tudo que ganhavam e aplicavam em investimentos com taxas de retorno mirabolantes. Engana-me que eu gosto. A corrupção não ocorria apenas pela subtração direta de recursos públicos. As concessões de rádios e televisões, por exemplo, não eram feitas por meio de leilões, mas sim dadas aos amigos e/ou laranjas.

Qual a diferença entre a corrupção do Mensalão e da Lava Jato da corrupção que faz parte do cotidiano deste país? Alguém poderia argumentar que corrupção é corrupção e colocar o Mensalão e a Lava Jato na vala comum dos crimes contra o patrimônio público. Todavia, existem nesses dois casos características que os diferenciam dos demais crimes. Não somente por serem cometidos por grupos organizados, mas por envolverem diretores de empresas estatais.

Na língua inglesa, existem duas palavras muito parecidas: *shareholder* e *stakeholder*. A primeira corresponde a acionista, aquele que tem ações de uma determinada empresa. A segunda será traduzida por parte interessada. Numa empresa qualquer, existem várias partes interessadas: os trabalhadores, os clientes, os fornecedores de matérias-primas, as empresas terceirizadas, as empresas contratadas para realização de obras de construção civil, as empresas que constroem e instalam os equipamentos etc.

Na época do Mensalão, o ex-deputado Roberto Jefferson, quando denunciou todo o esquema, afirmou que a principal razão para os políticos estarem interessados na indicação de diretores para as empresas estatais era o financiamento dos partidos políticos. Os políticos se tornaram, nos últimos anos, parte interessada nas empresas estatais brasileiras. Isto é, a partilha dos cargos nas empresas estatais no processo de negociação política criou o ambiente para a nova corrupção.

Como impedir que este fenômeno ocorresse novamente? Impedindo que os políticos sejam parte interessada nas empresas estatais. Aliás, as empresas estatais pertencem ao Estado, e não ao governo que esteja no poder. A sociedade brasileira deveria modificar a governança das empresas estatais para que os políticos não coloquem a ganância a serviço de seus interesses pessoais. Outros países já trilharam esse caminho, como é o caso de Cingapura, cuja empresa aérea estatal (Singapore Airlines) é considerada uma das melhores empresas aéreas do mundo. Não há necessidade de inventar a roda. Basta adotar mecanismos de indicação e seleção da diretoria da empresa estatal que não contemplem interferência de políticos. (24/4/2015)

A lista de Fachin

O ministro Edson Fachin, do Supremo Tribunal Federal, relator da Operação Lava Jato, divulgou, em 11 de abril de 2017, a lista de políticos, com foro privilegiado, a serem investigados pela Procuradoria-Geral da República. A lista, baseada nas delações premiadas de 78 executivos da Odebrecht, passou a ser conhecida como lista de Fachin (LF). Os políticos incluídos nessa lista são suspeitos de corrupção, aceitando dinheiro não contabilizado para o financiamento de campanhas eleitorais, conhecido como "caixa dois", e/ou pagamento por "serviços" prestados, por exemplo, aprovar medidas provisórias e intermediar a obtenção de contratos para a Odebrecht em empresas estatais.

Tabela 30
Lista de Fachin

Partidos políticos	Número de políticos investigados
PT	20
PMDB	16
PSDB	13
PP	9
PSP, DEM	5
PR, PSB	4
PCdoB, PRB	3
PMN, PPS, PTB, PTdoB, PTC	1

Fonte: elaborada pelo autor.

A tabela 30, apesar de não incluir o universo dos investigados, mostra a abrangência da LF. O PT ocupa o primeiro lugar, o PMDB o segundo, o PSDB o terceiro e o PP ocupa a quarta posição. Os presidentes da Câmara e do Senado fazem parte da LF. O presidente Temer, mencionado nas delações, não foi incluído na LF porque, legalmente, como presidente da República, não responde por fatos ocorridos antes de assumir a presidência da República. Existe ainda a segunda lista de Fachin, daqueles que não têm foro privilegiado, na qual estão incluídos os ex-presidentes FHC, Lula e Dilma. O ex-presidente Collor faz parte da primeira lista porque é senador. Essa lista, caso as acusações sejam comprovadas, mostra a precariedade das nossas instituições. Como explicar tais fatos e o que fazer para que eles não se repitam?

Antes de responder a essa pergunta, cabe fazer algumas observações. A primeira é de que o PT prestou um grande serviço ao país com a Operação Lava Jato. O mecanismo montado pelo PT, na Petrobras, para o financiamento de suas campanhas eleitorais, descoberto por obra do acaso com a prisão de Paulo Roberto Costa, ex-diretor da Petrobras, permitiu que se conhecesse toda a relação incestuosa entre as empreiteiras e os partidos políticos. Em segundo lugar, o PT, que se apresentava como defensor da ética e da moral, mostrou que o voluntarismo na prática não funciona. Em terceiro lugar, muitos políticos alegam que o crime de caixa dois deve ser diferenciado do crime de corrupção. O caixa dois não seria tão grave quanto a corrupção. Nessa questão, concordo com o juiz Sergio Moro, que afirmou que roubar a eleição é mais grave do que roubar para comprar uma bolsa Louis Vuitton. Ademais, o que um político faz quando sobra dinheiro do caixa dois? Devolve ao doador ou embolsa para usá-lo a seu bel-prazer?

A teoria econômica, desde as contribuições de Gary Becker, prêmio Nobel de Economia de 1992, usa o arcabouço da escolha para entender o comportamento humano em atividades ilegais, como corrupção, crime, uso de drogas etc. O político, como qualquer pessoa, toma decisões baseado em seu próprio interesse. Ele calcula os benefícios e os custos de cada decisão. O principal benefício do caixa dois é sua eleição. O custo do caixa dois é o valor esperado de ser descoberto praticando um ato ilegal e a pena correspondente. Pelo visto, esse custo era bastante baixo, pois um grande número de políticos brasileiros usou tal expediente.

O que fazer para impedir a repetição da corrupção desenfreada nas eleições? Reduzir o benefício e aumentar o custo para o político. O benefício pode ser reduzido pela perda do mandato respectivo, e o custo aumentado estabelecendo que esse político se torne inelegível pelo resto de sua vida. A existência do caixa dois pressupõe um doador de recursos. Este também deve ser punido, para que ele pense duas vezes antes de fazer a operação ilegal. Qualquer empresa, ou pessoa física a ela ligada, que faça esse tipo de doação não terá permissão de fazer qualquer negócio com o setor público pelo resto da vida.

Essas ideias são inspiradas no caso de Spiro Agnew, vice-presidente norte-americano, de 1969 a 1973, quando Richard Nixon era o presidente. O mecanismo da delação premiada levou os promotores norte-americanos a descobrirem que Spiro Agnew tinha recebido propina desde o tempo em que era governador do estado de Maryland. A pena dele não foi a cadeia, mas a renúncia, com a confissão de culpa e o compromisso, por escrito, de que jamais se candidataria a qualquer cargo público.

A lista de Fachin é o retrato do comportamento de políticos brasileiros no passado. O futuro pode ser diferente se mudarmos as regras do jogo, isto é, as instituições. (24/4/2017)

Discurso *versus* prática no Brasil

O presidente Lula criticou o hábito dos brasileiros de falarem mal do seu país. Ele observou, também, que esse tipo de comportamento não é comum em outros países. A constatação do presidente Lula nos remete à seguinte questão: por que temos esse hábito? Uma das possíveis respostas para a pergunta é o abismo entre o discurso e a prática no Brasil. O discurso consiste em criticar tudo que não funciona. A prática consiste em deixar tudo do jeito que está.

Na sociedade moderna, duas instituições são fundamentais para o progresso e o bem-estar dos cidadãos: o mercado e o Estado. Depois da queda do Muro de Berlim e da derrocada do socialismo real, não faz mais sentido acreditar no antagonismo entre o Estado e o mercado. Cada sociedade combina essas instituições em proporções diferentes, mas uma não é substituta para outra. O mercado cuida da eficiência e o Estado da equidade. O povo brasileiro não foi capaz, até agora, de construir um Estado que produza equidade e que estabeleça regras para tornar o mercado mais eficiente.

Algumas características do funcionamento do Estado brasileiro são até folclóricas. As pessoas precisam contratar um intermediário, o despachante, quando necessitam de determinados serviços do Estado. Em inglês não há tal palavra, porque essa função simplesmente não existe. Nesse caso, como diz o ditado popular, o Estado brasileiro cria dificuldades para vender facilidades.

Alguns órgãos da administração pública (Polícia Federal, Receita Federal, controle de voo, fiscalização de diversos tipos e níveis de governo) de vez em quando implementam a chamada "operação padrão" com o objetivo precípuo de importunar a vida do cidadão. Se tal manual de "operação padrão" faz parte das normas de trabalho de cada um desses órgãos, ele deveria ser jogado na lata de lixo imediatamente e substituído por outro que realmente descrevesse a operação padrão de cada dia.

A isonomia faz parte do discurso de igualdade na remuneração dos professores no ensino público brasileiro. Dois professores com a mesma titulação, de áreas diferentes, devem receber o mesmo salário. Esse tipo de proposição agride a lógica econômica, pois supõe que os custos de oportunidade de médicos, economistas, engenheiros, advogados, filósofos são todos iguais. Na prática, o "jeitinho brasileiro" encarrega-se de corrigir a distorção. Novamente, o discurso é um e a prática é outra.

Alguns economistas brasileiros são mestres em ter uma prática bem diferente do discurso. Quando deixam o governo, têm solução para tudo. Quando lá estavam, foram incapazes de fazer o que pregavam e/ou implementar as soluções que propunham. Outros passaram sua vida fora do governo defendendo algumas ideias e quando lá chegaram fizeram justamente o oposto do que pregavam. A coerência entre o discurso e a prática não é cobrada pela sociedade por meio das organizações da sociedade civil e da imprensa, e mesmo no mundo acadêmico nem sempre os economistas se curvam diante dos fatos. A retórica prevalece. A cobrança é feita na coerência do discurso, mesmo que ele seja vazio de conteúdo e contrário ao que se faz na prática.

No Brasil, existem leis para tudo ou quase tudo. Todavia, para que uma lei funcione, tem de haver a obrigatoriedade de cumpri-la. A falta de sanção pelo seu descumprimento é infelizmente a regra.

Enfim, cada um critica o Estado que não funciona, mas quando se tem a oportunidade de assumir postos em um dos três poderes — Legislativo, Executivo ou Judiciário —, pouco se faz para mudar o *status quo*. Por que existe tal distância entre o discurso e a prática? O jogo da nossa sociedade é um jogo não cooperativo que não pode ser alterado pelo comportamento individual. O indivíduo grita, mas não apita. A crítica de cada pessoa não se transforma em ação coletiva para mudar as instituições e criar uma sociedade que seja motivo de orgulho para todos nós.

A cooperação pressupõe que haja alguém coordenando a mudança da solução do jogo. O presidente Lula poderia ter contribuído para que o brasileiro deixasse de ser tão crítico com relação ao seu país. A coordenação da mudança da solução do jogo é uma tarefa que um presidente da República pode exercer e levar a cabo por meio de reformas — política, fiscal, previdenciária, judiciária, educacional e administrativa — aprovadas pelo Congresso, a fim de que nossas instituições sejam redesenhadas. Caso contrário, continuaremos no nosso esporte de todo dia: falar mal de nós mesmos. (28/6/2007)

Teoria da conspiração

O fracasso da Seleção brasileira na Copa de 2006 produziu um bom número de hipóteses tentando explicar a maior humilhação do nosso time na história das Copas do Mundo. A hipótese mais pitoresca era a da teoria da conspiração. De acordo com essa teoria, tudo estava preparado para que a Alemanha ganhasse a Copa. A derrota da Alemanha contra a Itália mostrou que tal hipótese não tinha sustentação nos fatos, levando o João Ubaldo Ribeiro, um defensor da mesma, a reconhecer, no dia seguinte, que tinha quebrado a cara.

A teoria da conspiração é bastante popular no Brasil e tem sido muito usada para "explicar" alguns fenômenos econômicos. Essa teoria atribui, em geral, a alguma organização externa ou interna, ou a algum tipo de complô, as origens dos nossos problemas. Essa teoria é bastante confortável, porque nos exime de qualquer responsabilidade na solução dos problemas.

A esquerda brasileira usou durante muito tempo o refrão "fora FMI" para identificar aquela instituição como a causa de nossas crises de balanço de pagamentos. Em vez de procurar um bode expiatório, seria mais adequado buscar os verdadeiros responsáveis pelas políticas macroeconômicas que levaram o país a gastar muito mais do que seria recomendável, acumulando dívida externa e levando a uma situação que necessitava um avalista externo para convencer nossos credores de que honraríamos os compromissos assumidos. O FMI, na verdade, era a ambulância que chegava à porta da casa do paciente acometido de doenças provocadas pela incompetência das políticas domésticas. Confundia-se um membro da equipe médica com a causa da doença. A ambulância poderia até ser portadora de alguma infecção hospitalar, mas o grito "fora FMI" não contemplava essa opção.

O tripé da política macroeconômica — superávit primário, câmbio flexível e regime de metas de inflação — adotado no segundo mandato do presidente FHC e seguido pelo presidente Lula tornou dispensável o FMI, mostrando que a teoria da conspiração não tinha sustentação nos fatos. Isto é, o FMI só aparece quando não se faz direito o dever de casa.

Em outro caso da teoria da conspiração, o Bacen tem sido acusado de impedir o crescimento da economia brasileira com sua política de juros altos. De acordo com tal hipótese, bastaria o Bacen reduzir a taxa de juros para que o milagre do crescimento econômico ocorresse. Infelizmente, a ignorância está ao alcance de todos. Basta, nesse caso, que não se conheça a teoria e a política monetária adotada pela maioria dos bancos centrais do mundo — o Fed norte-americano, o European Central Bank (ECB) da zona do euro, os bancos centrais da Inglaterra, do Japão, da Austrália, da Nova Zelândia, do Canadá, da Suíça e muitos outros.

A teoria monetária usada hoje em dia, na inexistência de uma alternativa melhor, é a de que no longo prazo a política monetária determina apenas a taxa de inflação, e no curto prazo contribui para a estabilização do nível de produto e emprego da economia. No Brasil, usou-se, até 1994, a política monetária para emitir moeda e financiar o Estado. Desde o Plano Real, o Bacen tem como objetivo o controle da inflação. O sucesso atual do regime de metas implementado em 1999, depois do colapso do regime de câmbio administrado, com a taxa anual convergindo para a meta estabelecida, mostra novamente que a teoria da conspiração não tem sustentação nos fatos.

E o crescimento econômico? Como fazer para retomar a taxa de 7% a.a. do nosso período áureo? O vexame dos últimos 25 anos é comparável ao do time de Parreira, da Copa do Mundo de 2006, que, como técnico, é responsável por aquele futebol de time de várzea. Por analogia, os presidentes do Brasil e seus ministros das áreas econômicas desde o início da década de 1980 são responsáveis pela incapacidade de diagnosticar e remover as causas que impedem o aumento da taxa de crescimento da economia brasileira. A raiz do problema é a crise fiscal do Estado, que usa poupança privada para financiar gastos correntes. A miopia de curto prazo dos governantes do dia ao satisfazer as pressões dos grupos organizados impede que o país cresça a taxas iguais àquelas que tivemos no passado. O Bacen não tem nada a ver com isso.

No futebol, como na economia ou em qualquer outra atividade humana, é importante que exista um responsável com a obrigação de prestar contas pelos seus atos. A simples substituição do Parreira por outro técnico não vai impedir que a experiência da Copa de 2006 se repita. (21/7/2006)

P.S. Errei redondamente ao afirmar que a derrota da Seleção brasileira na Copa do Mundo de 2006 tinha sido a maior humilhação da nossa história. Substituímos Parreira pelo Felipão e tivemos, com a derrota acachapante para a Alemanha em 2014, a mega-humilhação do nosso futebol.

Lições políticas da crise financeira

Não há divergência entre os analistas da crise financeira de 2007-2008: houve falha no funcionamento dos mercados financeiros e na sua regulação pelo Estado. A combinação desses dois fatos produziu a maior crise desde a Grande Depressão de 1929. Por outro lado, a crise financeira tem servido de pretexto para que muitos políticos e economistas queiram retornar ao mundo bipolar da época do Muro de Berlim, quando o Estado era uma alternativa ao mercado para os que seguiam a cartilha de Moscou. O gráfico 22 procura tornar transparentes as opções ideológicas.

Gráfico 22
Esquerda *versus* direita

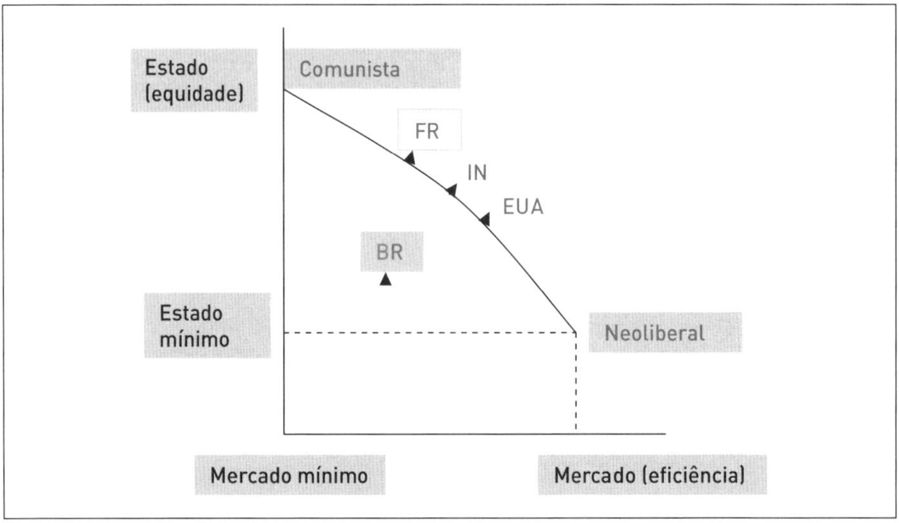

- Estado (equidade)
- Comunista
- FR
- IN
- EUA
- BR
- Estado mínimo
- Neoliberal
- Mercado mínimo
- Mercado (eficiência)

Fonte: elaborado pelo autor.

Qualquer sociedade combina, em diferentes proporções, a eficiência do mercado (medida no eixo horizontal do gráfico) com a equidade do Estado (medida no eixo vertical). A eficiência do mercado não produz justiça social. O Estado é, então, fundamental na construção de uma sociedade mais justa.

A proposta da antiga União Soviética consistia em eliminar a propriedade privada, sem a qual o mercado não funciona, e deixar que o Estado tomasse conta de todas as decisões econômicas. Tal posição radical corresponde ao ponto do eixo vertical do gráfico 22, onde o mercado é mínimo e o Estado é máximo (ponto comunista). A queda do Muro de Berlim implodiu essa proposta, e seus adeptos cunharam o termo "neoliberal" para designar aqueles que defendem o polo oposto: uma sociedade com Estado mínimo e mercado máximo (ponto na figura denominado "neoliberal"). Não há exemplo de país que tenha adotado essa ideologia. O Estado neoliberal é apenas um saco de pancadas virtual para as viúvas do comunismo.

No mundo real, essa dicotomia entre comunismo e neoliberalismo é falsa, pois existem diferentes combinações que cada sociedade pode escolher. O gráfico 22 mostra uma curva negativamente inclinada, significando que existe uma relação de trocas entre equidade e eficiência. Maior equidade é obtida com o sacrifício de eficiência e vice-versa. Mostra, ainda, três pontos que correspondem à França (FR), à Inglaterra (IN) e aos Estados Unidos (EUA). Admite-se, nesse gráfico, que a situação da Inglaterra seja intermediária entre a França e os Estados Unidos, este com maior eficiência no mercado, mas com menor nível de equidade. A França, por sua vez, tem maior nível de equidade, porém menor eficiência de mercado.

Ainda no gráfico 22, o ponto que corresponde ao Brasil (BR) está desenhado no interior da fronteira. O Brasil poderia ter maior equidade, com alocação de recursos que privilegiasse as camadas mais pobres da população, e ser mais eficiente se houvesse um arcabouço legal e regulação que incentivassem a concorrência. Nós somos um país no qual o Estado é tratado como propriedade privada dos governantes, que distribuem benesses para os apaniguados do poder. O Estado brasileiro não tem dado conta de serviços básicos, como educação, saúde, segurança pública e justiça, transportes públicos e habitação popular. Na esfera do mercado, somos um país dos cartórios, onde o poder de mercado é a regra e a concorrência é a exceção. Portanto, no Brasil, podemos aumentar simultaneamente a equidade (o Estado) e a eficiência (o mercado).

A crise financeira, cujo epicentro foi os Estados Unidos, revelou que tanto aquele país quanto os países da Europa não estavam funcionando na fronteira, como representado no gráfico 22. Para o nível de equidade desejado por essas sociedades, a eficiência de mercado era inferior àquela que poderia ser alcançada. As falhas de mercado e de regulação podem ser corrigidas para que não haja incentivos perversos que tornem alguns executivos do setor financeiro verdadeiros predadores sociais. Portanto, a opção entre Estado e mercado para aqueles países é uma falsa opção. Há necessidade de construir uma nova arquitetura do sistema financeiro para que o mesmo contribua para o progresso e o bem-estar social.

No Brasil, uma nova arquitetura não resolve. É preciso uma reengenharia das mentalidades com dois objetivos: (1) desprivatizar o Estado para que ele tenha como foco a justiça social e (2) fazer com que a economia de mercado seja competitiva, recompensando a eficiência da empresa e não seu poder de mercado.

10. Crescimento e instituições

O primeiro ensaio deste capítulo se inspira no livro clássico de Acemoglu e Robinson (2012), que atribuem o fracasso das nações à incapacidade das mesmas de construírem instituições includentes que promovam o crescimento. O segundo trata da relação entre poder político e poder econômico, um tema importante abordado no livro de Piketty (2014). O terceiro ensaio, baseado no livro de Reinhart e Rogoff (2009), chama atenção para o argumento de quem comete os mesmos erros do passado alegando que desta vez é diferente. O quarto ensaio analisa a atividade de caça à renda (em inglês, *rent seeking*) que produz o predador econômico. O quinto coloca o dilema do livro de Hirschman (1970), que alguma vez na vida nos leva a fazer uma escolha entre protestar ou jogar a toalha. O sexto ensaio, inspirado no livro de Kiguel (2015) sobre a economia argentina, mostra que a tragédia do tango chegou ao samba: a estagnação é uma realidade brasileira desde a década de 1980. O sétimo ensaio apresenta a visão moderna do liberalismo em contraposição ao liberalismo clássico, de acordo com Tirole (2017).

Por que as nações fracassam?

As nações fracassam economicamente devido a suas instituições políticas. Esta é a resposta de Acemoglu e Robinson à pergunta deste ensaio, título do livro publicado recentemente por esses autores, nos Estados Unidos. Trata-se de leitura obrigatória para todos aqueles que queiram compreender o processo de crescimento econômico. A mecânica do crescimento econômico já é bastante conhecida da teoria econômica e baseia-se na acumulação de capital físico, de capital humano e na inovação tecnológica. Por que muitas nações pobres são incapazes de usar esse conhecimento comum, disponível em qualquer livro-texto de economia, para transformar suas economias trilhando o caminho do crescimento?

No Zimbábue e em Serra Leoa, da África; na Argentina, na Bolívia e na Venezuela, da América Latina; na Coreia do Norte e no Uzbequistão, da Ásia;

no Egito, do Oriente Médio, não é a geografia, a sorte ou a ignorância da classe dirigente que explicam o fracasso econômico. Onde está o nó górdio da questão?

A origem do fracasso reside na incapacidade desses países de construírem instituições econômicas que estabeleçam os incentivos e as restrições para os diferentes agentes econômicos (consumidores, trabalhadores, empresários, políticos) e que moldem os resultados econômicos. Essas instituições abrangem o direito de propriedade, a liberdade de escolha de cada cidadão, o respeito aos contratos e às leis, o desenho de mecanismos e políticas para que grupos de interesse não se apropriem do bolo sem que tenham participado na sua produção, a segurança e a proteção das pessoas e a igualdade de oportunidades para todos os membros da sociedade em qualquer ação e/ou atividade.

A construção das instituições econômicas, segundo a teoria de Acemoglu e Robinson, depende das instituições políticas. Estas são classificadas em dois tipos: extrativas e inclusivas. Instituições políticas extrativas criam instituições econômicas extrativas, transferindo riqueza e poder para as elites do país, deixando marginalizada a maior parte da população. Esse tipo de instituição pode até produzir crescimento econômico, mas ele não é sustentável porque esse processo é incongruente com a manutenção e a concentração do poder na mão de uma elite predadora.

As instituições políticas inclusivas são baseadas no pluralismo, produzem o império da lei, princípio segundo o qual as leis devem ser aplicadas igualmente para todo mundo. Essas instituições políticas geram instituições econômicas com os incentivos apropriados para o investimento em capital físico, a formação do capital humano e a inovação tecnológica, que levam à prosperidade, e, portanto, ao aumento do bem-estar material da população. A segunda parte da teoria de Acemoglu e Robinson procura explicar por que instituições políticas inclusivas surgiram em algumas partes do mundo e não em outras.

O livro de Acemoglu e Robinson relata também fatos pitorescos, que na verdade fazem parte da tragédia de alguns países, como é o caso da Argentina. Segundo os autores, Simon Kuznets, prêmio Nobel de Economia de 1971, afirmava que no mundo existiam quatro tipos de países: desenvolvidos, subdesenvolvidos, Japão e Argentina. O Japão entrava nessa classificação devido ao seu crescimento, depois da Segunda Guerra Mundial, tornando-se um país do Primeiro Mundo. Quanto à Argentina, a afirmação de Kuznets baseava-se no fato de que, na época da Primeira Guerra Mundial, aquele país era um dos mais ricos do mundo. De lá para cá, a Argentina vem ladeira abaixo, e hoje em dia é um país considerado emergente, o novo jargão para subdesenvolvimento. Por que eles andaram para trás? A resposta de Acemoglu e Robinson baseia-se no fato de que as instituições políticas da Argentina são extrativas, construídas na época de ouro da economia exportadora de produtos agrícolas. Essas instituições perduram até os dias atuais, num equilíbrio político de forças retrógradas que mantêm o *status quo*, impedindo o surgimento de instituições políticas do tipo inclusivas, que produziriam instituições econômicas capazes de gerar o círculo virtuoso do crescimento econômico.

O livro de Acemoglu e Robinson trata também do caso brasileiro. Afinal de contas, nossas instituições políticas são inclusivas ou extrativas? Os autores descrevem a coalizão das forças políticas e das organizações sociais na redemocratização do Brasil, que, em grande parte, são responsáveis pela construção das instituições políticas depois do regime militar. Eles descrevem a greve dos metalúrgicos na fábrica da Scania, na cidade de São Bernardo, em maio de 1978, o surgimento do líder metalúrgico Luiz Inácio Lula da Silva, sua transformação em líder político com a criação do Partido dos Trabalhadores (PT) e sua ascensão à presidência da República. Atribuem erradamente ao PT um papel na construção de instituições econômicas inclusivas no Brasil, que somente ocorreu depois da Carta aos Brasileiros, na campanha política da primeira eleição do presidente Lula. Nessa carta, o PT deixa de lado o projeto antimercado de sua tradição histórica, de reverência sistemática ao modelo cubano, e embarca na canoa da democracia social, no rio já navegado pelo PSDB de Fernando Henrique Cardoso.

Acemoglu e Robinson erraram no varejo no caso brasileiro, mas o livro acerta no atacado, mostrando a importância das instituições políticas aqui e em qualquer lugar do mundo onde se queira levar adiante um processo de crescimento econômico com justiça social. (5/4/2012)

Populismo e neopopulismo

O livro *O capital no século XXI*, do economista francês Thomas Piketty, foi publicado em 2013 na França, traduzido para o inglês e publicado nos Estados Unidos em 2014, onde se tornou um *best-seller*. Esse livro foi recentemente traduzido para o português. O eventual leitor deste artigo certamente vai fazer a pergunta: o que é que o populismo, ou o neopopulismo (a versão recente do populismo na América Latina de Chávez-Maduro da Venezuela, Correa do Equador, Dilma do Brasil, Morales da Bolívia e Cristina da Argentina) tem a ver com o livro do Piketty?

O livro em questão é organizado em quatro partes, 16 capítulos e um apêndice. A edição francesa tem 970 páginas, a inglesa 685 e a brasileira 672 páginas. Não é uma tarefa fácil sumariar uma obra dessa envergadura. Todavia, com um pouco de simplificação, o livro pode ser dividido em três partes: (1) apresentação de fatos estilizados sobre a concentração da riqueza e da renda, com dados que abrangem mais de dois séculos para vários países do mundo desenvolvido (França, Inglaterra, Alemanha, Estados Unidos, Canadá), (2) análise prospectiva da concentração da riqueza e da renda no século XXI, com base num modelo bastante simples e de algumas hipóteses consistentes com a evidência da história, e (3) apresentação de propostas de política econômica para que a sociedade não permita que o poder econômico domine o poder político e destrua os fundamentos da democracia.

Os fatos estilizados reunidos nesse livro, descrevendo a evolução da razão entre a riqueza e o produto, a concentração da riqueza nas mãos de uma pequena parcela da população e a distribuição da renda entre o capital e o trabalho, fazem dele leitura obrigatória para todos aqueles que estejam interessados no tema. Um bom número de analistas do livro do Piketty, sejam simpáticos ou não ao mesmo, concentrou suas críticas em algumas hipóteses que ele adotou na análise de previsão da distribuição de renda, por exemplo, no parâmetro que mede o grau de substituição entre o capital e o trabalho. Piketty acha que esse parâmetro é elevado, enquanto a evidência empírica existente vai na direção oposta.

A hipótese de que a concentração do poder econômico produz a concentração do poder político é crucial para aceitar a intervenção do Estado na redução da concentração econômica, como propõe Piketty. O populismo e o neopopulismo da América Latina, na verdade, são consistentes com a hipótese de Piketty.

Como surgiram o populismo e o neopopulismo na América Latina? Desde o tempo das colônias, seja no Brasil ou na América espanhola, o poder econômico sempre foi concentrado nos países latinos. Essa concentração se reproduziu no poder político, que deixou de lado a construção de instituições que incluíssem toda a população, gerando uma sociedade dual, no emprego (formal *versus* informal), na educação, na moradia, nos transportes públicos, na saúde e assim por diante. A população excluída tornou-se alvo fácil do populismo e do neopopulismo, pois troca seu voto por políticas que a beneficiem, mesmo que no longo prazo continue tão excluída como antes, numa tragédia sem fim.

Não há como discordar de Piketty — a concentração do poder econômico produz concentração do poder político. Países que não têm uma estrutura econômica dual não devem permitir retrocesso. Países duais, como os da América Latina, devem atacar o neopopulismo, permitindo que todos tenham a mesma oportunidade e que a cultura dos privilégios deixe de existir. (18/12/2014)

Desta vez é diferente?

O título deste ensaio foi tomado emprestado do livro, sucesso de vendas, de autoria de Carmen Reinhart e Kenneth Rogoff (2009). Ambos os economistas são atualmente professores da Universidade de Harvard. O livro trata de crises financeiras: (1) da dívida pública; (2) da hiperinflação; (3) da dívida externa; (4) do sistema bancário. O jornalista Martin Wolf, do *Financial Times*, afirma que esse livro é uma obra-prima. Não concordo com essa opinião, mas recomendo-o como leitura obrigatória para todos que estejam interessados nesses temas.

O livro analisa dados que abrangem países de todos os continentes, e em alguns casos remontam ao século XII. A ideia mais importante do livro está no próprio título: *Desta vez é diferente*. Muitos analistas acreditam que a crise que estão analisando é diferente das demais, sem perceberem que os personagens e a época são diferentes, mas a essência da crise é a mesma. Os autores denominam essa doença "síndrome desta vez é diferente".

O crescimento do produto interno bruto, da economia brasileira, no terceiro trimestre de 2012 (0,6%) surpreendeu todo mundo e passou a ser chamado pejorativamente de "pibinho". Os economistas entraram em campo para desvendar esse mistério. Existem três correntes que procuram interpretar esse número.

A primeira alega que o crescimento econômico baseado no consumo está esgotado e que o governo deveria cuidar do lado da oferta, aumentando a taxa de poupança doméstica, a taxa de investimento, melhorando a infraestrutura e a qualidade da educação.

O segundo grupo atribui esse número pífio ao choque negativo da gestão econômica da presidente Dilma. O choque negativo seria devido ao estilo discricionário da política econômica, que estaria gerando grande incerteza nos agentes econômicos e induzindo os empresários a postergarem suas decisões de investimento. A revista inglesa *The Economist*, defendendo essa posição, recomendou a demissão do ministro Guido Mantega, que simbolizaria o estilo discricionário da política econômica. A reação do governo demonstrou um pouco de xenofobia, como é usual em nosso país.

O terceiro grupo de economistas saiu a campo defendendo a política econômica da presidente Dilma, argumentando que esse dado é um ponto fora da curva, que a política econômica vai muito bem, obrigado, e que os resultados estão no forno. Basta ter paciência e esperar que o Brasil retorne à trilha do crescimento sustentado, pelo menos com a mesma média do presidente Lula (4,0% a.a.). Será que esses economistas não estão com a síndrome "desta vez é diferente"?

A política monetária desde 2010 teve duas fases. A taxa de juros Selic aumentou de abril de 2010 até julho de 2011. Em agosto de 2011, começou a diminuir e, desde outubro de 2012, está no seu nível mais baixo (7,25% a.a.). Era de se esperar que no terceiro trimestre de 2012 a política monetária expansionista, iniciada em agosto de 2011, já estivesse fazendo seus efeitos. O superávit primário não aumentou desde 2011. Logo, as políticas monetária e fiscal não explicariam o que aconteceu com o fraco desempenho da economia.

Chamar o crescimento brasileiro dos últimos anos de modelo de consumo é um exagero, pois o crescimento do crédito, de bens de consumo e de crédito imobiliário resultou da estabilização exitosa do Plano Real. Obviamente que, no início, a relação crédito/PIB cresce, para depois atingir seu patamar de equilíbrio. Já a nossa infraestrutura está em situação de penúria e é preciso deixar a ideologia de lado e ser pragmático para induzir o setor privado a fazer aquilo que o governo não tem recursos para fazer. O governo não deve cair na tentação da síndrome "desta vez é diferente", mas sim levar em conta a informação do fraco desempenho da economia brasileira no penúltimo trimestre de 2012 para corrigir seu plano de voo para 2013. (20/12/2012)

O predador econômico

No centenário da *American Economic Review*, um comitê de seis membros (Kenneth Arrow, Douglas Bernheim, Martin Feldstein, Daniel Mcfadden, James Poterba e Robeert Solow) escolheu os 20 artigos mais importantes por ela publicados nos seus primeiros 100 anos. Esses renomados economistas, três deles ganhadores do prêmio Nobel, escolheram esses artigos não somente com base no critério de citações, mas, sobretudo, pelo critério de qualidade e importância — aliás, como se espera de quem é do ramo. Nessa lista estão economistas como o próprio Arrow, Milton Friedman, Peter Diamond, Joseph Stiglitz, Paul Krugman, Robert Lucas, Franco Modigliani, Robert Mundell e outros.

Um dos artigos escolhidos é de autoria de Anne Krueger, que já ocupou cargos importantes tanto no Banco Mundial quanto no Fundo Monetário Internacional e é atualmente professora da Universidade Johns Hopkins, nos Estados Unidos. O artigo, publicado em 1974, tem o título em inglês "The political economy of the rent-seeking society". A expressão *rent-seeking* é difícil de ser traduzida para o português. Alguns colegas de profissão já usaram o termo "caçador de renda". O caçador, nesse contexto, é um predador, e a presa, em geral, é a sociedade.

O salário do trabalhador é a contrapartida da sua participação na produção de bens e serviços. O lucro (ou prejuízo) do empresário decorre de sua atividade e dos riscos envolvidos no negócio. A renda extrativa é uma remuneração que não corresponde ao pagamento por uma contribuição ao processo produtivo. Um exemplo típico de renda extrativa ocorre quando se criam dificuldades para vender facilidades. Infelizmente, nós brasileiros temos, de vez em quando, de usar os serviços de um despachante para lidar com a burocracia. O despachante conhece os meandros da burocracia e sabe, como ninguém, distribuir a renda extrativa de sua atividade para que a dificuldade seja devidamente compensada.

O artigo de Anne Krueger desenvolveu um arcabouço que permite analisar as consequências de escolhas de instrumentos de política econômica sobre a corrupção e a governança das instituições. Toda vez que políticas do governo distribuem benesses para setores, grupos empresariais, corporações de trabalhadores, essas políticas geram renda. Não é à toa que existem grandes incentivos para que muita gente se dedique a esse tipo de atividade, pois ela é muito rentável. Daí o nome de sociedade de caçadores de renda (predadores econômicos).

A pergunta que surge naturalmente é a seguinte: como desencorajar a atividade do predador econômico? As pessoas tendem, em geral, a colocar a culpa nos políticos. Eles seriam os responsáveis pela existência dessa selva. Na verdade, elas se esquecem de que os políticos são pessoas iguais a nós. Quando vamos ao médico e ele nos coloca a opção de pagar a consulta com recibo ou sem recibo, fazemos imediatamente a conta de qual a opção mais vantajosa. É preciso mudar nossa atitude e deixar de ser tolerante com práticas oportunistas.

O artigo da Anne Krueger foi escolhido como um dos artigos mais importantes publicados pela *American Economic Review* porque ele mostra que a corrupção faz parte de um processo de escolha social, da economia política, no qual todos nós estamos envolvidos. A corrupção deve ser entendida num sentido amplo, abrangendo o nepotismo e o aparelhamento do Estado. O único caminho para resolver esse tipo de problema é construir instituições que não encorajem e punam a atividade do predador econômico. (29/4/2011)

Jogar a toalha ou protestar

Albert Hirschman, economista alemão e professor do Instituto Avançado de Princeton, que morreu em dezembro de 2012, introduziu dois conceitos que ajudam a compreender fenômenos econômicos, políticos, sociais e até pessoais. Em inglês, os conceitos são *exit* e *voice*, que traduzi de modo livre por "jogar a toalha" e "protestar". Diante de um problema, você pode tomar a decisão de jogar a toalha, isto é, sair (*exit*), porque acredita que não haja solução e/ou que sua opinião não será levada em conta. A alternativa é usar os meios disponíveis de comunicação (*voice*, "voz") para contribuir na solução do problema. A sociedade brasileira decidiu, na segunda quinzena de junho, sair às ruas das grandes cidades para protestar contra os problemas com que se defronta a população urbana do nosso país. O estopim foi o aumento dos preços das passagens na cidade de São Paulo e a reação virulenta da polícia de São Paulo no primeiro dia da manifestação.

O Brasil desde sempre foi uma sociedade dual: (1) o pobre vai para a escola pública, as classes média e rica mandam seus filhos para a escola privada; (2) o pobre vai para o hospital público, as classes média e rica compram seguro-saúde e utilizam a rede privada; (3) o pobre usa o transporte público, as classes média e rica usam seus automóveis; (4) o pobre depende da polícia para sua insegurança pública, as classes média e rica protegem seus condomínios com grades, dispositivos eletrônicos e segurança privada; (5) ao pobre, quando comete um delito, aplica-se o rigor da lei, no caso de uma pessoa rica ou da classe média, contrata-se um bom advogado que sabe como protelar até as calendas gregas a aplicação das leis que foram feitas para protegê-la.

Poderíamos continuar enumerando outros fatos que caracterizam nosso dualismo, mas acredito que esses sejam suficientes para evidenciar a existência do fenômeno. Como resolver esta dualidade? A estratégia gradualista adotada por nossa sociedade, desde o modelo de substituição de importações do século passado, para resolver parcialmente esse problema é incorporar cada vez mais a classe pobre na classe média. Não resta dúvida de que o Brasil progrediu bastante nos últimos 100 anos. Quem conheceu o interior do Nordeste na década de 1950 sabe que houve uma mudança significativa. No Brasil, as classes média e rica cresceram, mas as desigualdades são tão grandes que ainda estamos mais próximos da África do que da Europa e da Ásia. Uma dura realidade que faz qualquer pessoa esclarecida não ter orgulho desse *status quo*.

A economia brasileira, nos últimos 100 anos, cresceu, diversificou-se, e atualmente existem condições técnicas e econômicas para trocar o gradualismo por um tratamento de choque. Os pilares do tratamento de choque deveriam ser duas reformas: (1) urbana e (2) administrativa do Estado. A reforma urbana tem de resolver os problemas da habitação popular, dos transportes públicos e da infraestrutura urbana. A reforma administrativa do Estado deveria ter como escopo a educação, a saúde e a segurança pública. A primeira reforma requer aumento da taxa de investimento do setor público. A segunda, que se desmonte o aparelhamento do Estado cujo organograma não tem nada a ver com a eficiência da administração pública, mas sim satisfazer o apetite dos partidos políticos que apoiam o governo.

A resposta dos governos de São Paulo e do Rio de Janeiro às manifestações populares foi revogar o aumento das passagens e anunciar que terão de cortar uma parcela dos investimentos públicos para subsidiar o transporte público. No curtíssimo prazo, é compreensível que os governos, surpreendidos com fatos inesperados, procurem atender à reivindicação dos manifestantes. Todavia, essa decisão está na contramão da solução, a não ser que os políticos acreditem que a população acabe por jogar a toalha em vez de protestar. (20/6/2013)

Tango e samba: dançamos juntos na estagnação

A Argentina teve nos últimos 70 anos todo tipo de crise econômica que se possa imaginar: cambial, bancária, dívida pública, dívida externa, inflação crônica e hiperinflação. Para lidar com tais crises, usou todas as combinações possíveis de política econômica: ortodoxia, heterodoxia, neoliberalismo, populismo, neopopulismo. Na esfera política, já teve de tudo: ditadura populista, ditadura militar, peronismo e não peronismo (o antigo Partido Radical). Em 2017, saiu de uma recessão depois que o presidente Macri começou a colocar a casa em ordem, desmontando as políticas neopopulistas dos ex-presidentes Kirchner — Néstor e Cristina.

Uma das características de um governo populista, seja à moda antiga ou na sua versão atual, consiste num aumento temporário, não sustentável, do poder de compra da população. A técnica é bastante simples: reduzem-se os preços da gasolina e de outros derivados do petróleo, da eletricidade, dos transportes públicos e de outros serviços públicos. As empresas que produzem esses bens e serviços, em geral empresas públicas, passam a ter prejuízo e deixam de investir, os serviços se deterioram, até que um novo governo coloque os preços no devido lugar. A primeira consequência para esse novo governo é a impopularidade. Moral da história: os populistas são vistos como bons moços e os antipopulistas como inimigos do povo.

A consequência de todas as crises argentinas foi o crescimento pífio de sua economia. Nos dados apresentados por Kiguel (2015:27), a taxa média de crescimento da Argentina no período 1950-2014 foi de 2,7% a.a. Nesse período, o Brasil cresceu, em média, 4,5% a.a.

Como um país tão rico em recursos naturais, humanos e culturais é capaz de fazer tanta besteira ao longo de sua história? Não tenho uma resposta definitiva para essa pergunta. Mas vou arriscar duas hipóteses: uma que trata do mecanismo econômico e outra que vai mais fundo, examinando as causas fundamentais.

Em quase todas as crises argentinas, o mecanismo econômico é a desorganização das finanças públicas. Isto é, o que o país arrecada de impostos é insuficiente para pagar as despesas do governo. Financia-se o déficit de três maneiras: (1) emitindo-se títulos públicos domésticos, (2) emitindo-se títulos públicos em dólares e (3) emitindo-se moeda. Os dois primeiros mecanismos conduzem às crises das dívidas, pública e externa. O terceiro mecanismo produz inflação crônica e, na forma mais aguda da doença, transforma-se em hiperinflação.

A causa fundamental da desorganização das finanças públicas argentinas é um conflito social, não entre trabalhadores e capitalistas como no modelo marxista, mas dos diversos grupos da sociedade que desejam fatias do bolo maior do que o existente, pois aqueles que produzem o bolo, os que pagam impostos, não estão dispostos a aumentar o tamanho do mesmo. O sistema político argentino é incapaz de arbitrar esse conflito e estabelecer uma solução de compromisso que seja aceita por todos os grupos.

Até aqui falamos do tango. O que é que o samba tem a ver com o tango? Nos últimos 35 anos, desde o início da década de 1980, apesar dos ritmos diferentes, o samba se aproximou do tango, pois a doença argentina se instalou definitivamente em nosso país. É verdade que houve o ajuste fiscal do Plano Real para permitir a estabilidade da inflação, que foi desmontado na segunda metade do governo Lula e no primeiro mandato da presidente Dilma.

O governo Temer mostrou empenho em construir um ajuste fiscal que permitisse a estabilidade da inflação e o funcionamento do regime de metas de inflação. Todavia, a âncora fiscal escolhida — a fixação do teto dos gastos — foi abandonada em virtude da crise política. Esse ajuste seria insuficiente para permitir o aumento das taxas de poupança e de investimento da economia brasileira que incrementem a taxa de crescimento do produto potencial. Seria ingênuo acreditar que programas de parceria público-privada fossem capazes de levar a cabo os investimentos em infraestrutura necessários para uma retomada vigorosa do crescimento econômico. Que tipo de ajuste fiscal seria necessário para aumentar substancialmente a capacidade de investimento do Estado?

Dada a voracidade fiscal da sociedade brasileira, para gastar com consumo a quase totalidade dos impostos, deveríamos fazer um acordo para que houvesse um aumento de impostos que fosse carimbado para o investimento. Este tipo de vinculação é proibido pela Constituição. Há, portanto, necessidade de emenda constitucional. Esses recursos pertenceriam a um fundo de infraestrutura, que não dependeria de nenhum governo, seja federal, estadual ou municipal. Infelizmente, a doença argentina se instalou em nosso país nos últimos 35 anos e não parece ter luz ao fim do túnel. Se nada fizermos, dificilmente, nos próximos anos, cresceremos à taxa média de 2,7% a.a. da Argentina. (24/1/2017)

A síndrome do prêmio Nobel

Jean Tirole, economista francês, professor da Universidade de Toulouse, obteve seu doutorado no Massachusetts Institute of Technology (MIT), nos EUA, e ganhou o prêmio Nobel de Economia de 2014. Tirole não quis ser acometido da patologia conhecida pelo nome "síndrome do prêmio Nobel", que ataca ganhadores desse prêmio. A patologia consiste em falar, em palestras e na mídia, sobre todos os temas econômicos, na maioria das vezes sobre assuntos que não fazem parte de sua especialidade. Para fugir da síndrome, resolveu escrever um livro (Tirole, 2017), numa linguagem acessível ao grande público, tratando de vários temas que foram objeto de sua pesquisa. O livro aborda temas diversos, como a crise financeira de 2007-2008, o aquecimento global, o mercado de trabalho europeu, a política industrial, a regulação, a inovação tecnológica, a propriedade industrial e muitos outros.

A análise baseia-se no princípio básico de que as pessoas reagem aos incentivos com que elas se defrontam. A busca pelo bem comum envolve a construção de instituições que façam com que os interesses individuais coincidam com os interesses coletivos. O livro procura mostrar, em diferentes situações, como compatibilizar o bem-estar individual e o bem comum. Neste ensaio, reproduzo, de Tirole, os princípios que definem o liberalismo econômico moderno, um tema importante no governo Bolsonaro.

Tirole, usando um filósofo inglês (Berlin, 1953), classifica os economistas em dois grupos: porco-espinho e raposa. Esta sabe muitas coisas, mas o porco-espinho sabe uma coisa grande. O porco-espinho persegue durante toda a sua vida uma ideia fixa e tenta convencer seus seguidores a trilhar o mesmo caminho. Alguns exemplos: (1) a teoria neoclássica do equilíbrio geral competitivo, (2) a teoria marxista e (3) a teoria pós-keynesiana.

A raposa não pretende ter uma única explicação dos fenômenos econômicos. A análise de cada problema demanda a construção de um modelo específico, que permita analisá-lo e, eventualmente, produza recomendações de política econômica. Tirole não afirma que um tipo de economista é superior ao outro e defende que cabe a cada um escolher seu caminho. Ele se diz uma raposa. Aqui cabe uma pergunta: os liberais clássicos seriam porco-espinho ou raposa?

O mercado e o Estado são dois instrumentos usados pelas sociedades para alcançar o bem comum. Esses instrumentos são complementares, e não substitutos. Nem sempre eles funcionam de modo adequado. As principais falhas de mercado são: (1) a troca de bens e serviços pode afetar terceiros sem o consentimento dos mesmos; (2) a troca de bens e serviços pode ser realizada sem informação e consentimento do comprador; (3) os compradores podem ser vítimas de suas próprias ações;

(4) a implementação da troca pode exceder a capacidade de avaliação individual; (5) as empresas podem ter poder de mercado; (6) o mercado aumenta a eficiência, mas não produz equidade.

A primeira falha corresponde à externalidade e pode ser tratada por impostos. A segunda necessita, para sua correção, de uma agência de proteção ao consumidor. A terceira falha pode suscitar críticas por não reconhecer, em certas situações, o livre-arbítrio do consumidor. Mas a decisão de usar drogas e a miopia de não poupar para a velhice mostram que nem sempre o indivíduo é capaz de avaliar o que acontecerá com ele no futuro. A quarta falha requer, por exemplo, a regulação do sistema financeiro. A quinta falha demanda uma legislação que coíba o uso de poder de mercado, protegendo a concorrência. A sexta falha pode ser resolvida com uma política de redistribuição da renda que torne a sociedade mais justa do ponto de vista social.

Tirole não incluiu nas falhas de mercado o desemprego involuntário no ciclo econômico, tampouco o baixo crescimento econômico, inferior àquele que produziria maior aumento do bem-estar social. O desemprego involuntário seria corrigido pela política de estabilização e o baixo crescimento, por políticas, coordenadas pelo Estado, que expandam os estoques de capitais físico e humano, e induzam a inovação tecnológica.

A organização da sociedade baseia-se em dois pilares. No primeiro, a mão invisível do mercado produz eficiência, com cada um tratando do seu próprio interesse. No segundo pilar, o Estado corrige as falhas de mercado. O liberalismo clássico recomenda que o maior número de decisões econômicas fique nas mãos dos indivíduos e das empresas. Mas para que esse sistema funcione, do ponto de vista do bem-estar social, é necessária a mão visível do Estado, corrigindo as falhas de mercado. Tirole sintetiza a visão moderna do liberalismo:

> O liberalismo econômico tende a ser identificado com a ausência de intervenção do Estado e com a luta individual pela sobrevivência. Mas, pelo contrário, a pedra fundamental do edifício é que os agentes devem ser responsáveis pelo custo social de suas escolhas [Tirole, 2017:162]. (24/1/2019)

11. O Banco Central na berlinda

Este capítulo coloca o Banco Central do Brasil na berlinda e começa com um ensaio sobre os 50 anos de sua existência. O segundo ensaio analisa o programa de metas de inflação. O terceiro trata da ciência e da arte na condução da política monetária. O quarto tenta desvendar o "mistério" de a taxa de juros real de curto prazo ser tão elevada no Brasil. O quinto e o sexto tratam da ineficiência do sistema bancário brasileiro. O último ensaio analisa o tamanho das reservas internacionais tentando responder à seguinte pergunta: elas são um seguro ou um desperdício?

Cinquenta anos do Banco Central do Brasil

O Banco Central do Brasil (Bacen) foi criado pela Lei nº 4.595, de 31 de dezembro de 1964, e começou a funcionar no mês de março de 1965. Antes de sua criação, o Banco do Brasil era, ao mesmo tempo, um banco comercial e um banco central, que executava no dia a dia a política monetária. A Superintendência da Moeda e do Crédito (Sumoc) era responsável pela formulação da política monetária e creditícia do país. A Lei nº 4.595 acabou com a Sumoc e, em seu lugar, criou o Conselho Monetário Nacional.

O banco central mais antigo do mundo é o banco da Suécia, criado em 1668. O segundo mais antigo é o banco inglês, que existe desde 1694. O Banco Central norte-americano, conhecido como Fed, completou 100 anos em 2013. Na América Latina, o Chile criou seu banco central em 1925. O Banco Central da Argentina existe desde 1935 e teve como seu primeiro presidente o famoso economista Raul Prebisch.

Por que o Brasil somente criou o Bacen em 1964? A explicação é bastante simples: os interesses em torno do Banco do Brasil não permitiam que esse fato ocorresse porque o poder do mesmo iria diminuir. É tanto que o cordão umbilical entre os dois bancos somente foi cortado em 1986, quando o Bacen se tornou efetivamente uma autoridade monetária como nos demais países. Até aquela data, existia uma conta-movimento no Banco Central que permitia ao Banco do Brasil sacar recursos, como se fosse autoridade monetária. A política monetária naquela época exigia uma programação com a consolidação dos dois orçamentos — do Bacen e do Banco do Brasil — que era chamado de orçamento monetário.

A concepção original do Bacen era de um banco independente do Poder Executivo, como o Fed norte-americano. Diferentemente do Fed, foi criado um mecanismo para que o Poder Executivo fosse ouvido nas decisões da política monetária. O Conselho Monetário Nacional, órgão de cúpula do sistema, tinha nove conselheiros, era presidido pelo ministro da Fazenda, e tinha os seguintes membros: o presidente do Banco do Brasil, o diretor da Carteira de Comércio Exterior (Cacex) do Banco do Brasil, e seis conselheiros com mandatos fixos. Desses seis, quatro eram diretores do Banco Central do Brasil, sendo um deles o presidente. Tal arranjo institucional foi enterrado pelo presidente Costa e Silva, que mandou um recado para o presidente do Bacen na época, Dênio Nogueira, solicitando que ele pedisse o boné. Numa ditadura, o general não pede, manda. No governo Geisel, a Lei nº 4.595 foi alterada, e, como dizia Mario Henrique Simonsen, o presidente do Banco Central até hoje é nomeado em português e demitido em latim, *ad nutum* do presidente da República.

O art. 192 da Constituição de 1988 estipula que o sistema financeiro seja regulado em lei complementar que disporá sobre a organização, funcionamento e atribuições do Bacen. A lei complementar exige a maioria do Congresso, isto é, 50% dos parlamentares mais um voto, diferentemente da lei ordinária que necessita de aprovação pela maioria dos presentes na sessão. Até 2018, 30 anos depois da promulgação da referida Constituição, essa lei não foi votada pelo Congresso Nacional. Por que ela não foi votada? A resposta simples é que a sociedade brasileira está dividida sobre o tema. A solução mais adequada seria o Brasil seguir a maioria dos países ricos do mundo e conceder independência operacional ao Bacen, estipulando mandatos fixos para sua diretoria, estabelecendo que qualquer membro poderia ser demitido pelo presidente da República, desde que o mesmo solicitasse autorização do Senado Federal e essa autorização fosse concedida.

Uma inovação importante no procedimento operacional do Bacen foi a criação do mercado interbancário de reservas e a introdução das operações de mercado aberto, copiado do modelo norte-americano. Nos Estados Unidos, o Fed de Nova York, que comanda a mesa de operações do Banco Central norte-americano, começou a intervir no mercado secundário de títulos públicos nas primeiras décadas do século passado. Esse mercado era bastante líquido e deu margem à inovação financeira das operações de mercado aberto.

Aqui, no Brasil, esse mercado secundário não existia. Ademais, o principal título público negociado era a Obrigação Reajustável do Tesouro Nacional (ORTN), um título indexado, de longo prazo, que não se prestava a operações de curto prazo. O Bacen criou, então, no início da década de 1970, as Letras do Tesouro Nacional (LTNs), para poder conduzir as operações de mercado aberto. É importante observar que as LTNs não tinham como objetivo o financiamento do déficit público. Ademais, o Bacen não tinha autorização legal para lançar LTNs no mercado. O Ato Complementar nº 10 corrigiu a distorção e legalizou o que já tinha sido feito ao arrepio da lei. Cabe lembrar que até 1987 o Bacen era responsável pela administração da dívida pública brasileira, e uma de suas diretorias chamava-se Diretoria da Dívida Pública. Em 1986, foi criada a Secretaria do Tesouro Nacional, que assumiu a administração da dívida pública.

Uma mudança importante nos procedimentos operacionais do Bacen ocorreu no final de 1979, quando se alterou a forma de liquidação financeira dos títulos públicos. Até aquela data, a liquidação financeira dos títulos públicos era feita na compensação bancária. Desde então, a liquidação financeira passou a ser feita no mesmo dia da operação na conta de reservas bancárias que os bancos são obrigados a manter no Bacen. A consequência prática foi que os títulos públicos passaram a dominar as reservas bancárias, pois o sistema bancário prefere manter sua liquidez na forma de títulos públicos, e não em reservas bancárias.

A crise da dívida externa da década de 1980 fez com que o Bacen recebesse os depósitos dos devedores nacionais dos empréstimos em moeda estrangeira. O devedor nacional pagava seu empréstimo ao Bacen, que não dispunha de divisas para fazer o pagamento ao credor externo. Esses pagamentos se tornavam depósitos do banco estrangeiro credor e recebiam a denominação DFA ou MYDFA (*deposit facility agreement* ou *multyear deposit facility agreement*), na sigla em inglês. Tais depósitos eram negociáveis no mercado secundário e, depois, na negociação da dívida externa com o Plano Brady, foram securitizados, transformando-se em títulos públicos, em moeda estrangeira, do governo brasileiro. Tal fato acarretou uma abertura financeira da economia brasileira, pois os títulos públicos passaram a ter sua precificação no mercado internacional, com os títulos públicos norte-americanos servindo de referência, e o diferencial tornando-se o risco-Brasil.

As intervenções do Bacen no mercado cambial nunca produziram bons resultados. Do segundo semestre de 1967 até o final da década de 1970, o Bacen usou um sistema de desvalorização cambial no qual a taxa de câmbio era desvalorizada pela diferença entre as taxas de inflação doméstica e externa. O objetivo era manter constante a taxa de câmbio real. O Banco Central pode até fazer este tipo de política no curto prazo. Uma lição básica da teoria monetária é que, no longo prazo, o banco central não controla nenhum preço relativo. Com o choque do petróleo em 1973, o Bacen deveria ter desvalorizado a moeda acima da regra em vigor. Não fez.

Este tipo de política contribuiu para o endividamento do país, que produziu a crise da dívida externa da década de 1980, quando o Brasil quebrou.

Desde 2006, o Bacen aumentou substancialmente as reservas internacionais do Brasil. Para fazer essas compras de moeda estrangeira, ele toma dinheiro emprestado no mercado doméstico a uma determinada taxa de juros e aplica as reservas no mercado internacional a taxas mais baixas. Como é que alguém faz este tipo de operação? Justificativa: o país está comprando um seguro para eventuais crises internacionais. Esse seguro não está caro demais? O governo acha que não, e a sociedade paga a conta sem saber do que se trata.

De modo geral, todo banco central é responsável pela gestão do sistema de pagamentos, pela política monetária e pela estabilidade do sistema financeiro. Uma função adicional dos bancos centrais, dependendo da legislação de cada país, é a regulação do sistema financeiro. A lei brasileira atribui ao Bacen a função de agência de regulação do nosso sistema financeiro. Este sistema, em qualquer parte do mundo, tende a ser bastante concentrado, e cabe à agência de regulação impedir que as instituições financeiras usem seu poder de mercado, cobrando preços abusivos pelos seus serviços. No Brasil, o *spread* bancário, a diferença entre as taxas de captação e de aplicação, é elevado quando se compara com os padrões vigentes pelo mundo. A conclusão a que se chega é que nosso sistema financeiro é ineficiente e há necessidade de uma reengenharia do mesmo para que o Brasil tenha uma intermediação financeira que permita ao país retomar o crescimento econômico num patamar mais elevado.

Um marco importante na história da política monetária brasileira é o Plano Real. Até então, o regime monetário brasileiro era de dominância fiscal, com o Bacen arrecadando o imposto inflacionário para financiar o déficit público. Com o Plano Real, o Bacen passou a ter como objetivo controlar a inflação. De 1994 até a crise cambial de 1999, o Bacen usou um sistema de câmbio administrado. Desde meados de 1999, opera um regime de metas de inflação, um sistema introduzido pelo Banco Central da Nova Zelândia, que se difundiu pelo mundo. No primeiro mandato da presidente Dilma, o Bacen passou a ter um viés inflacionário, um tema clássico na literatura econômica, abandonando a meta de inflação e operando próximo do limite superior da banda. Esse tipo de comportamento, como é sabido na literatura, produz apenas mais inflação, sem nenhum ganho do produto. A experiência brasileira confirmou essa previsão.

O Bacen, nos seus primeiros 30 anos de vida, de 1965 até 1994, produziu inflação para senhor nenhum botar defeito. Na primeira fase do Plano Real, o sistema de taxa de câmbio administrado produziu a crise cambial de fevereiro de 1999. Em meados de 1999, o Bacen acertou o passo e começou a trilhar um novo caminho:

o do regime de metas de inflação. A presidente Dilma, no seu primeiro mandato, tirou o Bacen de sua nova rota, colocando-o de volta no vício da inflação. É verdade que em doses homeopáticas.

Na copa do mundo das taxas de juros do mercado interbancário, o Brasil tem uma posição de destaque, ocupando uma das primeiras colocações. A taxa de juros do mercado interbancário é a taxa básica da economia e também remunera a liquidez dos bancos. Não cabe aqui discutir as origens desse fenômeno. O fato é que entra governo, sai governo e ninguém até hoje resolveu esse problema. Não adianta tentar resolvê-lo por voluntarismo e baixar a taxa na marra. Há que identificar as origens do fenômeno e fazer com que essa taxa convirja para os níveis existentes em outros países.

Qual a nota que deveria ser dada para o Bacen ao fazer 50 anos? Certamente uma nota que o leve a fazer uma recuperação. Mas a responsabilidade por esse desempenho não pode ser atribuída aos seus funcionários, mas sim à sociedade brasileira, que não deseja ter um banco central com padrão de Primeiro Mundo. Por que não ter uma meta de inflação de 2% a.a. como os bancos centrais dos Estados Unidos, da Europa do euro, da Inglaterra, do Japão, da Suécia e tantos outros? Por que não ter os *spreads* de um sistema bancário eficiente? Por que não ter uma taxa de juros do mercado interbancário que prevalece na maioria dos países do mundo? Por que pagar um seguro tão caro para as reservas internacionais? Inexiste qualquer razão técnica que impeça a solução desses problemas, mas também não existe motivação política para resolvê-los. (5/3/2015)

P.S. A Constituição de 1988 estipulou que a organização, o funcionamento e as atribuições do Banco Central seriam regulados por lei complementar (art. 192, IV). Finalmente, depois de quase 30 anos, o Congresso Nacional aprovou a Lei Complementar nº 179, em 24 de fevereiro de 2021. Ela tornou o Banco Central independente, isto é, o presidente e a diretoria têm mandato fixo de quatro anos, não coincidente com o mandato do presidente da República. A estabilidade de preços é o objetivo fundamental, e a lei estabeleceu, também, três objetivos adicionais: (1) estabilidade e eficiência do sistema financeiro, (2) suavizar flutuações do nível de atividade econômica e (3) fomentar o pleno emprego. O presidente e os diretores são demitidos pelo presidente da República, desde que haja aprovação por maioria simples do Senado.

Metas de inflação

Na segunda metade da década de 1960, Milton Friedman e Edmund Phelps (prêmio Nobel de 1976 e 2006, respectivamente) desenvolveram argumentos teóricos que mostravam a inexistência de uma relação de trocas entre inflação e desemprego no longo prazo. A curva de Phillips, que associa inflação com desemprego, seria vertical no longo prazo. A evidência empírica subsequente não rejeitou tal hipótese. Essa evidência teve como consequência prática o convencimento dos banqueiros centrais de que a política monetária é responsável pelo patamar da inflação, isto é, o banco central não controla a taxa de inflação a cada momento do tempo, mas sim sua tendência.

Uma variável crucial nos argumentos de Friedman e Phelps era a expectativa de inflação dos agentes, uma variável de cunho psicológico e bastante difícil de modelar na teoria econômica. Como a política econômica poderia afetar a expectativa dos agentes e influenciar a taxa de inflação? No início da década de 1970, Robert Lucas (prêmio Nobel de Economia de 1995) introduziu a teoria das expectativas racionais, que permitiu aos economistas tratarem analiticamente a relação entre política econômica e expectativas. A ideia básica das expectativas racionais é a de que os agentes econômicos, consumidores, trabalhadores, investidores, empresários levam em conta, em suas previsões, as políticas anunciadas pelo governo. Esses agentes analisam também se o anúncio é crível ou não, isto é, se eles podem confiar na palavra de quem está conduzindo a política econômica. A credibilidade é, portanto, crucial para o sucesso da política econômica.

Uma questão prática que certamente surgiu entre os banqueiros centrais foi como implementar, no dia a dia, a política monetária para atingir uma dada taxa de inflação. No início da década de 1990, o Banco Central da Nova Zelândia fez uma inovação que terminou sendo copiada por diversos bancos centrais, introduzindo o programa de metas de inflação. Nesse programa, o banco central anuncia a meta de inflação para certo horizonte de tempo e calibra a taxa de juros do mercado interbancário de reservas para que essa meta seja atingida. A previsão da taxa de inflação para o horizonte de tempo especificado pelo banco central torna-se uma variável crucial nesse processo. O banco central aumenta a taxa de juros quando a taxa de inflação prevista está acima da meta, e reduz a taxa de juros do mercado interbancário de reservas quando a previsão da taxa de inflação está abaixo da meta.

O programa de metas de inflação também se caracteriza pela transparência e pelo fato de o banco central ser responsável pelo cumprimento da meta previamente estabelecida pelo governo. O banco central, seguindo os ensinamentos das expectativas racionais, procura convencer a sociedade de sua seriedade de propósitos divulgando todas as informações que são levadas em conta em suas decisões. No caso de não cumprimento da meta, o banco central deve explicar à sociedade as razões que determinaram o desvio da inflação.

O regime de metas de inflação foi introduzido no Brasil em 1999 e completou oito anos de existência em junho de 2007. Nesse período, a meta não foi atingida em dois anos, 2001 e 2002, em virtude de choques que afetaram a taxa de inflação.

Em 2003, ela teve de ser adaptada em virtude da incerteza causada pela eleição do presidente Lula. Desde então, o Banco Central do Brasil tem cumprido rigorosamente a meta de inflação.

A consequência prática do sucesso desse regime monetário traduz-se no fato de que a sociedade brasileira se convenceu de que inflação anual de dois dígitos é coisa do passado. Tal afirmação não é baseada em opinião pessoal, mas sim na evidência de que o mercado de crédito imobiliário já oferece empréstimos a taxas de juros prefixadas para prazos de mais de 10 anos. O financiamento de automóveis já se faz com taxas fixas para um período de 60 meses. O Brasil, que sempre teve um sistema de crédito atrofiado em virtude da incerteza provocada pela inflação endêmica, entra numa nova era, em que o crédito de médio e longo prazos passa a ser uma realidade, como em qualquer país do Primeiro Mundo.

O Conselho Monetário Nacional, em vez de tirar proveito do sucesso desse regime e sancionar o que a sociedade já antecipa para 2009, uma taxa de 4% a.a., decidiu fixar a meta de inflação para aquele ano em 4,5%. O brasileiro, infelizmente, parece gostar do ditado popular de que, na prática, a teoria é outra. Um ditado que revela apenas preconceito anticientífico. (31/7/2007)

Ciência e arte na política monetária

As decisões do Copom têm provocado um verdadeiro tiroteio de vários grupos da sociedade brasileira. Quando o Copom reduziu a taxa de juros no passado, o fez em doses homeopáticas. Quando o Copom aumentou a taxa de juros, o fez em doses alopáticas. Conclusão: o Copom está sempre errado de acordo com seus críticos. Esse julgamento apressado baseia-se na premissa falsa de que a qualidade do pudim pode ser avaliada pela qualidade dos ingredientes, e não pela prova do mesmo. A taxa de juros é o instrumento. A avaliação da política monetária tem de ser feita em função do objetivo: a meta da taxa de inflação.

Um ex-membro do FOMC (o Copom norte-americano) afirmou que a política monetária é uma combinação de ciência com arte. A ciência não pode ser colocada de lado, sob pena de a arte transformar-se num objeto grotesco. Em que consiste a ciência da política monetária? A teoria monetária moderna pode ser descrita, de modo sintético, por três relações. A primeira é de que desvios da taxa de juros real em relação à taxa de juros natural (de longo prazo) afetam a utilização de recursos da economia. A segunda relação supõe que a maior (menor) utilização de recursos da economia provoca aumento (diminuição) da taxa de inflação. A terceira relação é uma regra de política monetária que estabelece um critério para que o banco central atinja a meta de inflação e mantenha a economia em pleno emprego. Essa regra supõe que o banco central fixe a taxa de juros nominal adicionando à taxa real de longo prazo três componentes: (1) a taxa de inflação, (2) a diferença entre a taxa de inflação e a meta de inflação, multiplicada por um coeficiente positivo, e (3) a diferença entre o produto real e o produto potencial, multiplicada por um coeficiente também positivo.

A lógica por trás do segundo componente é de que toda vez que a inflação esteja acima da meta, o banco central tem de aumentar a taxa de juros real para frear a economia e fazer com que a inflação diminua. Em setembro de 2004, quando o Bacen começou a aumentar a taxa de juros, a inflação estava acima de 7% e a meta para o ano era de 5,1%, ou seja, uma diferença de pouco mais de 2%. Em 2004, ocorreram dois choques de demanda: o aumento dos gastos do governo e a introdução do crédito vinculado ao salário. Usando a fórmula anterior, o Bacen deveria aumentar a taxa de juros nominal Selic para produzir um aumento da taxa de juros real da economia. Desde a reunião do Copom de setembro de 2004, o Bacen aumentou a taxa de juros de 16% para 18,75%. A conclusão, portanto, é de que o Banco Central não pode ser criticado porque esteja ignorando a ciência da política monetária. E com relação à arte?

A arte da política monetária é baseada no fato de que a teoria econômica é incapaz de precisar a dosagem e a dinâmica do processo de ajuste. A arte exige um trabalho de sintonia fina, por meio de um processo de tentativa e erro. Os bancos centrais, quando mudam a taxa de juros no mercado interbancário, preferem fazê-lo de maneira escalonada, com mudanças de 25 ou de 50 pontos básicos (100 pontos básicos = 1%) em vez de fazerem numa única vez. A responsabilidade social do banqueiro central exige cautela também pelo fato de que é difícil precisar a taxa de juros real de longo prazo, que nem sempre é constante e imutável. Em nosso país, uma economia pequena aberta, a taxa de juros real de longo prazo seria dada pela taxa de juros real internacional acrescida do risco-país. Na medida em que o risco-país e a taxa internacional mudam, a taxa de longo prazo também muda.

O crescimento vigoroso da economia e o desempenho da inflação em 2004 mostraram que o Bacen errou na mão na redução da taxa de juros naquele ano. A partir de setembro de 2004, ele procurou corrigir tal erro. A ciência da política monetária requer conhecimento, enquanto a arte necessita de muita habilidade e prática. A nova política monetária brasileira, com a adoção do câmbio flexível e do regime de metas de inflação, ainda tem um longo caminho a percorrer, mas mesmo engatinhando tem demonstrado que é melhor do que todas as alternativas que experimentamos em nossa história econômica.

Os críticos sistemáticos do Copom, o Copom do B, apelam, na maioria das vezes, para argumentos que não resistem ao veredicto da ciência. Difícil acreditar que esses críticos seriam capazes de dominar a arte da política monetária. (23/2/2005)

"Mistério" da taxa de juros real

A taxa de juros do mercado interbancário no Brasil, a taxa Selic, é um tema controverso e que suscita dúvidas entre os analistas. A pergunta que se faz é a seguinte: Por que essa taxa é tão alta? Por que o Brasil é campeão do mundo em taxas de juros de curto prazo? Por que entra governo, sai governo, e a posição do Brasil nesse campeonato insólito não muda?

A taxa de juros real pode ser decomposta em dois componentes: a taxa de juros natural e o hiato da taxa de juros, a diferença entre a taxa de juros real e a taxa de juros natural, como indica o quadro 2. O hiato da taxa de juros é determinado pela política monetária. A decomposição da taxa de juros real mostra que ela pode ser alta devido ao comportamento das seguintes variáveis: (1) taxa de juros natural, (2) hiato da taxa de juros, ou ambas as hipóteses, isto é, (3) taxa natural e hiato de juros.

Alguns economistas argumentam que o hiato da taxa de juros é elevado no Brasil porque parte do mercado financeiro (como é o caso do BNDES, que tem a taxa de juros de longo prazo fixada independentemente da taxa Selic) não é afetado pela taxa de juros do Bacen. Logo, quando faz política restritiva, o Bacen tem de aumentar a taxa de juros em doses alopáticas. Isso pode ser realmente verdade. É uma hipótese que tem de ser investigada. Quando se estimam os coeficientes da regra de Taylor para o Brasil, eles, em geral, são mais elevados do que aqueles estimados para outros países. Uma possibilidade para explicar tal fato seria a segmentação do mercado financeiro.

A outra hipótese para explicar a elevada taxa de juros real no Brasil seria o comportamento da taxa de juros natural. Diferentemente do que pensa a maioria dos economistas brasileiros, este ensaio defende a hipótese de que, numa economia pequena e aberta, a taxa de juros natural depende, por arbitragem, simplesmente da taxa de juros externa mais o prêmio de risco de câmbio. Entretanto, no Brasil existe uma jabuticaba, a inter-relação dos mercados de moeda e da dívida pública, que adiciona dois componentes na taxa de juros natural: o risco-país e o que denomino "prêmio das letras financeiras do Tesouro".

Quadro 2
Diferença entre a taxa de juros real e a taxa de juros natural

Por que a Selic é tão alta?
$r \equiv \bar{r} + r - \bar{r}$
Política monetária: $r - \bar{r}$
Taxa natural da economia aberta pequena: $\bar{r}$
$\bar{r} = r^* + pr_{BRASIL} + pr_{Câmbio} + pr_{LFT}$

Fonte: elaborado pelo autor.

No Brasil, o Tesouro emite, desde 1986, um título público, as Letras Financeiras do Tesouro (LFTs), indexado à taxa de juros Selic. O preço desse título praticamente não varia quando a taxa de juros varia. No jargão técnico, esse título tem duração zero. Na época da hiperinflação, esse título foi importante e contribuiu para evitar a dolarização da economia brasileira, servindo como lastro da moeda indexada. A moeda indexada substituiu a função de reserva de valor da moeda corrente. Depois da estabilização do Plano Real, as LFTs deveriam ter sido tiradas de circulação, e o Tesouro proibido de emitir títulos indexados à taxa de juros Selic. Tal fato não ocorreu e uma parcela importante da dívida pública no mercado tem como contrapartida LFTs.

O governo brasileiro, desde a renegociação da dívida externa, com o Plano Brady, emite títulos públicos denominados em reais e em dólares. Logo depois da renegociação da dívida externa, o título externo brasileiro com maior liquidez no mercado secundário era o "C Bond". Atualmente é o "Global 40". A taxa de retorno dos títulos em dólares inclui o risco-país. Por arbitragem, de acordo com a lei do preço único, as taxas de juros real dos títulos em reais e em dólares devem ser iguais. Portanto, a taxa de juros das LFTs deve incluir o risco-país. Caso contrário, os investidores não comprariam esses papéis.

O gráfico 23 mostra como evoluiu a taxa de juros natural no Brasil no período de 2003 a 2015. A taxa de juros natural estava elevada no início do período e diminuiu até 2013. A partir de então, começou a aumentar. Os vários prêmios explicam esse comportamento.

Gráfico 23
Postura da política monetária: taxa natural vs. Selic real (ex post)

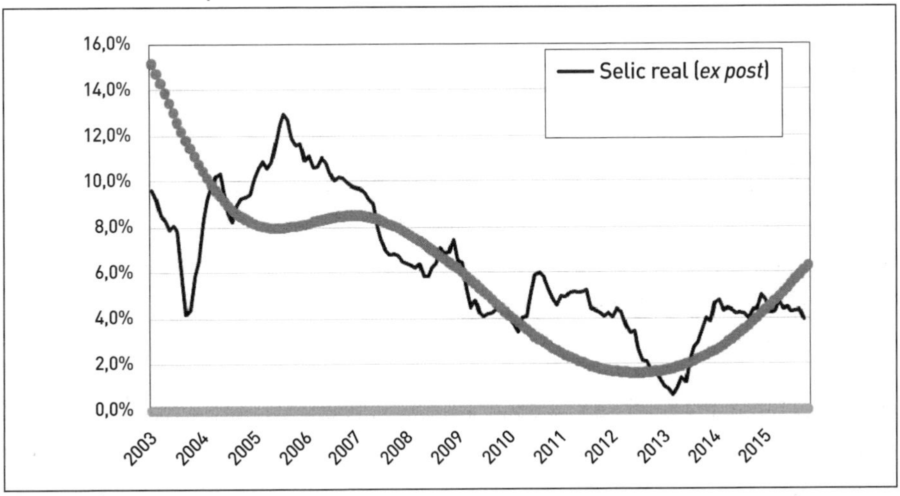

Fonte: elaborado pelo autor.

A taxa de juros natural no Brasil não tem nada a ver com a baixa taxa de poupança no Brasil, como alguns economistas afirmam. Tem a ver, sim, com os prêmios embutidos na taxa. Por exemplo, com a crise fiscal produzida pelo governo Dilma, o risco-país aumentou e a taxa de juros natural subiu. Depois, o governo Temer prometeu fazer uma consolidação fiscal no futuro, colocando um teto no crescimento dos gastos e uma reforma da Previdência, e o risco-país diminuiu. A taxa de juros natural diminuiu. Esse fato não está retratado no gráfico 23, que abrange o período 2003-2015.

Lucro dos bancos

A manchete dos principais jornais do país chamando atenção sobre o lucro dos bancos se tornou um fato corriqueiro na época de divulgação dos seus balanços. No sistema capitalista, o lucro desempenha um papel fundamental na alocação dos recursos da economia. A existência de um lucro acima da taxa normal num setor de atividade atrai capitais de outros setores em busca de uma rentabilidade melhor. Essa migração de capitais acaba por nivelar a taxa de retorno do capital, excluindo-se o risco de cada setor, argumento que pressupõe que não existam barreiras à entrada de capitais. Esse não é o caso do setor bancário, em que a entrada de novas empresas depende da autorização do Bacen.

Em nosso arcabouço institucional, o Banco Central do Brasil tem múltiplas funções. Ele executa a política monetária; é o banco do governo federal, de acordo com o art. 164 da Constituição de 1988; é o banco dos bancos para empréstimos de liquidez e responsável pelo sistema de pagamentos. Além dessas funções, é também a agência que regula e fiscaliza o sistema financeiro.

Desde o Plano Real, em 1994, o Bacen passou a ter independência operacional para conduzir a política monetária e, com o sistema de metas de inflação, tem mostrado que é capaz de controlar essa taxa. Todavia, depois de debelada a hiperinflação, não teve uma política sistêmica para desmantelar a ineficiência do nosso sistema financeiro. Essa ineficiência traduz-se, na prática, por um *spread* entre a taxa de aplicação e de captação de recursos, que não somente é exagerado, mas chega a ser pornográfico.

Quais as causas para esse *spread* tão absurdo? As causas têm três origens distintas: (1) cunha fiscal, (2) risco e (3) pouca concorrência no sistema financeiro. Embora seja difícil quantificar as contribuições que cada um desses fatores exerce sobre o *spread*, não se deve deixar nenhum deles de lado numa estratégia sistêmica para resolver o problema.

A cunha fiscal não se restringe à parafernália de impostos não funcionais que existe no sistema financeiro. Desde a estabilização em 1994, os depósitos compulsórios deveriam ter sido reduzidos ou extintos. Hoje em dia os depósitos compulsórios deixaram de ser instrumentos de política monetária dos bancos centrais do mundo. Na Inglaterra, por exemplo, a taxa do compulsório é igual a 0,75%. No Brasil, a taxa sobre depósitos à vista é de 45%. É verdade que a taxa efetiva é menor do que esse número porque os bancos encontraram maneiras de driblar esse absurdo. Mas não é possível ter taxas de inflação de Primeiro Mundo e continuar com compulsório com taxas dignas do "quarto mundo".

O risco não é um problema tão trivial de ser tratado num país que tem longa tradição de discriminar o credor e achar que ele tem obrigação de financiar o devedor. Os partidos de esquerda sempre tiveram o calote da dívida pública como um ponto importante de seus programas de governo. Os partidos políticos de centro e de direita expurgaram os índices de correção monetária na época áurea da inflação. A legislação brasileira sempre favorece o devedor. A interpretação da Justiça é sempre leniente com o devedor. Mas isso não é justificativa para que o banco X cobre de seu correntista uma taxa de juros nominal de 116,78% a.a. no cheque especial, para uma inflação esperada de 4% a.a. O Bacen deve propor uma faxina completa no arcabouço jurídico para que essa taxa, como as demais, seja reduzida para níveis civilizados.

A pouca concorrência no sistema financeiro é um fato estilizado do nosso cotidiano. Um banco compra, por exemplo, de uma empresa as contas-correntes dos salários de seus empregados. O valor pago pelo banco na verdade será pago em suaves prestações pelos empregados, que não têm como se defender desse tipo de operação feita à sua revelia. As taxas de administração cobradas pelos fundos de renda fixa são extremamente elevadas e incompatíveis com um cenário de taxas de juros reais baixas no futuro próximo. As tarifas dos diferentes serviços bancários parecem embutir não apenas o custo marginal, mas também um adicional que reflete o poder de mercado de um oligopólio.

A economia de mercado tem três pilares fundamentais: a propriedade, o lucro e a concorrência. Sem propriedade privada não há economia de mercado. O lucro sinaliza as boas oportunidades de investimento. A concorrência transforma o egoísmo individual em bem-estar social. O Bacen, como agência reguladora, tem de zelar pela concorrência no sistema financeiro. (22/8/2006)

O *spread* bancário: a proposta da Febraban

A Federação Brasileira de Bancos (Febraban) publicou recentemente o livro *Como fazer os juros serem mais baixos no Brasil: uma proposta dos bancos ao governo, Congresso, Judiciário e à sociedade*. O *spread* bancário é a diferença entre as taxas de juros de aplicação e de captação. A figura 2.6 (página 55) desse livro mostra o tamanho do problema. O *spread* no Brasil em 2016 era de 22%, no México 9,1%, no Chile 4,3%, na Colômbia 3,9%, na Alemanha 5,5% e nos EUA 5,2%. O livro da Febraban procura responder à pergunta: Por que o *spread* bancário no Brasil é tão elevado? Com o diagnóstico do problema, a Febraban propõe um conjunto de medidas para reduzir o *spread*.

Antes de analisar alguns pontos da proposta da Febraban, cabe fazer uma observação sobre duas afirmações feitas no referido texto. O trabalho da Febraban não tem autoria, o que significa dizer que o mesmo é de sua equipe técnica. Um fato estilizado da economia brasileira é uma taxa de poupança baixa do setor privado e uma taxa negativa do setor público. Qual a relação entre as taxas de poupança e de juros? Na página 27, afirma-se que "o nível da poupança doméstica tem seu peso na determinação do nível da taxa de juros". Mais adiante, na página 30, esse argumento continua: "Ao absorver grande parte da poupança do país, o setor público pressiona o mercado de crédito. A regra geral é que, quanto mais baixa é a taxa de poupança doméstica, mais alta é a taxa de juros — e vice-versa".

Minha experiência ensinando macroeconomia é de que os economistas brasileiros adquiriram o vício de aplicar um modelo de economia fechada (ou de uma economia grande) para uma economia pequena aberta como a nossa. O Brasil é uma economia pequena aberta na conta de capital do balanço de pagamentos, mas não na conta-corrente. Na economia fechada (o mundo, por exemplo), quando a curva de poupança se desloca, a taxa de juros é afetada. Na economia pequena aberta, quando a curva de poupança se desloca, a conta-corrente é afetada, mas a taxa de juros não, porque ela está atrelada à taxa de juros internacional.

O diagnóstico da Febraban identifica a inadimplência dos tomadores de empréstimo como o vilão número um do elevado *spread* bancário, que teria um peso de mais de um terço no mesmo. Na economia brasileira, quem comete algum tipo de contravenção sempre tem privilégios que permitem postergar o acerto de contas com a Justiça. O caso mais absurdo é a impenhorabilidade do bem de família. A lei brasileira está mais preocupada em regenerar o assassino do que na punição pelo crime cometido. Segundo alguns ministros do STF, alguém que tenha sido culpado em segunda instância deve recorrer livre. A justiça brasileira é sócia da impunidade. A proposta da Febraban sugere que se acabe com o viés pró-devedor. Não há como discordar dessa proposta.

Outra causa importante para o elevado *spread* bancário no Brasil é a tributação da intermediação financeira no Brasil. O IOF, o imposto sobre operações financeiras, é um imposto anacrônico que deveria ser extinto. O recolhimento compulsório sobre depósitos à vista é equivalente a um imposto e deveria ter sido reduzido a valores próximos de zero desde o Plano Real. A proposta da Febraban alega falta de isonomia no tratamento fiscal do setor financeiro comparado com outros setores da economia. No Brasil, existe uma longa tradição de demonizar o setor financeiro, impondo-se ao mesmo alíquotas mais elevadas de imposto. A incidência desse imposto acaba recaindo sobre a sociedade na forma de *spreads* mais elevados nas taxas de juros. Cabe a pergunta: por que dar tiro no próprio pé?

No Brasil, como em outros países do mundo, o setor financeiro é bastante concentrado. Argumenta-se que tal concentração acarreta poder de mercado que se traduz em elevados *spreads* bancários. O capítulo 2 do livro da Febraban analisa esta hipótese e a rejeita. Um dos argumentos da Febraban é que a lucratividade dos bancos brasileiros está alinhada com a lucratividade dos bancos em países emergentes, embora seja maior do que a lucratividade dos bancos nos EUA, Coreia do Sul, Reino Unido e Alemanha. Uma hipótese que deveria ser testada diz respeito à eficácia da regulação bancária nos países emergentes comparada com a dos países desenvolvidos.

O livro da Febraban trata de outros temas importantes para a compreensão do elevado *spread* de juros no Brasil e deve ser leitura obrigatória não somente para todos que se interessam por esse tema, mas também para aqueles que podem mudar o curso da nossa história. A eficiência do setor financeiro, medida pelo *spread*, deve ser uma preocupação da política econômica para a retomada do crescimento econômico. (21/12/2018)

Reservas internacionais: seguro ou desperdício?

Em julho de 2000, o Brasil possuía US$ 29,2 bilhões de reservas internacionais. Seis anos depois, em julho de 2006, as reservas atingiram US$ 66,8 bilhões. No mesmo mês do ano seguinte, em julho de 2007, as reservas mais do que dobraram, chegando a US$ 155,9 bilhões. Em julho de 2008, as reservas já tinham ultrapassado os US$ 200 bilhões. Entre setembro de 2008, mês da quebra do Lehman Brothers, e fevereiro de 2009, o Banco Central usou US$ 20 bilhões das reservas para lidar com os efeitos da crise financeira na economia brasileira. De lá para cá as reservas têm aumentado, chegando ao final de outubro de 2009 com mais de US$ 230 bilhões.

A pergunta que este ensaio se propõe a responder é a seguinte: o Brasil realmente precisa desse volume de reservas como seguro para enfrentar crises financeiras ou esse nível de reservas é um desperdício de recursos públicos, que poderiam ser usados para outras finalidades?

Custo das reservas

O custo de acumular reservas internacionais pode ser calculado de diferentes maneiras. Para cada dólar de reservas, a sociedade paga um custo social que seria igual à diferença entre o custo do empréstimo externo, de curto prazo, do setor privado e os juros que o Banco Central ganha pelos ativos estrangeiros. Alternativamente, as reservas poderiam ter sido utilizadas para aumentar o estoque de capital público da economia. Nesse caso, o custo de oportunidade do capital (público) deveria ser utilizado como parâmetro, em vez dos empréstimos estrangeiros.

Essas medidas são diferentes do custo quase fiscal, a medida adotada neste ensaio. Quando o governo aumenta em um dólar as reservas, ele compra esse dólar no mercado pronto e investe essa quantia em títulos estrangeiros. Em seguida, esteriliza os efeitos da intervenção cambial vendendo títulos da dívida pública para o setor privado. O custo quase fiscal é a diferença entre os juros pagos na dívida pública e os juros externos recebidos na aplicação das reservas internacionais, ambos medidos em moeda local. O nome quase fiscal para esse custo deve-se ao fato de que ele não faz parte do orçamento fiscal, mas no final das contas será pago pelo governo.

O gráfico 24 mostra o custo quase fiscal das reservas internacionais brasileiras, medido em termos anualizados, calculado de julho de 2001 até maio de 2009. De meados de 2006 até dezembro de 2008, o custo quase fiscal apresentou grande expansão, atingindo um pico de R$ 53,6 bilhões. Entretanto, desde então esse custo tem apresentado queda brusca devido, em grande parte, à rápida diminuição da taxa Selic. No entanto, mesmo em queda, o custo quase fiscal ainda está bem acima da média do período analisado.

Esse custo médio foi de R$ 1,7 bilhão por mês. Num país carente de investimentos na área social, o preço que a sociedade brasileira está pagando por esse seguro bastante peculiar certamente causa arrepios. A conclusão a que se chega é que as reservas brasileiras têm um custo considerável. Até que ponto esse custo tem como contrapartida benefícios que justifiquem a política adotada pelo Banco Central? A próxima seção tenta responder a esta pergunta calculando o nível ótimo de reservas para o nosso país.

Gráfico 24
Custo anual das reservas

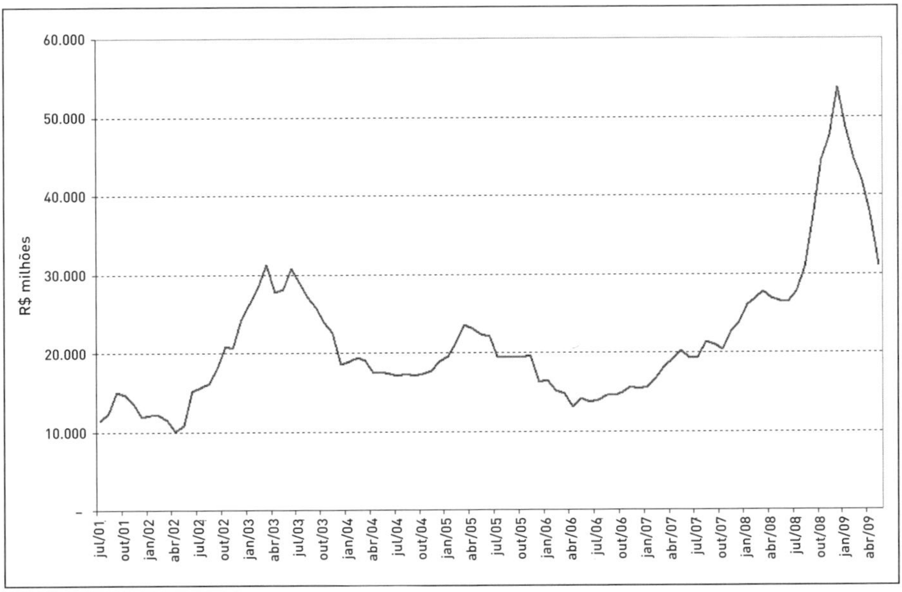

Fonte: Bacen.

Nível ótimo de reservas

O principal argumento para acumulação de reservas internacionais, num regime de taxa de câmbio flexível, é de que as reservas servem para absorver o choque de uma eventual crise financeira externa. Nesse tipo de crise, o país deixaria de ter acesso ao mercado financeiro internacional, pois haveria uma interrupção brusca do fluxo de capital de curto prazo para o setor privado da economia. O benefício proporcionado pelas reservas internacionais é que o governo poderia usá-las para amortecer as consequências desse choque financeiro, suavizando a absorção interna, isto é, o consumo e o investimento domésticos não teriam uma queda abrupta durante a crise.

O custo dessa política é o valor do seguro que a sociedade tem de comprar, em virtude dos juros que o governo paga nos títulos públicos e os juros que ele recebe nas aplicações das reservas. Tudo se passa como se a sociedade tivesse comprado uma apólice de seguro cujo sinistro é a ocorrência de uma crise financeira internacional com a interrupção brusca do fluxo de capital de curto prazo. As linhas de crédito de curto prazo não seriam renovadas e o saldo existente teria de ser amortizado. O Bacen poderia, então, fazer o papel de empresa seguradora e usar as reservas internacionais durante a crise.

Qual o nível ótimo desse seguro? O nível ótimo de reservas é obtido de tal sorte que o valor esperado do benefício marginal das reservas, caso haja uma crise, seja igual ao valor esperado do custo marginal das reservas, na hipótese de que a crise não ocorra. Essa equação implica a seguinte fórmula para o nível ótimo de reservas (*rint*), como proporção do produto interno bruto (*PIB*):

$$\frac{Rint}{PIB} = \frac{Dextcp}{PIB} + \frac{\Delta PIB, crise}{PIB} - \alpha \frac{\Delta Cons, crise}{Cons}$$

O nível ótimo tem três componentes: (1) a dívida externa de curto prazo do setor privado (*Dextcp/PIB*), (2) a expectativa de queda do produto interno bruto na crise (*ΔPIB,crise/PIB*) e (3) a expectativa de redução do consumo na crise (*ΔCons,crise/Cons*). Se o consumo doméstico, durante a crise, estivesse completamente protegido contra o risco da mesma, o último componente do nível ótimo de reservas seria igual a zero. Todavia, o seguro que permitiria esta proteção não é de graça, e seu preço tem de ser levado em conta no cálculo do nível ótimo de reservas. Portanto, a sociedade, em virtude do custo do seguro, estaria disposta a aceitar alguma redução no padrão de vida durante a crise financeira, reduzindo o consumo. O último componente da fórmula do nível ótimo de reservas leva em conta esse fato ao multiplicar a redução do consumo, como proporção do consumo antes da ocorrência da crise, por um coeficiente, α, menor do que um, que depende de alguns parâmetros do modelo.

O gráfico 25 mostra o cálculo do nível ótimo de reservas para o período que começa no quarto trimestre de 1995 e termina no primeiro trimestre de 2009. O cálculo é feito para quatro cenários. No primeiro, a probabilidade de uma crise financeira é de 4,35% e a redução do produto, no caso de crise, é igual a 5%. No segundo cenário, mantém-se a mesma probabilidade para a crise, mas o produto cai 7,5%. No terceiro cenário, a probabilidade da crise continua sendo a mesma, mas o produto agora cai 15%. No último cenário, a probabilidade de crise é de 15% e a queda do produto é igual a 7,5%. Esses quatro cenários mostram que um nível de reservas de US$ 60 bilhões seria mais do que suficiente como seguro contra o risco de crises financeiras que interrompessem bruscamente o fluxo de capital de curto prazo para a economia brasileira.

Gráfico 25
Nível ótimo de reservas

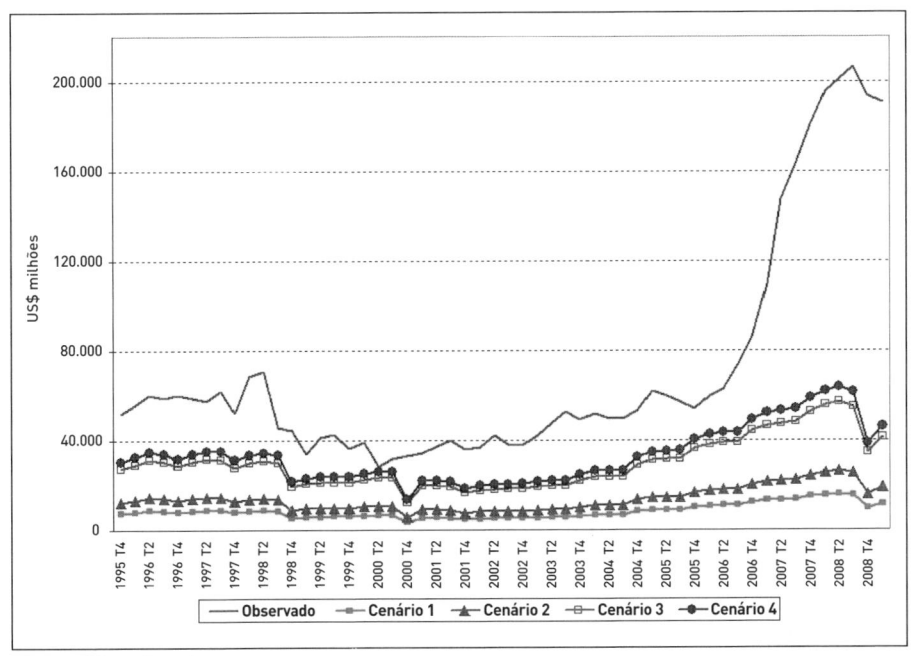

Fonte: elaborado pelo autor.

Conclusão

O custo mensal das reservas brasileiras entre 2001 e 2009 foi bastante elevado. Nos últimos anos desse período, o custo mensal tem sido da ordem de R$ 1,7 bilhão por mês.

O nível ótimo de reservas internacionais para a economia brasileira não chega a US$ 60 bilhões. Portanto, não há justificativa para a manutenção das reservas internacionais nos patamares observados desde meados de 2006, menos ainda para sua elevação nos últimos meses.

Esse nível ótimo de reservas foi calculado usando-se o argumento de que o custo das reservas é o preço do seguro que a sociedade compra para proteger-se do risco de crises financeiras externas que interrompam, abruptamente, os empréstimos de curto prazo para o setor privado da economia. Todavia, num sistema de câmbio flexível a própria taxa de câmbio funciona como um seguro contra qualquer choque externo. Num choque adverso, o câmbio deprecia. Num choque favorável, o câmbio aprecia. Esses movimentos da taxa de câmbio podem afetar a inflação e, eventualmente, levar o Bacen a não cumprir sua meta. Infelizmente, não há almoço grátis.

No regime de câmbio flexível, o banco central deve ter reservas para fazer intervenções no mercado de câmbio com o objetivo de reduzir a volatilidade e quando existirem indícios de bolha nesse mercado. Os bancos centrais que usam o regime de câmbio flexível não deveriam acumular reservas internacionais para funcionar como um seguro contra crises. Caso a sociedade deseje esta opção, o custo do seguro seria, então, um item do orçamento fiscal aprovado pelo Congresso.

A melhor opção institucional para o seguro de crises financeiras internacionais seriam as instituições financeiras multilaterais. O Brasil, como membro do FMI, deve apoiar e fortalecer qualquer tipo de ação que faça com que aquela instituição forneça seguro contra interrupções abruptas nos mercados financeiros internacionais, substituindo os governos nacionais nessa função. Esse seguro deve ser na forma de linhas de crédito que possam ser usadas com o mínimo de formalidade.

No passado, na época da hiperinflação, o Bacen arrecadava imposto inflacionário para financiar o Tesouro. Recentemente, com essa política de acumulação de reservas a qualquer custo, a situação se inverteu. O Tesouro arrecada imposto para financiar o Banco Central. Todavia, a injustiça social de ontem é a mesma de hoje. Antigamente, o pobre pagava o imposto inflacionário. Atualmente, o governo poderia estar gastando os recursos usados com as reservas em investimentos sociais, como habitação popular, transportes públicos, saúde e educação. A conclusão a que se chega é a de que a política de acumulação de reservas do Bacen é um verdadeiro desperdício de recursos públicos. (29/10/2009)

12. Verdades e mentiras

Este capítulo tem oito ensaios que procuram identificar verdades e mentiras em argumentos frequentemente usados em temas econômicos. Os bancos centrais estão a serviço do sistema financeiro? A Grécia foi vítima dos países europeus, países do euro, que não financiaram seu déficit público? A ganância dos empresários pelo dinheiro é diferente da ganância dos políticos pelo poder? Arrendamento (em inglês, *leasing*) e privatização são arranjos institucionais completamente diferentes? Numa campanha presidencial, os argumentos dos candidatos podem ser baseados em mentiras intencionais? Quais são os verdadeiros dilemas no crescimento econômico? A austeridade é uma política que impede o crescimento econômico? A Previdência Social no Brasil é um problema virtual ou real?

Banco central do caudilho

As experiências recentes de crescimento rápido mostram que as instituições têm desempenhado um papel importante na modernização de vários países, como Japão, Cingapura e Coreia do Sul. Uma destas instituições é o banco central. Nem sempre construir essa instituição é uma tarefa fácil, como demonstram as histórias que serão relatadas a seguir.

Roger Lowenstein contou, num artigo publicado no *New York Times* (20 jan. 2008), a seguinte história: William McChesney Martin Jr. era o presidente do Fed, o Banco Central norte-americano, na época do presidente Lyndon B. Johnson. O presidente Johnson era conhecido pelo seu comportamento bizarro e tinha ampliado a Guerra do Vietnã. Precisava financiar a guerra, mas não queria aumentar os impostos. Tentou intimidar o presidente do Fed para que reduzisse a taxa de juros e financiasse parte da guerra. O presidente do Fed não se mostrou disposto a fazê-lo. O presidente Johnson convidou, então, o presidente do Fed para visitá-lo em seu rancho. Quando Martin Jr. lá chegou, o presidente Johnson pediu ao pessoal do serviço secreto que o protegia para que deixasse a sala onde estavam. Em seguida, encheu de pancada o presidente do Fed, jogando-o violentamente contra a parede da sala e lhe disse: "Martin, meus garotos estão morrendo no Vietnã, e você não quer imprimir o dinheiro que eu preciso". O Fed terminou cedendo aos "caprichos" do presidente Johnson. Começou, então, na década de 1960, a inflação norte-americana, que somente foi debelada por Paul Volcker, no final da década de 1970 e no início da de 1980.

O Brasil é um país carente de instituições, e o personalismo impera. O Bacen é do Lula, assim como o Banco do Brasil, a Caixa Econômica Federal, a Petrobras, a Eletrobras, Furnas e por aí vai. Toda vez que muda o presidente da República, mudam-se os presidentes e as diretorias de todas essas instituições. Logo, essas instituições pertencem ao presidente da República, que, pressionado pelos políticos, usa esses cargos como moeda de troca na formação de coalizões de sustentação de seu governo.

O presidente Lula teve a sabedoria de poupar o Bacen desse mercado de trocas. O resultado dessa escolha é que a política monetária foi um dos pilares de seu governo. A independência operacional do Bacen, com FHC e Lula, é uma experiência exitosa. Está na hora de transformar em lei aquilo que está ocorrendo na prática. Essa lei deve aperfeiçoar o atual sistema. Em primeiro lugar, impedir que o Bacen sirva de trampolim na carreira profissional de seus diretores, exigindo uma quarentena de no mínimo quatro anos. Seus diretores estariam proibidos, nesse período, de ocupar qualquer cargo em instituições financeiras e de concorrer a cargos políticos. Em segundo lugar, a composição do Copom deve ser mudada. Não há razão para que os diretores de Administração, de Fiscalização e de Liquidações votem nas decisões de política monetária. Em terceiro lugar, obrigar o Bacen a prestar contas de todos os atos que impliquem prejuízos para a sociedade, por exemplo, tomar dinheiro emprestado a uma taxa para aplicá-lo a uma taxa mais baixa, como faz atualmente na compra de reservas internacionais.

Na reunificação da Alemanha, depois da queda do Muro de Berlin, o primeiro-ministro Helmut Kohl prometeu que um marco da Alemanha Oriental seria trocado por um marco da Alemanha Ocidental. Essa taxa não correspondia à realidade do mercado cambial. O Bundesbank, o antigo e poderoso Banco Central da Alemanha, com toda a sua reputação e independência, foi incapaz de impedir que a conversão fosse feita nessa taxa irreal. Helmut Kohl prometeu, também, que não haveria aumento de impostos para financiar a reunificação. Dessa vez, o Bundesbank não cedeu reduzindo a taxa de juros. Pelo contrário, diante do aumento do déficit público, aumentou a taxa de juros e não imprimiu moeda para comprar títulos do governo.

O Fed tem um conselho diretor com sete membros, indicados pelo presidente norte-americano e aprovados pelo Senado, no Comitê de Bancos, Habitação e

Assuntos Urbanos. Esse comitê é presidido pelo senador Christopher J. Dodd, do estado de Connecticut. O mesmo declarou que não será candidato à reeleição em 2010. O Fed tem 12 bancos regionais, porém os presidentes dos mesmos não são indicados pelo presidente, tampouco são submetidos à aprovação do Senado. O principal órgão de deliberação do Fed é o Federal Open Market Committee (FOMC), o comitê de política monetária. Nesse comitê votam os sete membros do conselho diretor e cinco presidentes dos bancos regionais, num sistema rotativo, com exceção do presidente do Fed de Nova York, que tem cadeira cativa porque lá fica a mesa de operações do Fed. O conselho diretor tem, portanto, maioria garantida em qualquer decisão do FOMC. Todavia, há algum tempo, mesmo antes da atual crise, o Fed tem duas vagas que não foram preenchidas em seu conselho diretor. O que está acontecendo? Tudo indica que o senador Dodd, por alguma razão que não se sabe, mas que certamente mostra o poder do mesmo, está impedindo a indicação de nomes para o Banco Central norte-americano. Todavia, ele não tem usado esse poder de forma absoluta. Quando o presidente Obama foi eleito, um dos cinco diretores deixou o cargo e era preciso substituí-lo; caso contrário, os membros dos Fed regionais teriam maioria no FOMC. O Comitê do Senado aprovou rapidamente a indicação de Daniel K. Tarullo, que se tornou diretor do Fed em janeiro de 2009. Tudo indica que o presidente Obama está esperando a saída do senador Dodd para normalizar a situação e preencher as duas vagas existentes.

Na Argentina, a presidente Cristina Kirchner demitiu o presidente do Banco Central, que não estava permitindo o uso das reservas internacionais para pagar parcela vincenda da dívida externa. As reservas internacionais do banco central não têm como objetivo o pagamento de dívidas do governo. O pagamento de tais dívidas deve ser feito por redução de gastos, aumento de impostos ou aumento da dívida pública.

As histórias envolvendo os bancos centrais dos EUA, do Brasil, da Alemanha e da Argentina mostram que o ser humano é o mesmo em qualquer lugar. A diferença são as instituições. Em alguns lugares, elas funcionam, mesmo aos trancos e barrancos. Em outras, o caudilho de plantão é quem manda. Não é à toa que há muito tempo a Argentina vai ladeira abaixo, na corrida do crescimento econômico. Infelizmente, a principal instituição argentina continua sendo o caudilho. (29/1/2010)

Tragédia grega

A criação da moeda europeia, o euro, foi uma decisão política da França e da Alemanha. O marco alemão era, na prática, a moeda europeia. Um fato que certamente incomodava o orgulho francês, que tem Paris como centro do mundo. A unificação da Alemanha, com a queda do Muro de Berlim, serviu de pretexto para o presidente Mitterrand propor ao chanceler Kohl que o Bundesbank fosse substituído pelo European Central Bank (ECB), com sede na mesma cidade do Banco Central alemão, Frankfurt, e que o presidente do novo banco central fosse um francês. Essa proposta não foi aceita, mas concordou-se que o primeiro presidente do Banco Central europeu, um holandês, renunciaria no meio de seu mandato, e um francês assumiria a presidência, como ocorreu.

Os franceses mataram dois coelhos com uma cajadada: (1) acabaram com o marco e (2) criaram um forte concorrente para o dólar, a moeda internacional que eles sempre quiseram desbancar desde o tempo do general Charles de Gaulle. Os alemães, por sua vez, impuseram duas condições: (1) independência completa do novo banco central, seguindo a tradição do Bundesbank, e (2) regras fiscais estritas para os países-membros da nova união monetária, pois a sustentabilidade fiscal é essencial para o funcionamento da política monetária.

A regra fiscal do Pacto de Crescimento e Estabilidade estabeleceu dois critérios que os países que desejassem participar tinham de obedecer: um déficit público de no máximo 3% do PIB e uma relação dívida/PIB menor do que 60%. Esse percentual da dívida mostrou-se ambicioso e prevaleceu a interpretação de que ele deveria ser apenas uma tendência que cada país deveria seguir. Com relação ao déficit, a Alemanha, a França, a Holanda e a Grécia deixaram de cumprir essa meta nos primeiros anos do euro. Com a crise financeira de 2007-2008, tanto a meta da dívida de 60% quanto a do déficit público de 3% tornaram-se miragens para os países do euro.

Apesar do descumprimento generalizado das regras fiscais, existe uma maneira bastante simples para avaliar a sustentabilidade fiscal de um país, que não envolve os números observados do déficit público e da dívida pública: a taxa de juros da dívida pública. Quando essa taxa inclui um prêmio de risco, o mercado financeiro sinaliza que existe uma possibilidade de que o governo não honre seus compromissos. No caso da Grécia, o mercado exigiu, no início de 2010, um prêmio de risco de mais de 2% acima da taxa paga pelo Tesouro alemão, ou seja, a Grécia anda mal das pernas e precisa corrigir seu problema fiscal.

A teoria econômica, que analisa as condições para a formação de uma união monetária ótima, procura identificar os benefícios e custos de um país participar nessa união. No caso da Alemanha e da França, a decisão foi política. Alguns países, como a Suécia e a Inglaterra, prefeririam ficar fora do euro e manter suas moedas. E no caso da Grécia e de outros países europeus, por que eles aderiram? Se a decisão também não foi política, eles avaliaram que os benefícios compensavam os custos.

Numa união monetária, podem ocorrer pelo menos três tipos de benefícios. O primeiro é o aumento do comércio internacional, porque deixa de existir o custo da variação cambial. O segundo tipo de benefício decorre da integração dos mercados financeiros, traduzindo-se na prática por uma taxa de juros real mais baixa. O terceiro benefício, para um país acostumado a uma política monetária errática, é ter um banco central com credibilidade, não sujeito ao sopro dos ventos políticos.

Na vida, não há almoço grátis. Quais são os custos de abdicar de sua própria moeda? O país deixa de ter o instrumento de política monetária: a taxa de juros. Quando um choque afeta as economias da união monetária de maneira assimétrica, não há como calibrar a taxa de juros para atender a cada um dos membros. Ademais, a taxa de câmbio deixa também de ser um ator coadjuvante importante nesse processo, pois não há como mudar a taxa de câmbio com os demais parceiros da união, pois a moeda é única.

O único instrumento de política econômica que resta é a política fiscal. Porém, se a dívida pública já era elevada porque em tempos normais o governo gastava sistematicamente mais do que arrecadava, a única opção dos gregos é dançar sua música quebrando os pratos. Isto é, não existe outro caminho que não um ajuste fiscal vigoroso. No curto prazo, significa um aperto de cintos com bastante sacrifício para a população, que já compreendeu a situação e saiu para as ruas em protesto.

A Grécia tem uma dívida pública bastante elevada, boa parte na mão de investidores estrangeiros, com uma rolagem expressiva nos próximos meses, mas com vencimentos escalonados ao longo do tempo. À comunidade do euro não interessa, portanto, que essa crise contagie o mercado financeiro. Por outro lado, tratar a Grécia de maneira leniente poderia estabelecer o precedente de que compensa ser carona, um perigo para a sustentação da união monetária europeia.

Uma alternativa que poderia ser contemplada pela Grécia seria voltar à sua antiga moeda e sair do euro. Todavia, essa operação é bastante complexa, porque significa reescrever todos os contratos, e não seria recomendável fazê-lo num momento de crise. A emenda poderia ser pior do que o soneto, como diz o ditado popular.

Não há dúvida do sucesso do euro desde sua introdução como moeda escritural em 1999 e como papel-moeda em 2002. O Banco Central europeu, seguindo a tradição de seu antecessor, o Bundesbank da Alemanha, tornou-se um dos grandes bancos centrais do mundo. O Pacto de Crescimento e Estabilidade que estabeleceu as regras fiscais já foi modificado, procurando-se ajustá-lo à realidade dos fatos. As penalidades previstas nesse pacto para quem não cumprisse as regras fiscais nunca foram postas em prática. A crise grega e a situação fiscal da maioria dos países europeus depois da crise financeira de 2007-2008 vão certamente exigir uma reorganização do arcabouço de regras fiscais da união monetária europeia. (1/3/2010)

Ganância: empresários *versus* políticos

Três pilares fundamentais da economia de mercado são a propriedade, o lucro e a concorrência. Sem propriedade não existe economia de mercado. O lucro é o resíduo do faturamento depois que o empresário efetua o pagamento de todos os fatores de produção que participam do processo produtivo. O lucro é a mola propulsora da economia capitalista. Para maximizar lucro, o empresário usa toda a sua criatividade para aumentar o faturamento e reduzir o custo, criando novos produtos, tecnologias e também tentando impedir a concorrência.

A concorrência é um mecanismo essencial ao bom funcionamento de uma economia de mercado: sua função é destruir o lucro. Ela força o empresário a sempre buscar novos caminhos e soluções. É bastante plausível que alguns empresários desejem obter poder de mercado por vias tortuosas, livrando-se do pesadelo da concorrência. Cabe ao Estado impedir que isso ocorra, pois a ambição desmedida do lucro tornou-se ganância. A ganância tem, em qualquer sociedade, uma conotação pejorativa. Mas ela é parte do comportamento humano e manifesta-se no dia a dia.

A crise financeira de 2007-2008 teve como uma de suas raízes a ganância do setor financeiro, incluindo-se aí as agências de risco. O financeiro é um setor no qual o mercado sozinho não dá conta do recado. Isto é, a assimetria de informação de participantes desse mercado faz com que alguns possam tirar vantagem pessoal em detrimento dos demais participantes. Cabe novamente ao Estado regular esse mercado para que falhas não ocorram no seu funcionamento. O governo Obama lançou um programa de reformulação do sistema regulatório financeiro norte-americano baseado em cinco pontos: (1) promover uma regulação e supervisão vigorosa de empresas financeiras; (2) estabelecer uma supervisão abrangente dos mercados financeiros; (3) proteger os consumidores e investidores dos abusos financeiros; (4) prover o governo com os instrumentos necessários para gerir crises financeiras; (5) aumentar os padrões de regulação internacional e melhorar a cooperação internacional.

Essa reforma certamente vai impedir que crises semelhantes à que ocorreu em 2007-2008 se repitam no futuro. Mas nada garante que crises financeiras diferentes deixem de ser produzidas no futuro. Por quê? Porque a ganância humana trabalha 24 horas por dia e está sempre criando novos mecanismos para atingir seu objetivo: a ambição desmesurada pelo lucro. A regulação do Estado, seja no setor financeiro ou em outros setores da economia, tem de ser um processo dinâmico para impedir que predadores sociais atinjam seus objetivos.

A ganância na política é outra face do comportamento humano que se manifesta em qualquer sociedade e faz com que o Estado não funcione de modo apropriado. A ganância do político por poder e recursos leva-o a tratar o erário público como se fosse privado. O Brasil não é o único país a padecer de tal doença. Na Inglaterra, a população ficou surpresa, em 2009, quando soube que os deputados gastavam o dinheiro público para despesas pessoais. Houve até gastos com pornografia. A crise política levou à demissão de vários ministros e quase provocou a queda do primeiro-ministro.

No Brasil, essa doença parece que não tem cura, e nenhum partido político se salva. A ganância existe na esquerda, no centro e na direita. Cada político envolvido procura justificar sua ganância como pode. A lei fecha algumas torneiras, mas outras são abertas quase que imediatamente. Uma coisa é verdade na ganância da nossa classe política: haja criatividade. (29/6/2009)

O programa de *leasing* do PT

A presidente Dilma afirmou, em seu pronunciamento à nação na noite de 21 de outubro de 2013, que, "pelos resultados do leilão, 85% de toda a renda a ser produzida no campo de Libra vai pertencer ao Estado brasileiro e à Petrobras. Isso é bem diferente de privatização". O significado da palavra "privatização" para o governo do PT tem uma conotação pejorativa e deve ser evitado a qualquer custo. Essa é uma questão semântica e ideológica ligada à teoria marxista, segundo a qual a propriedade privada é responsável pelos males existentes na face da Terra. Não é muito produtivo discutir a forma, o importante é o conteúdo. Portanto, o título deste ensaio, em vez de denominar o programa do PT "privatização", denomina-o "programa de *leasing*" (arrendamento).

Muitos analistas concluíram que o leilão de Libra foi um fracasso porque teve apenas uma única proposta. Realmente, nessa métrica eles estão corretos. Todavia, quando se compara o PT de ontem com o PT de hoje, o leilão foi a vitória da experiência sobre a ideologia. O programa de *leasing* do PT, como o programa de privatização do PSDB, não tem motivação ideológica, mas baseia-se no fato de que o governo não dispõe de recursos sequer para investimentos na infraestrutura, que são de sua responsabilidade. Como, então, investir na produção de petróleo?

O programa de *leasing* do PT não somente arrendou Libra para o setor privado, como também tem arrendado aeroportos, portos e estradas federais. Aqui e acolá comete alguns erros típicos de marinheiro de primeira viagem. Mas o barco continua firme singrando os mares das empresas privadas. E o Brasil agradece.

No mesmo pronunciamento, a presidente Dilma afirmou que todo o dinheiro dos *royalties* e metade do excedente de óleo (no valor de R$ 736 bilhões), do Fundo Social, aprovado em lei no Congresso Nacional, serão investidos, exclusivamente, em educação (75%) e em saúde (25%). À primeira vista, parece que Libra vai resolver os problemas da educação pública brasileira.

Quando se lê o diagnóstico dos especialistas em educação, vê-se que isso não vai ocorrer. Nosso país, comparado com outros países, não gasta pouco em educação. O Brasil gasta mal. Existe um problema de gestão e eficiência. O princípio que norteia a administração dos recursos humanos no setor público é o princípio da isonomia, que tem como objetivo assegurar aos empregados que executam tarefas iguais os mesmos salários e vantagens pecuniárias. Na prática, a aplicação atual desse princípio nivela por baixo os professores da rede pública: o bom profissional não tem nenhum estímulo financeiro que recompense seu esforço e dedicação. "Por que vou me dedicar tanto se outro profissional que não cumpre sequer sua carga horária ganha tanto quanto eu?" A eficiência requer, portanto, que a isonomia não seja levada ao pé da letra, requerendo avaliação que mostre que os diferentes não são iguais. A solução dos problemas de gestão da escola pública brasileira depende da criação de mecanismos que estimulem os professores a estarem comprometidos com a qualidade do ensino. O dinheiro de Libra poderia, então, ser usado para implementar tais mecanismos. (22/10/2014)

A verdade das mentiras na campanha presidencial

O título deste ensaio é inspirado no livro de Mario Vargas Llosa (2004). Segundo Vargas Llosa, o romance mente dizendo a verdade, pois enquanto ficção é irreal, mas diz a verdade pela sua "própria capacidade de persuasão, da força comunicativa da sua fantasia, da habilidade de sua magia" (2004:6).

A campanha presidencial não é uma obra de ficção, porque ela determina quem ocupará o cargo de presidente do Brasil nos próximos quatro anos. A candidata Marina Silva incluiu no seu programa a proposta de um banco central independente, isto é, legalmente autônomo do ponto de vista operacional, com mandatos fixos para sua diretoria. A presidente Dilma, candidata à reeleição, contrária à proposta de autonomia legal, veiculou pela televisão uma propaganda com os banqueiros tomando conta do Banco Central e o povo tendo cada vez menos comida na mesa. Esse fato acontece nos países que têm bancos centrais independentes? Caso a resposta para esta pergunta seja negativa, qual a verdade desta mentira?

O Fed, Banco Central norte-americano, completou um século e é um banco central independente, com os diretores nomeados por um prazo de 14 anos. Desde 1914, houve 15 presidentes (nos EUA, o título é de *chairman*). Alguns deles, até metade do século passado, eram banqueiros. Desde então, o Fed teve oito presidentes, e nenhum deles teve uma carreira profissional no mercado financeiro. Por exemplo, Alan Greenspan tinha uma consultoria econômica em Nova York, Ben

Bernanke era professor da Universidade de Princeton e Janet Yellen, professora da Universidade de Berkeley. Portanto, não é verdade que Wall Street domina a política monetária norte-americana.

Como ficou a mesa do pobre nos EUA nesses 100 anos do Fed? A taxa de crescimento de longo prazo da economia manteve-se praticamente constante ao longo do tempo. Na política anticíclica, o Fed foi muito mal na depressão de 1929, deixando que um bom número de bancos quebrasse. Aprendeu a lição e não repetiu o erro na grande recessão de 2007-2008. Na inflação, deixou que ela aumentasse nas décadas de 1960 e 1970, quando atingiu dois dígitos, e desde a década de 1990 tem mantido a taxa média decenal de inflação no intervalo entre 2% e 3%. Conclusão: a comida não sumiu da mesa do pobre.

O Banco Central do Brasil (Bacen) foi criado pela Lei nº 4595, de 31 de dezembro de 1964, completando neste ano meio século de existência. Ele era um banco central independente, com mandatos fixos para a diretoria. Seu primeiro presidente, Dênio Nogueira, teve de renunciar ao mandato a pedido do general Costa e Silva, que mandou um recado dizendo que quem cuidava da política monetária era o presidente da República.

Muitos analistas argumentam que o banco central não pode ser independente em virtude da coordenação das políticas monetária e fiscal. O período que vai do governo Costa e Silva até o Plano Real (1967-1984) é um excelente laboratório para uma análise dessa proposição. O Bacen virou um apêndice da Receita Federal para arrecadar imposto inflacionário e tapar o buraco das contas públicas, cometendo a injustiça social de tirar dinheiro de quem não tinha (os pobres) para dar a quem não precisava (as classes média e rica). Em vez de coordenação, tivemos a dominância do financiamento do déficit público e a hiperinflação da década de 1980 e início da década de 1990. A mesa do pobre sofreu nessa época.

O divisor de águas na história do Bacen é o Plano Real, em 1994, quando ele passou a ter a função precípua de controlar a inflação com autonomia operacional na prática, mas não do ponto de vista legal. Os dois últimos presidentes fizeram suas carreiras profissionais no sistema financeiro: Armínio Fraga como gestor de fundos e Henrique Meirelles como executivo-chefe de um banco. O primeiro no governo FHC e o segundo no governo Lula. O sistema financeiro tomou conta do Bacen nesses dois períodos? A comida desapareceu da mesa do pobre nesses dois períodos? A resposta para as duas questões é "não".

Por que o banco central deve ser independente do Poder Executivo e ter autonomia operacional? Em primeiro lugar, a resposta da teoria econômica é que o político, como qualquer outro ator econômico — consumidor, trabalhador, empresário — age no seu próprio interesse. Em segundo lugar, a política monetária, tanto para o bem quanto para o mal, é extremamente potente e seus efeitos são defasados no tempo.

Logo, o interesse social recomenda que esse instrumento não esteja à disposição do presidente da República ou do primeiro-ministro. A conclusão a que se chega, uma vez mais na campanha presidencial, é que o político age no seu próprio interesse, mesmo que para isso tenha de usar mentiras. A verdade das mentiras é que o Bacen independente seria melhor para a mesa do pobre e o bem-estar da sociedade, deixando o político de fora na decisão da taxa de juros. (23/9/2014)

Dilemas falsos e verdadeiros do crescimento econômico

O pacote de agosto de 2012 da presidente Dilma, concedendo ao setor privado rodovias e ferrovias, suscitou a velha discussão: privatização *versus* estatização. O presidente do PSDB congratulou a presidente pela privatização, mas ela recusa esse termo porque o PT foi, é e sempre será contra a entrega do patrimônio público ao setor privado. Essa discussão é uma troca de seis por meia dúzia, porque o país precisa de infraestrutura, não importa a origem dos recursos. Quais os dilemas do crescimento econômico? Alguns são falsos e outros verdadeiros.

Comecemos pelos falsos. O dilema entre Estado (estatização) e mercado (privatização) é um dilema falso. Na teoria marxista, a propriedade privada é responsável por todos os males da sociedade. A eliminação da propriedade privada traria a felicidade geral e irrestrita. Quem visitou o antigo império soviético constatou que o oposto ocorria, exceto para a casta do Partido Comunista, que era a nova classe. Não foi à toa que esse regime caiu de podre. Nos países que deram certo, o mercado e o Estado trabalham como parceiros, são complementares, e juntos contribuem para o crescimento econômico, como aconteceu nos países asiáticos (Japão, Coreia do Sul, Taiwan, Hong Kong, Cingapura).

Outro dilema falso: monetarismo *versus* desenvolvimentismo. Os monetaristas seriam defensores ortodoxos da inflação baixa e não estariam preocupados com a taxa de crescimento do produto real da economia. Os desenvolvimentistas estariam preocupados com o crescimento e seriam mais tolerantes com a inflação. Tal dilema teria suporte na evidência empírica? Existiria uma escolha entre as taxas de inflação e de crescimento econômico? Novamente a evidência asiática mostra que esse dilema não existe. Aqueles países citados no parágrafo anterior cresceram a taxas elevadas com inflação baixa.

Terceiro dilema falso: crescimento *versus* concentração de renda. É verdade que Simon Kuznets, prêmio Nobel de Economia, deu seu nome a uma curva, a curva de Kuznets, segundo a qual haveria concentração de renda no estágio inicial do crescimento econômico. Todavia, a experiência asiática mostra que o crescimento econômico daqueles países ocorreu com uma distribuição de renda melhor.

Agora vamos para os verdadeiros dilemas. O primeiro dilema que toda sociedade tem de enfrentar: consumo *versus* poupança. Nenhuma sociedade fica rica se não investir. Investir significa abdicar de consumir hoje para consumir amanhã. Essa afirmação é válida tanto para o setor privado quanto para o setor público. A sociedade brasileira está organizada de tal modo que a poupança pública desapareceu há bastante tempo. As tetas do governo estão secas, mas os diferentes grupos de pressão continuam insatisfeitos, como atestam as últimas greves dos funcionários públicos.

O segundo dilema que demanda uma escolha crucial é o nó górdio da sociedade brasileira e diz respeito ao sistema educacional: manter o *status quo versus* fazer uma reengenharia do sistema. O sistema educacional brasileiro não tem como objetivo a qualidade da educação, mas sim manter uma burocracia cujo compromisso é a manutenção de seus interesses e privilégios. O discurso dessa burocracia nada tem a ver com a prática, como se pode verificar por qualquer avaliação do sistema educacional. Romper com esse dilema é contrariar interesses que estão enraizados e organizados há muito tempo em nossa sociedade. Não é tarefa para qualquer um. Necessitaria de um estadista, um governante que não estivesse preocupado, no curto prazo, com as pesquisas de opinião pública.

O último dilema verdadeiro de que trataremos neste ensaio é a escolha renda extrativa *versus* renda de eficiência. A renda extrativa é a renda obtida sem contrapartida. Um bom exemplo em nosso país era a obtenção da antiga licença para um cartório. Você ganhava de presente um cartório e ficava rico sem nada ter feito para a sociedade. A renda de eficiência é a renda que você ganha pela sua contribuição, como ocorreu com Bill Gates e tantos outros empresários. No Brasil, temos uma longa tradição de extrair renda da sociedade usando diversos mecanismos, como empréstimos de bancos públicos a taxas subsidiadas, difícil de encontrar em qualquer outro lugar do planeta. Ou, ainda, proteção tarifária para que empresas explorem o consumidor brasileiro, cobrando margens extorsivas.

A sociedade brasileira deveria deixar de lado os dilemas falsos e concentrar seus esforços nas escolhas dos dilemas verdadeiros que requerem uma engenharia política complexa no atual quadro político fragmentado. (23/8/2012)

Austeridade *versus* crescimento

Austeridade fiscal *versus* crescimento econômico tornou-se um tema importante no debate de política econômica europeia. A primeira-ministra alemã, Angela Merkel, seria a capitã do time austeridade, enquanto o presidente francês, François Hollande, regeria a orquestra do crescimento. Será que existe uma escolha entre austeridade e crescimento? Ou o problema é de outra natureza, isto é, quem vai pagar a conta?

A palavra "austeridade" tem certa conotação pejorativa, por talvez implicar fazer alguma coisa que não seria necessária. A expressão mais adequada seria "disciplina fiscal", significando dizer que o governo somente deveria gastar de acordo com sua capacidade de pagar, seja arrecadando impostos ou tomando emprestado. Muitos países, como o nosso no passado e a Grécia atualmente, não seguiram esse preceito e quebraram. Aqui, no Brasil, títulos do governo viraram moeda podre, e a Grécia ficou de pires na mão, tendo de se submeter à tutela da Troika, formada pelo Fundo Monetário Internacional (FMI), a União Europeia (EU) e o Banco Central europeu (BCE).

Quando não existe mais a possibilidade de tomar emprestado, somente resta a alternativa de cortar gastos e aumentar impostos. Que tipo de gastos cortar — consumo ou investimento? A pressão dos grupos de interesse da população é pela preservação dos gastos de consumo (salários de funcionários, previdência etc.) que beneficiam as gerações presentes, em detrimento das gerações futuras, que serão afetadas pelo corte dos investimentos. Qualquer que seja a combinação de corte nos gastos e aumento de impostos, o ajuste fiscal será recessivo no curto prazo.

Que fazer para que não haja recessão? Ou, se houver, que fazer para que ela seja breve e pequena? A saída seria um ajuste permanente no consumo do governo que mantivesse a saúde das contas públicas no longo prazo combinado com um aumento transitório dos gastos com investimentos que evitasse o sofrimento de curto prazo e permitisse maior crescimento do produto no longo prazo. O problema dessa estratégia é que ela necessita de alguém que financie o programa (transitório) de investimentos. Quem vai botar a mão no bolso? Portugal, Espanha e Itália não estão em condições de ajudar ninguém. A França gosta de sair bem na foto, mas parece que não tem folga no seu orçamento. Sobra para a Alemanha. O contribuinte alemão estaria disposto a pagar a conta?

O ajuste fiscal doméstico e o programa transitório de investimentos requerem soluções políticas. O primeiro, no âmbito doméstico, de distribuir o custo pelos vários grupos da sociedade. O segundo, no âmbito externo, de criar mecanismos para financiar investimentos que permitam um ajuste fiscal menos doloroso no país que não teve disciplina fiscal. A engenharia política não é uma tarefa fácil, porque cada um quer manter sua fatia no bolo, esperando que a conta seja paga pelo vizinho.

A situação brasileira era bem diferente de alguns países europeus. Aqui, havia disciplina fiscal e as contas públicas estavam arrumadas. Todavia, o crescimento econômico de longo prazo estava numa faixa próxima dos 4% a.a. Que fazer para aumentar essa taxa? Reduzir de forma permanente a proporção do consumo do governo, aumentando a proporção do investimento público. Essa política aumentaria a taxa de investimento da economia, permitindo um aumento da taxa de crescimento do produto potencial. Todavia, como na Europa, tal mudança esbarra num problema político: quem pagaria a conta? (26/6/2012)

Previdência Social

No dia 20 de fevereiro de 2019, o presidente Jair Bolsonaro entregou, pessoalmente, no Congresso Nacional a proposta de reformulação da Previdência Social brasileira. Essa proposta altera substancialmente o Regime Geral de Previdência Social (RGPS), os Regimes Próprios de Previdência Social (RPPS) e o Benefício de Prestação Continuada (BPC). O RGPS abrange os trabalhadores em geral, o RPPS trata dos servidores da União, dos estados e dos municípios, e o BPC engloba os idosos e pessoas com deficiência.

No curto prazo, a reforma da Previdência somente tem perdedores, porque ela posterga aposentadorias, reduz benefícios e acaba com privilégios de alguns grupos. No Brasil, desde o ano passado, com a proposta do governo Temer que foi abortada na crise política do empresário da JBS, discute-se acaloradamente o déficit da Previdência. Para alguns, tal déficit não existe. Todavia, os economistas especializados em previdência afirmam categoricamente que o déficit existe e, pior, aumenta a cada ano.

Em vez de entrar nessa seara, eu gostaria de chamar a atenção do eventual leitor para os dados da tabela 31. Nela, estão as estimativas aproximadas da composição dos gastos públicos no Brasil. O Brasil gasta 6% do PIB com educação e 4% com saúde.

Tabela 31
Gastos públicos do Brasil:
estimativas aproximadas (% PIB)

Item	% PIB
Educação	6,0
Saúde	4,0
Previdência	13,5
Assistência social	2,0
Subsídios	3,0
Segurança pública	1,5
Forças Armadas	1,0
Infraestrutura	1,5
Administração pública	1,5
Juros da dívida pública	3,0
Total	**37,0**

Fonte: elaborada pelo autor.

Na Previdência, incluindo-se o RGPS e o RPPS mas excluindo-se o BPC, que muitos consideram um programa de assistência social, os gastos da Previdência representam 13,5% do PIB. Nessa tabela, a estimativa do gasto primário, que é a soma de todos os itens de gastos, mas excluindo-se as despesas com juros da dívida pública, é igual a 34% do PIB. Logo, as despesas da Previdência atingem quase 40% dos gastos do setor público brasileiro.

A economia brasileira defronta-se atualmente com dois problemas: crise fiscal e estagnação. A crise fiscal começou em 2014 com o jogo de Ponzi da Dilma, quando o Brasil passou a ter um déficit primário que se repetiu nos anos seguintes e que ocorrerá neste ano. Caso ele não seja revertido nos próximos anos, haverá uma crise da dívida pública. A tabela 32 mostra uma carga tributária de 32% e um déficit primário de 2% do PIB. Os juros da dívida pública, em termos reais e descontado o crescimento econômico, é igual a 3% do PIB. A soma do déficit primário e dos juros produz um déficit público real de 5% do PIB.[25] A reforma da Previdência contribuirá, no longo prazo, para transformar o déficit primário num superávit primário, tornando a dívida pública sustentável.

Até que ponto a reforma da Previdência resolverá o problema da estagnação? Ela é condição necessária, mas não suficiente. A tabela 31 ajuda a esclarecer o problema. O Brasil tem gasto muito pouco com investimento em infraestrutura, algo em torno de 1,5% do PIB. Para sair da estagnação, precisamos aumentar esse investimento para 5% do PIB. Uma possibilidade é diminuir a renúncia tributária, estimada em 5% do PIB. Outra possibilidade é aumentar a carga tributária, embora tal opção tenha forte oposição em segmentos da elite brasileira. Infraestrutura, numa acepção ampla, inclui habitações para a população de baixa renda.

O argumento de que o investimento em infraestrutura seria feito pelo setor privado não tem sustentação na evidência empírica de outros países, pois ele desempenha o papel de ator coadjuvante. O ator principal é o Estado. Cabe aqui lembrar o exemplo do fracasso dos Estados Unidos no financiamento, pelo setor privado, da compra de imóveis para famílias de baixa renda. Os governos democrata e republicano estimularam os empréstimos hipotecários para essas famílias com elevado risco de crédito (*subprime*, em inglês), que eram denominados pejorativamente Ninja (*No income*: "sem renda", *No job*: "sem emprego", *No asset*: "sem ativos"). Esse crédito de alto risco foi uma das causas da crise financeira de 2007-2008.

---

[25] Esse déficit público real é aproximado, pois não inclui a receita com a emissão de moeda, que no caso brasileiro é desprezível. A fórmula do déficit real está deduzida em Barbosa (2017a:318-321). O cálculo dos juros da dívida pública supõe uma taxa de juros real de 5% a.a., uma dívida pública de 80% do PIB e uma taxa de crescimento do produto de 1% a.a.: $0,05 \times 80 - 1 = 3\%$.

Tabela 32
Contas públicas do Brasil: estimativas (% PIB)

Item	% PIB
Carga tributária	32
Gasto primário	34
Déficit público primário	2
Juros da dívida pública	3
Déficit público real	5
Renúncia tributária	5

Fonte: elaborada pelo autor.

A tabela 31 mostra que o Estado brasileiro absorve 37% do PIB. A carga tributária é aproximadamente igual a 32%, com um déficit real de 5% do PIB, de acordo com a tabela 30. Esse déficit é financiado pela poupança privada ou pela poupança externa. Uma das saídas da estagnação é liberar a poupança para gerar crescimento e emprego pelo setor privado, e não para financiar o déficit público. Portanto, o objetivo da política fiscal deveria ser um déficit real igual a zero.

Como resolver simultaneamente a crise fiscal e a estagnação? A solução da crise fiscal depende, no longo prazo, da aprovação pelo Congresso da reforma da Previdência. Todavia, a saída da estagnação requer o aumento substancial do investimento estatal em infraestrutura e a não utilização da poupança privada pelo governo. (22/2/2019)

Epílogo

> *When models are selected judiciously, they are a source of ilumination. When used dogmatically they lead to hubris and errors in policy* (Rodrik, 2015:11).
> (Quando os modelos são selecionados criteriosamente, eles são uma fonte de iluminação. Quando usados dogmaticamente, levam à arrogância e a erros de política.)

> *Our choice of society is not between the state and the market, as partisans of state intervention and those of laissez-faire policies would have us believe. The state and the market are complementary, not mutually exclusive. The market needs regulation; the state needs competition and incentives* (Tirole, 2017:10).
> (Nossa escolha de sociedade não é entre o Estado e o mercado, como os defensores da intervenção do Estado e aqueles que preferem o livre mercado querem nos convencer. O Estado e o mercado são complementares, e não mutuamente excludentes. O mercado precisa de regulação; o Estado necessita de concorrência e incentivos.)

Este livro apresentou uma análise macroeconômica da economia brasileira no período 1947-2020, de quase três quartos de século, usando um arcabouço teórico que tem dois pilares: (1) os modelos da teoria macroeconômica convencional e (2) os fundamentos das escolhas sociais, a cultura e as instituições.

Os modelos macroeconômicos identificam as variáveis que produzem os fenômenos do crescimento, do ciclo e da tendência da taxa de inflação. Os modelos que tratam das restrições orçamentárias, seja do governo ou do país, estabelecem as condições para a ocorrência das patologias das crises da dívida pública, da moeda (a hiperinflação) e da dívida externa.

Todavia, esses modelos não respondem a uma pergunta crucial: por que a sociedade escolhe determinado caminho quando há alternativas disponíveis? A análise da cultura, das instituições e da interação entre as mesmas permite uma exploração, mesmo que preliminar, dos determinantes das escolhas sociais.

O argumento de que os políticos são responsáveis por todos os males do país não procede, porque eles representam os valores e as preferências de seus eleitores. As regras formais do jogo, as instituições formais, são estabelecidas pelo Poder Legislativo. Se os vereadores, deputados estaduais, deputados federais e senadores não votarem de acordo com a vontade de seus eleitores, terminam perdendo os mandatos na próxima eleição.

A democracia, como qualquer instituição, pode falhar, pois a informação não é perfeita, a representatividade pode ser falsa por manipulações e fraudes na construção dos colégios eleitorais, e o cardápio de escolhas é limitado por distorções nas escolhas dos candidatos pelos partidos políticos. Ademais, a propaganda enganosa dos marqueteiros políticos induz o eleitor a escolhas erradas, que somente podem ser corrigidas na próxima eleição. Os ensaios da quinta seção do capítulo 9 e da quinta seção do capítulo 12 analisam casos desse tipo ocorridos no Brasil. Numa análise de longo prazo, abrangendo décadas, admite-se que as escolhas sociais refletem a vontade da sociedade, apesar da existência de falhas, no curto prazo, do processo político-eleitoral.

A tabela 31 mostra o crescimento do produto *per capita* do Brasil no período 1946-2018 dividido em três subperíodos. Os três subperíodos são: (1) a Quarta República de 1946 até 1964, (2) a ditadura militar de 1964 até 1985 e (3) a democracia de 1985 até 2018. Na ditadura, a renda *per capita* do Brasil cresceu a uma taxa média de 3,5% a.a. Na quarta república, a taxa de crescimento foi igual a 3,4% a.a., uma taxa menor do que na ditadura, mas que, do ponto de vista estatístico, pode ser considerada a mesma. Não houve uma diferença marcante nesses dois períodos. Na democracia, a economia brasileira estagnou em termos relativos, com o crescimento médio da renda *per capita* de apenas 1,1% a.a. O Brasil, que nos dois períodos corria para diminuir o hiato com relação ao mundo desenvolvido, começou a andar para trás na Nova República, como a Argentina faz desde a década de 1940 com o peronismo.

Tabela 33
Crescimento médio da renda *per capita*

	Crescimento médio do PIB per capita (%)
Quarta República: 1946-1964	3,4
Ditadura militar: 1964-1985	3,5
Nova República: 1985-2018	1,1

Fonte: elaborada pelo autor com dados do IBGE.

No período 1947-2018, a economia brasileira teve fenômenos recorrentes de crescimento, crise fiscal e estagnação. O crescimento econômico foi interrompido por crises fiscais que produziram estagnação em três ocasiões: (1) no início da década de 1960, (2) no início da década de 1980 e (3) na segunda década deste século.

A crise fiscal do início da década de 1960 levou ao regime militar de 1964. As reformas institucionais do Paeg, no período 1964-1967, produziram o milagre econômico da década de 1970. O Brasil do milagre foi um verdadeiro tigre asiático, com o crescimento liderado pelo investimento, que aumentou em virtude dos mecanismos de poupança forçada criados pelo Paeg.

A crise fiscal no início da década de 1980 foi a mais longa e devastadora da nossa história. Nessa crise, houve de tudo: crise da dívida externa, crise da dívida pública com as moedas podres e hiperinflação. A inflação crônica transformou-se em hiperinflação, somente debelada pelo Plano Real, que começou em 1994 e terminou em 1999. Esse plano obteve a mais expressiva vitória da democracia brasileira, não somente por acabar a hiperinflação, mas também por livrar o Brasil do regime monetário fiscal de inflação crônica.

A crise fiscal que começou na segunda década deste século ainda está em curso. Trouxe estagnação como as outras, produzindo a grande recessão de 2014-2016. O prognóstico de duração da crise fiscal ainda é incerto. Se ela não for debelada, pode gerar uma crise da dívida pública e trazer de volta o regime da inflação crônica.

A crise fiscal do segundo decênio deste século foi gerada pela política econômica neopopulista comandada pelo PT, que abandonou a opção da economia social de mercado do primeiro mandato do presidente Lula. O neopopulismo do PT foi, na verdade, uma aliança da economia de privilégios com a esquerda de inspiração marxista. Aparentemente, uma coalizão de opostos. Todavia, Anthony Garotinho, quando era governador, disse que o PT do Rio de Janeiro deveria mudar de nome para "Partido da Boquinha", tal a voracidade do mesmo por cargos públicos (*Folha de S.Paulo*, 23 out. 1999).

A Operação Lava Jato revelou o projeto político do PT de se perpetuar no poder, com engenhoso mecanismo corrupto de financiamento operado por empresas de construção em contratos com empresas estatais e lavagem do dinheiro pelo referido partido. Essa operação foi descoberta por obra do acaso e levou à prisão do ex-presidente Lula.

A grande recessão e a Operação Lava Jato induziram o eleitor a rejeitar o neopopulismo do PT na eleição presidencial de 2018, que se tornou um verdadeiro plebiscito, contra ou a favor do PT. O resultado foi a eleição do presidente Bolsonaro. Este, nos seus mandatos de deputado federal, representava os interesses dos militares das Forças Armadas e fazia parte do que foi denominado neste livro "economia de privilégios".

A economia de privilégios é um produto da cultura brasileira. Um grupo bastante organizado e importante procura, por vários mecanismos, extrair renda do Estado. Nesse grupo existe de tudo — empresários obtendo subsídios, transferências e tratamento fiscal diferenciado, trabalhadores com tratamentos especiais inclusive de impostos, funcionários públicos dos três poderes com salários acima do setor privado e até anistiados com aposentadorias e pensões especiais. O resultado desse ataque predatório nas finanças públicas produz déficit porque uma parte da população não aceita aumento de impostos para pagar a conta. A crise fiscal resulta desse conflito social.

Os valores e preferências da sociedade brasileira priorizam o consumo e não demonstram a mínima preocupação com justiça e equidade social. As instituições refletem essa cultura. A irresponsabilidade na administração pública é um fato estilizado da nossa economia, produzindo a cada duas décadas crise fiscal que, por sua vez, gera estagnação de elevado custo social. Nas crises ocorrem reformas institucionais, mas elas são devoradas pela sociedade em uma ou duas décadas.

A opção desvairada pelo consumo implica uma taxa de poupança baixa, dos setores privado e público, que afeta o investimento e, portanto, o crescimento econômico. A estagnação é uma escolha da sociedade brasileira. Os políticos apenas implementam as decisões dos eleitores.

A inexistência de compromisso com justiça e equidade social produz um país com uma das piores concentrações de renda do mundo. A preferência pelo consumo deixa os municípios, os estados e a União sem recursos para investir na infraestrutura urbana, que beneficiaria a população mais pobre do país. A única maneira de corrigir tal distorção seria a introdução de mecanismos de poupança forçada que obrigassem o Estado a construir uma sociedade mais justa, humana e fraterna. A Constituição de 1988, capturada pela economia de privilégios, impede esse caminho, pois o art. 167, inciso IV, proíbe a vinculação de receita de impostos a órgão, fundo ou despesa.

Como mudar esse ambiente e transformar a economia brasileira numa economia social de mercado? A crise fiscal é uma oportunidade para mudar as regras do jogo, construindo instituições que acabem com os privilégios, estabelecendo regras universais que sejam aplicadas a todo cidadão. A Lei de Responsabilidade Fiscal, que tinha como escopo impedir que a restrição orçamentária de cada uma das três esferas do governo fosse violada, fracassou. O mundo funciona na base de incentivos e punições. O grande desafio brasileiro é construir mecanismos que sejam desenhados com incentivos e punições adequados para atingir os objetivos desejados.

Uma crise fiscal é produzida pela existência de déficits primários sistemáticos. Uma nova Lei de Responsabilidade Fiscal tem de proibir esse tipo de déficit, e a punição deve ser o *impeachment* do governante que não a cumpra. A estagnação que resulta do flagelo da economia de privilégios tem de ser combatida recompondo a capacidade de investimento do setor público. Dois instrumentos são importantes para atingir esse objetivo: (1) mecanismos de poupança forçada com impostos vinculados a um fundo de investimento em infraestrutura e (2) proibição de o Estado se financiar com poupança privada, isto é, o déficit público, na média, deve ser igual a zero no ciclo econômico.

O flagelo da economia de privilégios para deixar de existir depende de um pacto político da sociedade brasileira que estabeleça o princípio de regras universais para todo e qualquer cidadão. Esse pacto deveria ter dois objetivos: (1) crescimento acelerado da renda *per capita* para dobrá-la num prazo de 20 anos, com taxa anual média de crescimento de 3,5%, como fizemos no passado, e (2) justiça social com a extinção da economia dual (trabalhador formal *versus* informal, bairro *versus* favela etc.) no mesmo prazo. Caso contrário, os erros do passado se repetirão ao longo do tempo, como a história econômica analisada neste livro nos ensina, e o Brasil será um país sem futuro.

Referências

ACEMOGLU, Daron; ROBINSON, James A. *Economic origins of dictatorship and democracy*. Cambridge: Cambridge University Press, 2006.

_____. *Why nations fail*: the origins of power, prosperity, and poverty. Nova York: Crown, 2012.

ANDRADE, Mário de. *Macunaíma*: o herói sem nenhum caráter. Petrópolis: Vozes, 2016 [1928].

BARBOSA, Fernando de Holanda. Inflação, indexação e orçamento do governo. *Revista Brasileira de Economia*, n. 41, p. 257-273, 1987.

_____. *Exploring the mechanics of chronic inflation and hyperinflation*. Cham: Springer, 2017a.

_____. *Macroeconomia*. Rio de Janeiro: FGV Ed., 2017b.

_____. *Macroeconomic theory, fluctuation, inflation and growth in closed and open economies*. Cham: Springer, 2018.

_____; LIMA JÚNIOR, Luiz Antônio de. *Workbook for macroeconomic theory fluctuations, inflation and growth in closed and open economies*. Cham: Springer, 2020.

BARBOSA, Lívia. *O jeitinho brasileiro*. Rio de Janeiro: Campus, 1992.

BARBOSA, Nelson; SOUZA, José Antônio P. de. A inflexão do governo Lula: política econômica e distribuição de renda. In: SADER, E.; GARCIA, M. A. (Org.). *Brasil entre o passado e o futuro*. São Paulo: Boitempo, 2010.

BARBOSA FILHO, Fernando de Holanda; PESSÔA, Samuel. Pessoal ocupado e jornada de trabalho: uma releitura da evolução da produtividade no Brasil. *Texto para discussão*, Ibre, 2013.

BARRO, Robert; LEE, Jong-Wha. A new data set of educational attainment in the world, 1950-2010. *NBER Working Paper* 15.902, 2010.

BELLUZZO, Luiz G. M.; ALMEIDA, Júlio G. S. Crise e reforma monetária no Brasil. *São Paulo em Perspectiva*, v. 4, n. 1, p. 63-75, 1990.

BERLIN, Isaiah. *The hedgehog and the fox*: an essay on Tolstoy's view of history. Londres: Weidenfeld & Nicolson, 1953.

BILS, Mark; KLENOW, Peter J. Does schooling cause growth? *American Economic Review*, v. 90, n. 5, p. 1160-1183, 2000.

CAGAN, Phillip. The monetary dynamics of hyperinflation. In: FRIEDMAN, Milton (Org.). *Studies in the quantity theory of money*. Chicago: Chicago University Press, 1956.

CARVALHO, Carlos Eduardo. O fracasso do Plano Collor: erro de execução ou de concepção. *Economia*, n. 4, p. 283-331, 2003.

CAVALCANTI, D. M. et al. Impactos do Programa Bolsa Família na renda e na oferta de trabalho das famílias pobres: uma abordagem usando o efeito quantílico de tratamento. *Economia Aplicada*, n. 20, p. 173-201, 2016.

CBO (Congressional Budget Office). *The 2021 Long Term Budget Outlook*, mar. 2021. Disponível em: <www.cbo.gov/publication/56977>. Acesso em: jul. 2021.

DAMATTA, Roberto. *Carnavais, malandros e heróis*: para um dilema brasileiro. Rio de Janeiro: Zahar, 1979.

DORNBUSCH, Rudiger. Lessons from the German inflation, experience of the 1920s. In: _____; FISCHER, Stanley (Org.). *Essays in honor of Franco Modigliani*. Cambrige, MA: MIT Press, 1987. p. 337-366.

_____; DRAGHI, Mario (Org.). *Public debt management*: theory and history. Cambridge: Cambridge University Press, 1990.

FAORO, Raymundo. *Os donos do poder*: formação do patronato político brasileiro. Rio de Janeiro: Globo, 1958. v. 1, 2.

FEBRABAN (Federação Brasileira de Bancos). *Como fazer os juros serem mais baixos no Brasil*: uma proposta dos bancos ao governo, Congresso, Judiciário e à sociedade. São Paulo: Febraban, 2017.

FRANCO, Gustavo. Fiscal reforms and stabilization: four hyperinflation cases examined. *The Economic Journal*, 100, 176-187, 1990.

FREYRE, Gilberto. *Casa grande e senzala*: formação da família brasileira sob o regime da economia patriarcal. Rio de Janeiro: Record, 1998 [1933].

FRIEDMAN, Milton. The role of monetary policy. *American Economic Review*, n. 58, p. 1-17, 1968.

GREENSPAN, Alan; WOOLDRIDGE, Adrian. *Capitalism in America*: a history. Nova York: Penguin, 2018.

HIRSCHMAN, Albert O. *Exit, voice and loyalty*. Cambridge, MA: Harvard University Press, 1970.

HOLANDA, Sergio Buarque. *Raízes do Brasil*. São Paulo: Companhia das Letras, 1995 [1936].

IFI (Instituição Fiscal Independente). *Relatório de acompanhamento fiscal*, 2018.

KANG, David C. *Crony capitalism*: corruption and development in South Korea and the Philippines. Cambridge, MA: Cambridge University Press, 2002.

KIGUEL, Miguel A. *Las crises económicas argentinas*: una historia de ajustes y desajustes. Buenos Aires: Random House, 2015.

KRUEGER, Anne. The political economy of the rent seeking society. *American Economic Review*, v. 64, n. 3, p. 291-303, 1974.

LAMBERT, Jacques. *Os dois Brasis*. Brasília: Inep, Ministério da Educação e Cultura, 1959.

LLOSA, Mario Vargas. *A verdade das mentiras*. São Paulo: Arx, 2004.

LOPES, Francisco. *O choque heterodoxo*. Rio de Janeiro: Campus, 1986.

MORISHIMA, Michio. *Why has Japan 'succeeded'?* Cambridge, MA: Cambridge University Press, 1982.

NORTH, Douglas. *Institutions, institutional change, and economic performance*. Cambridge, MA: Cambridge University Press, 1990.

NOZICK, Robert. *Anarchy, State and utopia*. Nova York: Basic Books, 1974.

PIKETTY, Thomas. *O capital no século XXI*. Rio de Janeiro: Intrínseca, 2014.

POSNER, Richard A. The social costs of monopoly and regulation. *Journal of Political Economy*, n. 83, p. 807-827, 1975.

PRZEWORSKI, Adam. *The State and the economy under capitalism*. Londres: Harwood Academic Publishers, 1990.

REINHART, Carmen; ROGOFF, Kenneth. *This time is different*: eight centuries of financial folly. Princeton: Princeton University Press, 2009.

RODRIK, Dani. *Economic rules*. Nova York: W. W. Norton, 2015.

SARGENT, Thomas J. The ends of four big inflations. In: HALL, Robert (Org.). *Inflation, causes and effects*. Chicago: The University of Chicago Press, 1982.

SENNA, José Júlio. *Os parceiros do rei*. Rio de Janeiro: Topbooks, 1995.

SLUTSKY, Eugen. The summation of random causes as the source of cycle processes. *Econometrica*, n. 5, p. 312-330, 1937.

STURZENEGGER, Federico. Macri's macro: the meandering road to stability and growth. *Brookings papers on economic activity fall*, 2019.

TIROLE, Jean. *Economics for the common good*. Princeton: Princeton University Press, 2017.

TOBIN, James. Growth through taxation. In: _____. *World finance and economic stability*: selected essays of James Tobin. Cheltenham: Edward Elgar, 1960. cap. 15.

TULLOCK, Gordon. The welfare costs of tariffs, monopolies and theft. *Western Economic Journal*, v. 5, n. 3, p. 224-232, 1967.

WEBER, Max. *The protestant ethic and the spirit of capitalism*. Londres: Allen and Unwin, 1930.

Este livro foi impresso nas oficinas gráficas da Editora Vozes Ltda.,
Rua Frei Luís, 100 – Petrópolis, RJ.